AVENIR

DU

COMMERCE ET DES PORTS FRANÇAIS

PAQUEBOTS TRANSATLANTIQUES

Par O. LE ROY DE KERANIOU.
Capitaine au long cours.

Tout ce qui est bien vient de Dieu.
(Discours de l'Empereur à Plombières.)

PARIS,
LE DOYEN, LIBRAIRE-ÉDITEUR, AU PALAIS-ROYAL,
GALERIE D'ORLÉANS, 31.

1857.

AVENIR

DU

COMMERCE ET DES PORTS FRANÇAIS.

PAQUEBOTS TRANSATLANTIQUES.

Beaugency. — Typ. de Gasnier.

AVENIR

DU

COMMERCE ET DES PORTS FRANÇAIS

PAQUEBOTS TRANSATLANTIQUES.

Par O. LE ROY DE KERANIOU,

Capitaine au long cours,

Tout ce qui est bien vient de Dieu.
(Discours de l'Empereur à Plombières).

PARIS,

LE DOYEN, LIBRAIRE-ÉDITEUR, AU PALAIS-ROYAL,

GALERIE D'ORLÉANS, 31.

1857.

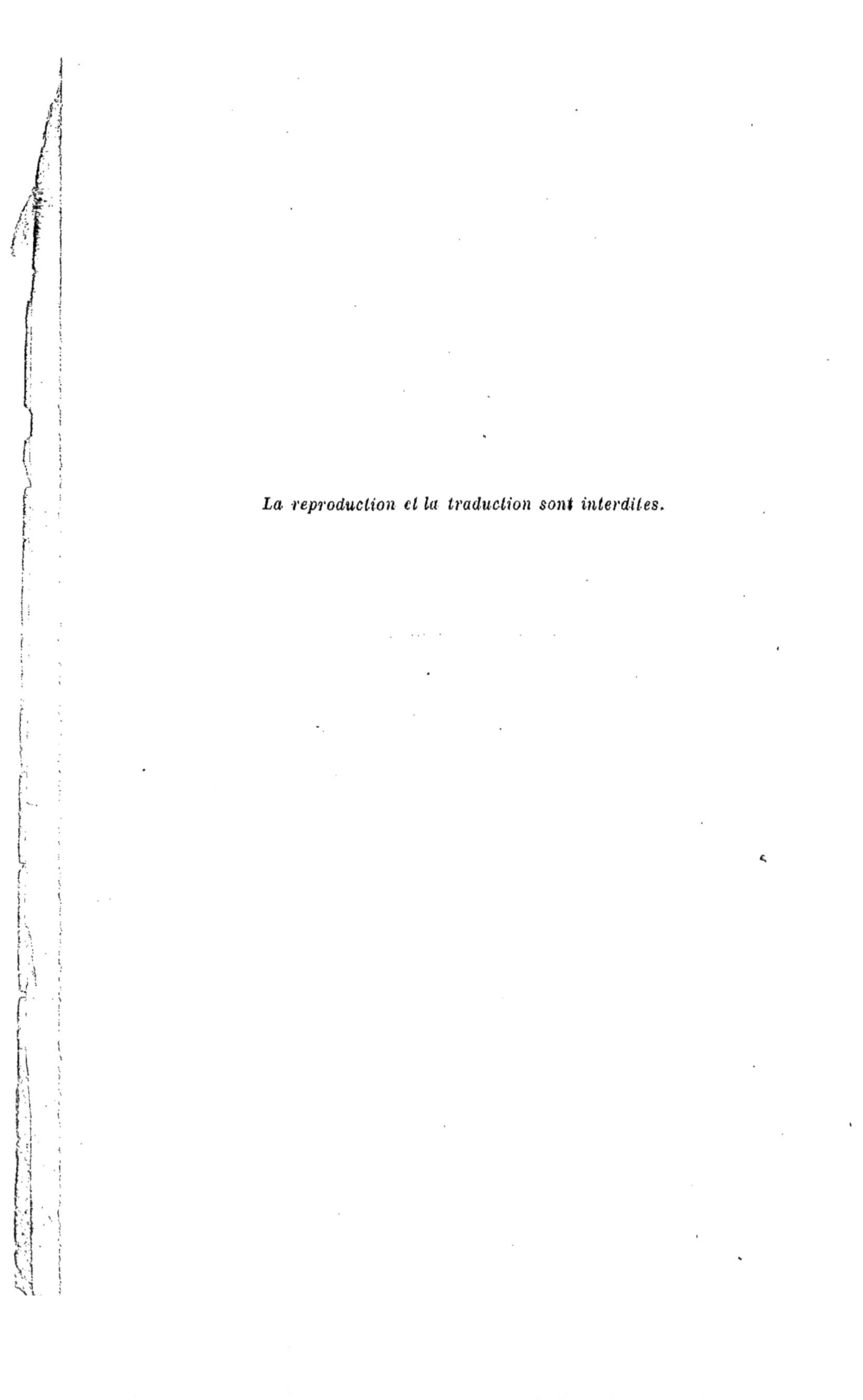

La reproduction et la traduction sont interdites.

À la Marine.

PAQUEBOTS TRANSATLANTIQUES.

Avenir des ports et du commerce français.

CHAPITRE Ier.

Considérations sur les lignes transatlantiques. — Impulsion qu'elles donnent aux affaires. — Saisissant effet que produit l'arrivée du packet sur les populations étrangères. — Son arrivée en Europe.

Par suite de graves avaries qu'avait éprouvées un navire français que j'avais l'honneur de commander depuis plusieurs années, je me trouvai dans la nécessité, en mai 1856, d'en faire l'abandon. Mes affaires une fois terminées, je songeai à revenir en Europe; j'avais à liquider une importante affaire commerciale. Comme le temps est de l'argent, il me fallait perdre le moins possible de cette précieuse monnaie.

Grâce aux lignes transatlantiques anglaises, établies sur tous les points du globe, je pus partir de Valparaiso le 17 juin 1856 ; j'arrivai à la Martinique le 20 juillet suivant ; deux mois après, je quittai Saint-Pierre (Martinique) pour me rendre à Saint-Thomas, point de bifurcation des lignes anglaises, aux Antilles. Le 1er octobre, je m'embarquai sur l'*Orinoco*, steamer anglais de 3,000 tonneaux et 800 chevaux de force ; dix-sept jours plus tard, je mouillai sur la rade de Southampton ; enfin, le 12 décembre dernier, j'avais terminé à Bordeaux la liquidation des affaires qui m'avaient été confiées. Six mois m'avaient suffi ; le commerce et l'industrie pouvaient se livrer à de nouvelles spéculations, leurs capitaux étaient disponibles.

Sans les lignes transatlantiques, un résultat aussi prompt ne pouvait être obtenu. Capitaine français, passager sur ces magnifiques steamers, à chaque instant je sentais s'élever en moi un sentiment de jalousie nationale. Comme marin et comme négociant, je m'étais bien occupé, depuis plusieurs années, de la question transatlantique; mais jamais, jusqu'à ce jour du moins, je n'en avais mesuré la véritable importance. Jamais je n'avais été à même d'apprécier les services que peuvent rendre au commerce de leur nation cette quantité d'hommes intelligents et dévoués, formant une sorte de ceinture autour du globe, tous encouragés, dans leur propre intérêt, à étudier le commerce des lieux qu'ils visitent, et qu'ils mettent, par un service régulier, en communication rapide avec le reste du monde.

Je connaissais l'existence de ces nombreux agents
des compagnies, de ces observateurs et de ces inter-
prètes fidèles de la véritable situation et des besoins
commerciaux des différents points du globe; mais je
ne les avais pas vus à l'œuvre.

Jamais, non plus, je ne m'étais rendu compte de
cette satifaction d'amour-propre que doivent ressentir
tous ces capitaines, tous ces officiers, tout ce peuple
anglais, en un mot, quand, se dirigeant d'une extrémité du monde vers une autre extrémité, chacun de
leurs pas est pour ainsi dire un triomphe pour leur pavillon.

Il faut voir quel saisissant effet produit sur les
nations étrangères l'arrivée ou le départ du packet,
pour s'en faire une idée, et quelle haute opinion ces
paquebots transatlantiques leur donnent de la puissance
d'une nation qui, à des milliers de lieues de la mère-
patrie, se manifeste à elles avec cette puissance, et les
associe aux avantages du commerce, de l'industrie et
du travail intellectuel.

Pour les personnes qui ont visité ces pays peu con-
nus, on peut dire que l'opération commerciale s'efface
devant l'œuvre de moralisation.

La veille de l'arrivée du packet, toutes les affaires
sont suspendues; ce n'est pas un grand monarque
qu'on attend, mais c'est une occasion qui se présente
pour le nouveau monde d'informer l'ancien monde de
ses besoins et de lui adresser ses demandes. Chacun
prépare sa correspondance. Ceux qui ont eu le bonheur de faire leur fortune après plusieurs années d'un
rude travail ou d'un pénible exil, font leurs adieux

sans esprit de retour; d'autres se préparent à partir, appelés momentanément en Europe par leurs affaires. Enfin, ce messager est si impatiemment attendu que, de tous côtés, on entend dire : « Demain, le packet doit arriver ! »

C'est un jour de fête pour les petites localités ; d'anxiété, d'impatience fiévreuse pour les grands centres commerciaux,

Le canon gronde sur la montagne la plus élevée ; *il est en vue !!* chacun sort de chez soi ; les longues vues sont braquées vers l'horizon ; un point noir paraît : *C'est lui !!!* tout le monde exprime sa joie, et reste sur le môle pour voir arriver au mouillage ce magnifique navire, où peut-être se trouve un parent, un ami, bien certainement une lettre. Cette lettre portera-t-elle dans ses plis le chagrin ou la joie? l'anxiété est grande !

Le packet hisse son large pavillon ; bientôt cent petits pavillons sont allés se placer en tête de ses mâts, au bout de ses vergues ; un rayon de feu, suivi d'un nuage gris, s'échappe de ses flancs ; le canon gronde encore, il vient de pavoiser, il salue..... quelle heureuse nouvelle veut-il nous annoncer de si loin ? — Il mouille — une embarcation se détache. Le Packet annonce une grande victoire : *La prise de Sébastopol !* le Packet annonce un événement heureux pour la France : *La naissance du Prince Impérial !* et bientôt tous les bâtiments de guerre sur la rade répètent, à leur tour, le salut militaire.

Et souvent, le soir, quand le pavillon anglais s'amène sur l'arrière du steamer, plus d'un cœur, à terre, lui adresse des remercîments, pour la bonne journée qu'il lui doit.

J'ai vu tout cela se répéter à chaque escale d'une longue route, et je renonce à dire à quel point a souffert mon amour propre national, froissé par ce spectacle.

Que n'aurais-je donné pour remplacer, sur cette passerelle, ce capitaine anglais ; pour faire hisser à sa corne nos trois couleurs, couvertes de gloire sur le continent, et qu'il dépend de nous de faire saluer et honorer sur tous les points du Globe.

Voilà ce qui se passe à l'étranger pendant tout le cours du voyage. Mais, à l'arrivée du steamer à Liverpool, à Southampton, c'est bien un autre empressement.

Il faut voir ces milliers d'embarcations, courant offrir leurs services aux voyageurs ; ces nombreux agents de la télégraphie électrique s'empressant d'annoncer à toutes les villes d'Europe, *la malle de l'Inde, des Antilles, du Brésil, des Etats-Unis* ; les chemins de fer ouvrant leurs bureaux à la correspondance et aux passagers. Quelle activité, comme l'or roule !!!

Il faut encore voir ces hôteliers, ces fournisseurs s'abattre, pour l'exploiter, sur une clientèle, chaque jour renouvelée, de gens qui ont toujours de nombreux achats à faire, de nombreux besoins à contenter. Il faudrait chiffrer les recettes qu'occasionne l'arrivée d'un de ces navires, pour se faire une idée de l'argent que leur présence met en circulation.

Et je ne parle pas de ces hommes, qui, pendant toute la traversée, se sont enfermés dans leur cabine, jetant sur leur carnet les bases d'une opération fondée sur une révolution qui vient d'éclater sur quelque point du globe, *dans l'Inde, au Pérou, au Mexique, à Panama*..... Ils s'empressent de débarquer; ils courent en toute hâte chez leurs banquiers, chez leurs correspondants, chez de hardis spéculateurs. Peu de temps leur suffit pour lire l'exposé de l'opération qu'ils ont conçue, pour obtenir une signature au bas d'un acte de société; et, avant le départ du packet suivant, sur lequel ils prendront passage, ils ont pu terminer une grande affaire qui augmentera la prospérité de leur pays!

Les nations dépourvues de ces lignes transatlantiques ne connaissent une grande nouvelle que quand il est trop tard pour en profiter; et bien souvent nos spéculateurs perdent leur temps et font des voyages inutiles et dispendieux, pour courir après des bénéfices déjà recueillis (1).

Pendant tout le cours de notre traversée, du Chili à Southampton, j'étudiai toutes les actions du capitaine anglais et des officiers; je résumai, je classai dans ma tête tout ce que j'avais vu faire à terre par ces agents intelligents; j'examinai tout, à bord, en marin, en négociant; et je n'épargnai pas les questions pour m'instruire de ce que j'ignorais. J'avais pris la résolution de

---

(1) Si le packet arrive un samedi, dans l'après-midi, le lendemain, dimanche, tous les bureaux de poste étant fermés, en Angleterre, on n'expédie en France que le lundi, les lettres arrivées deux jours auparavant de New-Yorck, des Antilles, du Brésil; c'est-à-dire que, une fois sur sept, les négociants français reçoivent leur correspondance très-tard, et ils ne peuvent répondre par le packet suivant.

consacrer mes efforts, ma vie au besoin, à l'établissement en France, d'un service transatlantique digne de
notre grande nation, exempt des fautes, préjudiciables
au commerce, que j'ai aussi remarquées dans l'organisation anglaise.

A mon retour en France, et dans mes rapports avec
un grand nombre de nos plus habiles et honora-
bles négociants, de nos économistes, de nos hommes les plus distingués par leur esprit ou leur instruc-
tion, un fait m'a particulièrement frappé, c'est qu'aucune de ces personnes ne se doutait de l'importance
de la création des lignes transatlantiques. On con-
sidérait cette création comme un changement avantageux pour le transport des correspondances et des
passagers ; rien de plus. Il ne s'agissait, pour le plus
grand nombre, que d'une affaire de second ordre. Je
compris alors pourquoi le Gouvernement était, depuis
si longtemps, entravé dans ses efforts.

Je ne pouvais juger trop sévèrement des hommes,
qui, après tout, et comme moi, aiment leur pays, mais
qui, par la seule raison qu'ils ne sont pas marins, qu'ils
n'ont pas *vu*, n'ont pu se rendre un compte exact d'une
opération destinée à être si utile, si glorieuse un jour
pour notre pays.

J'ai eu l'honneur, au mois de mars dernier, de
remettre à S. M. l'Empereur un projet sur l'établissement des lignes transatlantiques.

Mais il importe que cette grave opération soit con-
nue de tous. Je m'estimerai fort heureux, si je puis
soulever le voile qui l'enveloppe et en hâter l'heureuse solution.

CHAPITRE II.

Ce que l'on entend par lignes transatlantiques. — La navigation est le trait-d'union qui lie entre eux tous les peuples. — Avantages des voies de communications maritimes, autrefois supérieures aux voies terrestres. — Révolution amenée par les chemins de fer ; avantage repris par les voies terrestres. — Le cabotage détruit par les voies ferrées. — Les lignes transatlantiques, continuation, sur mer, des chemins de fer. — Brest, port d'avenir de la France.

Les lignes transatlantiques sont des services réguliers à grande vitesse, établis entre un port quelconque de l'Europe et ceux du Nouveau-Monde.

La supériorité de telle ligne sur les autres dépend de la sécurité, de la régularité, de la vitesse, des prix modérés, du confortable et des avantages, qu'elle offre à ses clients. Cette supériorité reconnue, le succès de l'entreprise est assuré ; toutes les nations deviennent ses tributaires.

C'est une véritable conquête basée sur des services incessamment rendus. Elle ne peut que consolider, multiplier et augmenter les alliances et la puissance d'une nation, elle ne peut que développer son commerce et favoriser son industrie.

Voilà ce que sont les lignes transatlantiques.

Jusqu'à présent l'Angleterre seule a réussi à établir des services de ce genre. Placée à l'extrémité de l'Europe, sur un sol ingrat, constamment enveloppée de brouillards, et qui ne saurait suffire à la nourriture de ses habitants, grande à peine comme trois de nos provinces la *Bretagne*, la *Normandie* et la *Picardie*, l'Angleterre n'en est pas moins arrivée au premier rang des nations commerçantes.

C'est à son industrie, à son génie et aux efforts constants qu'elle fait pour devenir chaque jour *plus indispensable* à tous, qu'elle doit non-seulement cet honneur, mais son existence elle-même.

Sa marine est le trait-d'union qui la lie avec tous les peuples ; elle y puise cette force militaire qui, au loin comme auprès d'elle, défend ses intérêts, et suffit pour la faire respecter.

L'Autriche, la Prusse, la Turquie, etc., sont de véritables mythes pour la plupart des peuples du Nouveau-Monde, qui ne connaissent pas même la couleur de leur pavillon.

Que feraient, en effet, ces nations, s'il leur fallait demander une réparation aux États-Unis, ou à la Chine, forte de 350 à 400 millions d'hommes ?

L'Angleterre, pour la seconde fois, triomphera, à 6,000 lieues de la mère-patrie, de cette immense agglomération et seulement avec ses vaisseaux.

Sans nos flottes, serions-nous allés en Crimée ou

dans la Baltique? Que seraient sans marine, les États-Unis, les deux Amériques? Comment l'Angleterre pacifierait-elle les Indiens révoltés ? Sans sa puissante marine, sans ses nombreux steamers, l'Inde serait perdue pour elle ; l'Australie se soulèverait à son tour, et bientôt nous verrions l'Angleterre dans une situation pire que celle de l'Espagne; car, réduite à elle-même par la perte de ses riches colonies, son sol se refuserait à nourrir ses nombreux habitants.

Nous avons reconnu, à notre tour, les bons effets du commerce maritime ; et, depuis quelques années, nous marchons sur les traces de notre devancière. Nous sommes dans la bonne voie. L'Empereur a compris depuis longtemps toute la portée des lignes transatlantiques; secondons ses vues ; sa volonté ne tardera pas à faire de la France la première puissance commerciale et maritime. Assurons le succès des lignes transatlantiques en France, et le transit de l'Europe nous sera forcément acquis. Peu à peu ce transit, dont nous servirons mieux les intérêts, abandonnera l'Angleterre.

Jetons un coup-d'œil en arrière: examinons quelles sont les causes de la prospérité anglaise ; recherchons ensuite celles qui doivent nous ouvrir les horizons d'une prospérité supérieure.

En 1840, l'Europe, encore privée des chemins de fer, avait recours, pour le transport de sa correspondance, aux malles et courriers. Une lettre mettait cinq et six jours pour traverser la France, les voyageurs en mettaient dix ou douze par les diligences ; le transport des marchandises, par le roulage, exigeait 45 ou 50 jours.

Pour les lettres et les voyageurs qui devaient traverser l'Europe, il s'agissait de mois entiers ; il s'agissait encore de longues fatigues et de lourdes dépenses.

Quant aux marchandises, elles devaient renoncer aux voies terrestres ; celles qui pouvaient supporter des frais énormes, se rendaient, par la voie la plus courte, sur le bord des rivières, des canaux, dans le port de mer le plus voisin ; et, de là, elles alimentaient un cabotage européen considérable, qui était alors le moyen de transport le plus rapide, le plus commode, le moins coûteux et même le plus sûr.

Les grandes voies de communications maritimes étaient bien préférables et plus rapides : en trente jours, passagers et marchandises se rendaient en Amérique, sur ses points les plus éloignés encore. New-Yorck, la Nouvelle-Orléans, Rio-Janeïro, etc..., étaient des villes avec lesquelles les échanges étaient plus prompts, plus faciles pour le Havre, Londres et St-Pétersbourg que Lyon, Madrid ou Genève.

Chaque nation avait son commerce particulier avec les Amériques, les Indes , avait ses colonies ; et celle qui était placée au milieu de nations privées du voisinage de la mer devenait une grande puissance commerciale. C'est à ces circonstances que Constantinople, Gênes, Venise, le Portugal, l'Espagne, la Hollande et l'Angleterre durent leur importance. Les villes du littoral devinrent les plus considérables ; leur civilisation avança rapidement. Elles regorgeaient des produits étrangers dont les villes de l'intérieur étaient privées.

Toutes les nations du Nord faisaient elles-mêmes leurs exportations et importations, auxquelles venaient se joindre celles de la Russie, de la Prusse et de toute l'Allemagne septentrionale. La Méditerranée faisait le reste. Les grands trajets par terre qu'auraient imposés nos ports de la Manche et du Golfe à toutes ces puissances nous privaient de leur transit. Réduits à notre commerce intérieur uniquement, nos petits ports sans eau, avec des bassins construits pour des navires de 300 tonnaux, suffisaient, et au-delà, aux besoins d'un commerce spécial, fort restreint, même avec nos provinces de l'intérieur.

La France baignée par trois mers, n'en pouvait tirer qu'un faible parti ; elle voyait seulement louvoyer sur ses côtes une grande quantité de navires, allant porter leurs chargements plus avant dans les autres ports de l'intérieur de l'Europe.

Le jour où l'Angleterre posa le premier mètre de ses voies ferrées, fut un jour de malheur pour elle. Les chemins de fer ont commencé à amener, et ne tarderont pas à terminer une grande révolution commerciale, qu'il est important que chacun reconnaisse et se prépare à supporter.

Ils changeront entièrement les anciens courants commerciaux ; les avantages que présentaient les canaux, les rivières, le cabotage, la mer, disparaîtront ! Et tel cap qui, par la raison qu'il était plus avancé dans la mer, exposait les marchandises à un plus grand trajet par terre, deviendra bientôt leur point de ralliement. Les chemins de fer leur procureront les avantages de célérité qu'elles ont toujours recherchés, leur éviteront des frais considérables d'assurance contre les risques d'une périlleuse et lente navigation.

Nous voyons déjà quel effet les chemins de fer ont produit sur notre grand et petit cabotage, aujourd'hui mortellement atteints ; et nous pouvons hardiment déclarer que si nos négociants trouvent un avantage incontestable dans ce nouveau moyen de transport, en apparence plus coûteux, et employé sur un petit parcours comme celui de Marseille et de Bordeaux à Paris et au Havre, cet avantage sera bien plus grand pour ceux qui, placés dans le nord, ne peuvent utiliser la voie de mer que pendant quelques mois d'été (1).

Les frais d'assurance frappant sur le capital que représentent les marchandises, qu'on peut se dispenser, aujourd'hui, d'exposer aux risques de la mer, égalent et au delà les frais de transport.

La manche est destinée à ne plus servir qu'à une navigation de cabotage entre l'Europe et l'Angleterre.

Tout le commerce du long cours s'arrêtera au premier port qui pourra le mettre en communication avec des voies ferrées.

D'immenses docks recevront les produits du Nouveau-Monde ; ils seront de véritables entrepôts où l'Europe viendra faire ses achats, charger ses wagons et emmener promptement et directement les marchandises sur les lieux de consommation.

Le créateur a prévu ces nouveaux besoins de notre civilisation, en plaçant sur nos côtes occidentales un port magnifique, qui réunit toutes ces conditions ma-

______

(1) Lisez le *Siècle* du 4 juin 1857, vous verrez que la débâcle des glaces n'a eu lieu que le 2 et le 3 juin, cette année. 600 navires, qui étaient bloqués dans la baltique et le golfe de Finlande, purent sortir le même jour.

ritimes nouvelles. Beaucoup d'eau, plus de marée à attendre, navigation abrégée, attérages faciles, tout cela se trouve réuni sur la presqu'île Bretonne, à Brest ; là est notre port d'avenir ; le commerce du nord de l'Europe avec les Amériques viendra s'y établir.

Peut-on croire, en effet, que, le jour où un négociant de Moscou, de Saint-Pétersbourg, etc , pourra venir en quelques heures à Brest , acheter des marchandises que l'Angleterre ne peut lui fournir que pendant les mois d'été, où les mers du Nord sont navigables, il se refusera à satisfaire à ses propres intérêts? Non. Il rompra des relations commerciales qui lui nuiraient, il abandonnera les marchés de Liverpool, de Londres, d'Anvers, de Rotterdam, etc. ; il viendra à Brest ; là nous pourrons recevoir des milliers de navires et du plus fort tonnage.

Quels progrès cette révolution n'a-t-elle pas déjà fait faire à notre commerce général ? Tous les jours nous voyons les dimensions et le nombre des navires augmenter ; nos constructeurs ne peuvent y suffire. Le Havre n'a pas le temps de creuser des bassins, qu'ils sont remplis , encombrés. Il s'efforce de leur donner quelques centimètres d'eau de plus, mais la nature s'y refuse ; et les navires qui le fréquentent sont forcés de rester, des 15 et 20 jours, échoués sur les vases de son trop petit avant-port.

Les plus sages y renoncent ; ils vont à Liverpool, qui a plus d'eau, et nous envoient nos chargements par caboteurs anglais.

Il est temps que nous ouvrions les yeux si nous ne voulons pas retarder le moment de notre prospérité.

Avec le même empressement qu'ils mettaient à rechercher la mer, autrefois, les passagers et les marchandises la fuient aujourd'hui. Prévenons leurs besoins nouveaux, ouvrons-leur les débouchés qu'ils préfèrent ; et profitons des avantages que la nature nous a donnés, pour les satisfaire.

Une occasion se présente, l'établissement des lignes transatlantiques. Elles sont la continuation exigée des chemins de fer, sur mer. Elles seules peuvent fournir la rapidité que réclament aujourd'hui les affaires commerciales. Concentrées dans un seul port, elles suffiront à lui donner le premier rang. Cette condition de concentration nous est prescrite aussi, si nous voulons éviter des frais énormes à la compagnie concessionnaire, procurer des bénéfices aux actionnaires, et faire une concurrence sérieuse à une nation qui a sur nous l'avantage de ses nombreuses et anciennes relations.

L'Angleterre seule a réussi, en Europe, à établir d'une manière grandiose, ces services maritimes si féconds en avantages pour la nation qui les possède. C'est sur elle qu'il faut nous guider, si nous voulons entrer dans cette voie. C'est sa position géographique dans le monde et surtout en Europe, qu'il faut comparer à la nôtre, pour nous rendre compte si semblables établissements nous sont permis. Ensuite nous verrons quels navires elle emploie, comment elle a choisi ses ports, quelle est son organisation, quelles sont les fautes qu'elle a commises, si nous pouvons les éviter, si nous pouvons enfin faire aussi bien qu'elle, et mieux, si cela est possible.

CHAPITRE III.

Examen de la position géographique de l'Angleterre. — Avantages qu'elle retire de ses paquebots transatlantiques. — L'État subventionne les compagnies concessionnaires. — Établissement des lignes des États-Unis, du Brésil et des Antilles. — Puissance, prépondérance et richesse que les paquebots ont procurées à l'Angleterre.

Pour se bien rendre compte de la position géographique de l'Angleterre, il faut prendre une mappemonde.

On verra, au Nord-Ouest de l'ancien monde, entre le 50ᵉ et le 59ᵉ degré de latitude Nord et le 1ᵉʳ et le 13ᵉ méridien de Paris, deux petites îles perdues au milieu de l'Océan, qui semblent placées là pour compléter la symétrie du tableau :

Ce sont les îles Britanniques !!! Il y a deux mille ans environ, Jules César, le plus grand génie, le plus grand conquérant des temps anciens, guidé plus, sans doute, par un vague instinct de curiosité que par tout autre motif, fit une descente dans ces îles incultes, sauvages et embrumées. Il y passa quinze jours et revint sur le continent. Peut-être regretta-t-il le temps qu'il y avait perdu.

Qu'aurait-il répondu, cependant, à celui de ses lieutenants qui lui eût dit :

« Rome est bien florissante, ses plaines sont bien
« fertiles, son ciel est pur, son golfe Adriatique est bien
« beau ; mais ici, dans quelques siècles, au milieu du
« luxe et de l'abondance, vivra une nation qui la sur-
« passera en puissance, elle, la superbe Rome, et tous
« les empires qui ont jamais existé. Elle étendra sa
« domination sur 240 millions d'âmes ; la plus riche
« partie de l'Inde se soumettra à ses armes victo-
« rieuses ; elle découvrira de nouveaux et immenses
« continents ; son génie y portera les bienfaits de la
« civilisation, et ils deviendront de riches colonies ; sa
« marine et son commerce lui donneront accès chez
« tous les peuples ; elle leur deviendra d'abord indis-
« pensable, et bientôt elle les pliera sous sa domi-
« nation.

« Une grande gloire lui est réservée, la première
« elle aura franchi les murailles de l'empire des
« Chinois ; et, grâce à sa marine, elle ouvrira définiti-
« vement les ports de la Chine au commerce du monde
« civilisé. »

Qu'eut répondu Jules César à ce prophète de l'avenir des îles Britanniques ? Il l'eût cru fou.

Cependant le prophète eût été dans le vrai.

Peu à peu, ces îles se défrichèrent, se peuplèrent, se réunirent en un seul royaume ; c'est aujourd'hui l'Angleterre, magnifique ruche d'abeilles laborieuses et sages, qui ont choisi le coin de terre le plus retiré, le plus difficile à approcher, pour y entasser les sucs qu'elles vont butiner dans ce jardin immense, qu'on appelle le monde !

Mais que l'Angleterre y prenne garde ! L'observateur studieux pourra rechercher et découvrir la cause de tant de trésors amassés. Cette cause, après tout, est-elle autre chose qu'un travail actif, consciencieux et persévérant ? Les nations ne tarderont pas à comprendre que c'est aux dépens de leur inaction que règnent en Angleterre la richesse et la puissance.

C'est, en effet, par les soins qu'elle rend au commerce du monde entier, depuis des siècles, services chèrement rétribués, que l'Angleterre subsiste. Le jour où elle cessera d'être aussi utile, chaque peuple cessera d'être son tributaire. Elle le sait, aussi ne néglige-t-elle rien pour en reculer la venue.

Voyons maintenant quel parti elle a su tirer de cette position géographique, si mauvaise. Pour cela, reportons nous à vingt ans en arrière, c'est-à-dire avant l'établissement des chemins de fer.

Au sud se trouvent ses plus beaux ports, qu'elle n'a pas voulu ouvrir au commerce parce qu'ils regardent la France : la France, comblée des bienfaits du créateur, ne manquant de rien, et pouvant dès lors se passer de ses services. Du côté de la France, dont elle redoute instinctivement l'esprit belliqueux, elle s'est en quelque sorte barricadée ; c'est là que sont ses arsenaux principaux, Portsmouth et Plymouth.

Que fait l'Angleterre à l'époque où les voies ferrées n'existent pas encore ? Elle comprend que les marchandises auraient trop de frais et trop de retards à supporter avant d'arriver sur les points de consommation, si elles étaient débarquées dans un de ses ports de la Manche ; cette mer permet aux plus grands navires de remonter jusqu'à Londres, point central de l'Angleterre : c'est là qu'elle entasse toutes ses denrées et tous ses produits, non seulement ceux qui lui sont nécessaires à elle-même, mais encore ceux que viendront y chercher les nations qui l'environnent ; et Londres devient le rendez-vous général de tous les peuples du Nord, le grand marché Européen.

Un canal reliait déjà Liverpool à Manchester ; elle lui donne un des premiers chemins de fer qu'elle construit (1825) ; Liverpool devient un faubourg de Manchester ; en une heure, les passagers et les marchandises peuvent se rendre d'une ville à l'autre. Liverpool commence à disputer à Londres le premier rang.

New-Castle, *au nord*, son second port comme importance, est ouvert à la Suède, à la Norwège, au Danemarck, à la Russie, etc... Ses exportations en houille, *beurres, viandes*, et *poissons salés* (ces derniers venant d'Ecosse) sont considérables : ce port en approvisionne le monde entier. Il est admirablement situé pour importer toutes les denrées coloniales, que viennent y chercher tous les peuples du Nord et les anglais eux-mêmes. New-Castle, en un mot, occupe dans la mer du nord le rôle que tient Liverpool dans la mer d'Irlande.

Voilà ce qu'était l'Angleterre à l'époque où les chemins de fer lui découvrirent les avantages des voies de communications rapides. Elle fit, la première, l'expérience de la facilité avec laquelle ils changent les plus anciens courants commerciaux; peut-être aussi reconnut-elle, la première, mais sans toutefois l'avouer, le préjudice que lui causeraient les chemins de fer, le jour où l'Europe en serait sillonnée. Elle ne tarda pas à voir Londres s'effacer devant Liverpool, qui n'était presque rien au commencement de ce siècle. Elle comprit que les produits du Nouveau-Monde ne s'exposeraient plus aux risques de la traversée de la Manche, dès qu'ils pourraient plus promptement, plus sûrement et à meilleur marché, se rendre dans la grande cité par Liverpool; et elle ne chercha pas à résister à cette révolution, conséquence de l'établissement des chemins de fer.

Ceci nous explique pourquoi Falmouth, dont la rade est si belle, prit, d'abord, si peu de développement; pourquoi Southampton, village de 1,200 âmes, qui possède une si belle position maritime, resta pendant si longtemps endormi, attendant qu'une ère de prospérité nouvelle, vînt l'appeler à fournir aussi à son pays la part de services qu'il lui doit.

A l'Est, l'Angleterre ne voit plus d'ennemis qu'elle puisse redouter, mais bien des peuples qui ont besoin de tous les produits des zônes tempérées. Elle emploie tout son génie à prévenir leurs besoins, à flatter leur politique. Elle sait que pendant une partie de l'année, les mers qui baignent leurs côtes ne sont pas praticables. Elle entasse dans ses magasins, dans ses docks, toutes les provisions qu'ils viendront chercher au plus vite, quand la fonte des glaces leur permettra de se servir de leur marine. La nature n'a donné qu'un port à l'Angleterre sur cette côte hérissée de dangers ; elle s'empresse de le leur ouvrir ; elle se fait libre-échangiste ; et Londres devient, pendant des siècles entiers, le premier marché du monde.

A l'Ouest, l'Angleterre supporte le poids de l'Irlande, lourde conquête qu'elle a beaucoup de peine à conserver. Les bons ports y abondent ; mais il ne convient pas à l'esprit dominateur des Anglais d'en tirer encore parti.

Liverpool est le port où elle concentre son commerce. Sa situation à l'embouchure d'une magnifique rivière, *la Mersey,* permet aux navires du plus fort tonnage d'y venir prendre et déposer des chargements que fournissent ou consomment les trois royaumes unis dont il est le point central. C'est aussi le port le plus voisin de l'Amérique septentrionale et de Manchester, la première ville manufacturière d'Angleterre : aussi ne néglige-t-elle rien pour développer son importance.

Pendant que le commerce trouvait dans la navigation tous les avantages de la vitesse, de la commodité et de l'économie, il employait tout son génie à perfectionner les moyens de communications et de transports terrestres. C'était là, en effet, le côté faible. Nous avons vu, pendant dix-huit ans, notre Gouvernement faire les plus grands efforts pour donner au pays de

magnifiques routes. Toutes les nations civilisées riva-
lisaient avec nous pour se procurer les mêmes avantages.

Mais à peine étions-nous en possession de cette
grande amélioration, que les chemins de fer se créèrent;
des compagnies s'organisèrent, lentement d'abord; et,
aujourd'hui, il n'est pas une ville, un village de quelque importance, qui ne s'efforce d'avoir son embranchement. Depuis longtemps l'Angleterre avait fait ces
expériences; elle en retirait les bénéfices. Mais elle ne
pouvait les borner à ceux que lui fournissait son commerce spécial intérieur; elle sentait que les voies terrestres l'emportaient sur la navigation. Dès lors toute
son attention fut attirée de ce côté; il fallait rétablir
l'équilibre; sans cela, qu'allait-elle devenir?

Les bâtiments à vapeur n'étaient encore employés
que par la marine militaire. Les dépenses énormes, en
matériel et combustible, qu'ils exigent avaient retardé
leur emploi par le commerce. Leurs petites dimensions
primitives et la quantité de charbon qui leur était nécessaire, pour les grandes navigations, laissaient peu
de place pour les voyageurs, seule clientèle qu'il fût
permis d'espérer. Quelques armateurs essayèrent de ce
moyen accéléré, il réussit; et, bientôt, l'Europe fut sillonnée de petits bateaux à vapeur anglais, qui rendaient les plus grands services au commerce.

L'émigration pour le Nouveau-Monde augmentait
chaque jour et multipliait ses rapports avec l'Europe;
quelques spéculateurs, enhardis par l'exemple de premiers succès, tentèrent d'installer un service régulier
de bâtiments à vapeur entre l'Angleterre et les États-

Unis (de 1830 à 1837); ils échouèrent dans leur entreprise; leurs navires n'étaient pas disposés convenable-
ment.

Le nombre de voyageurs était loin de ce qu'il est actuellement. La plus grande partie de l'Europe ignorait
l'établissement, de ce service, ou n'osait en faire l'expérience. Mille raisons qui n'existent plus aujourd'hui
firent avorter des opérations particulières, montées sur
une petite échelle; les causes principales de cet insuccès furent les proportions restreintes de ces navires,
qui n'avaient pas assez de capacité pour leur combustible, et les fautes qui signalent toutes les tentatives à
leur origine, et les habitudes anciennes et lentes du
commerce qu'il fallait changer. Renverser ce que nous
nommons les courants commerciaux, leur faire prendre une nouvelle direction, n'était pas chose facile,
surtout quand les avantages que le commerce devait
en recueillir exigeaient qu'il désertât son pays pour se
rendre tributaire de l'étranger.

Cependant ces tentatives, quoique malheureuses dès
le début, portèrent leurs fruits. L'Angleterre reconnut
que les immenses travaux de construction et d'entretien de cette nouvelle flotte, affectée à ce service spécial, allaient porter au plus haut degré l'art des constructions navales et occuper beaucoup de bras; que les
bois, fers, cuivres et matériaux de toute espèce, nécessaires pour ces constructions, développeraient cette
branche de commerce; qu'une consommation considérable de charbon serait faite par ses nombreux steamers, et offrirait ainsi un nouveau débouché pour ce
produit du sol.

En procurant des frets de sortie abondants aux navires de commerce, les Anglais comprirent qu'ils se créaient pour l'avenir la possibilité de se montrer moins exigeants pour les frets des chargements de retour, et de l'emporter ainsi sur les pays qui, comme la France, privés de frets ou chargements de sortie, doivent demander plus cher pour les transports de retour.

Ces lignes devaient, en outre, occuper un nombreux personnel ; elles devaient être pour l'Angleterre la source toujours renouvelée d'immenses revenus prélevés sur les nations étrangères.

Les services que les steamers pouvaient rendre en cas de guerre n'avaient pas échappé à l'esprit pénétrant du peuple anglais ; et il nous a été donné de voir, dans ces derniers temps, l'Angleterre dédoubler ses lignes et employer ses paquebots au transport de ses troupes en Crimée. Nous voyons encore aujourd'hui de quelle utilité ils sont pour elle dans la guerre de Chine, quel parti elle en tire pour transporter ses troupes dans l'Inde, et, enfin, combien il est heureux pour elle que ses services aient été établis avant cette insurrection de l'Inde, dont l'Angleterre n'aurait eu connaissance que lorsqu'il aurait été trop tard pour y porter remède, si le transport des dépêches avait continué à se faire par la voie du cap ou par des navires à voiles.

Aussitôt que le Gouvernement anglais se fut pénétré de toute l'importance des lignes transatlantiques, il entra en négociation avec diverses compagnies ; mais ce ne fut que de 1840 à 1841 que les concessions de la ligne Cunard pour les Etats-Unis, et Royal-Mail pour les Antilles, furent obtenues. Cette dernière compagnie traita seulement en 1854 avec l'Amirauté, pour le transport de la malle du Brésil.

En un mot, dans l'espace de dix-huit années, l'Angleterre a su établir cet immense réseau de lignes transatlantiques, dont elle enveloppe aujourd'hui le monde. Et, maintenant, je le demande, que deviendraient ses nombreux chemins de fer, s'ils étaient privés du travail que leur fournit les lignes transatlantiques.

Le succès qui couronne cette œuvre immense s'accroit chaque année ; et, s'il était permis à l'Angleterre de résilier ses contrats, d'appliquer une organisation meilleure, celle que l'expérience lui enseigne, elle n'aurait plus besoin de subventionner des compagnies, dont la direction vicieuse absorbe dix fois plus que cette subvention.

L'Angleterre prend, au surplus, son temps ; elle laisse chaque contrat arriver à son terme ; elle diminue la durée des nouveaux engagements qu'elle contracte ; elle use son vieux matériel en attendant l'occasion de le réformer.

Jusqu'à présent elle n'a vu lever la tête à aucune compagnie sérieuse en Europe ; elle agit donc sagement en ne se pressant pas.

CHAPITRE IV.

Motifs qui ont guidé l'Angleterre dans le choix de ses navires. — Découverte de l'hélice, son emploi. — Avantages des grands navires. — Le matériel anglais disposé suivant les lignes auxquelles il est destiné.

Jusqu'en 1840, les navires employés en Angleterre aux services transatlantiques étaient tous exclusivement à vapeur et à roues ; c'était alors le moyen de navigation le plus rapide.

Le charbon ne constituait qu'une faible dépense pour ces navires. Rendu à bord, le tonneau (1,000 k.) revenait à moins de 10 à 12 schellings. Avec 1,000 tonneaux de charbon, coûtant 12 à 15,000 fr., une machine de 400 chevaux peut chauffer pendant 500 heures environ. Celle-ci imprime au navire une vitesse moyenne de dix nœuds, et lui fait parcourir un trajet de 5,000 milles marins, ou 6,600 à 6,800 kilomètres, en vingt jours et demi.

Si l'on considère qu'elle économie, sous le rapport de l'équipage, du gréement, de la mâture, de la voilure, de l'armement en un mot, l'Angleterre retirait de l'emploi de ces navires, si on calcule les avantages d'une navigation à vol d'oiseau, par tous vents, temps et courants,on comprendra la sagesse qui avait présidé au choix de ces bâtiments.

Seule, sans concurrence, l'Angleterre pouvait prendre en outre, à titre de fret, taxe et passage, les prix qu'il lui plaisait, pour couvrir ses dépenses, sans avoir recours aux marchandises.

Les marchandises auraient occupé une partie de la place, déjà insuffisante aux passagers, à la machine et au charbon; l'approvisionnement en charbon nécessitait, d'ailleurs ,des relâches coûteuses, qu'il importait de rendre moins fréquentes. Les passagers, il est vrai, aiment les relâches, pourvu qu'elles ne soient pas de longue durée; mais les marchandises les redoutent. Les frais d'assurance augmentent, en effet, en raison des risques ; et chaque relâche est un risque. Le transbordement des marchandises est long et difficile ; celui des passagers s'effectue seul promptement. Tels sont, en partie du moins, les motifs qui déterminèrent l'Angleterre à adopter le système à vapeur, sans lequel, dans la Manche, par exemple, elle eût éprouvé assez d'entraves pour n'avoir plus la régularité nécessaire à son service.

Depuis 1840, l'art de la navigation a fait d'immenses progrès, favorisés par la découverte de l'hélice. On reconnut d'abord l'impossibilité de l'employer sur les lourdes coques de nos anciens navires ; peu à peu, en donnant à ceux-ci plus de finesse par la construction, on a constaté la supériorité de l'hélice sur les roues ;

aussi aujourd'hui, sauf pour des navigations exception-
nelles, comme celle des États-Unis et de la zône des
vents variables de notre hémisphère, tous les nouveaux
steamers de l'Angleterre sont à hélice. Ils offrent l'a-
vantage de pouvoir, lorsque le vent le permet, utiliser
les voiles.

Mais ce qui a rendu chez les Anglais l'emploi de l'hélice aussi général, c'est la faveur qu'a prise depuis
quelque temps en Europe le navire dit *clipper*, c'est-
à-dire celui dont la forme est jugée désormais la plus
avantageuse pour les navires uniquement à voiles. Les
clippers ont fourni de tels résultats, dans ces dernières
années, qu'il est maintenant démontré que, pour les
grandes navigations, ils sont supérieurs en tous points,
même en vitesse, aux bâtiments exclusivement à vapeur.

Ces navires, de forme très-allongée, ayant beaucoup
de creux et moins de largeur, atteignent, sous la seule
impulsion du vent, des vitesses de 16, 17 et 18 nœuds,
vitesse incroyable pour nos vieux marins eux-mêmes.
Cependant, s'il faut en croire un officier distingué de
notre marine impériale et qui n'attend qu'une occasion d'apporter encore de nouvelles modifications à la
carène de nos navires, cette vitesse ne serait pas le dernier mot à espérer du clipper.

A l'appui de ce que je viens d'avancer, je citerai la
traversée du clipper américain le *Fine-Clown*, de New-
Yorck à San-Francisco, en 82 jours, celle du *France
et Chili*, demi-clipper, de l'aveu de son constructeur,
du Havre à Lima, en 64 jours ; celle du *Marco-Paulo*,
clipper anglais de Liverpool à Sidney, en 62 et 64 jours
en moyenne, aller ou retour, chaque voyage ; enfin ,

la traversée toute récente d'un petit navire, *Deux-Eulalies*, venu de Valparaiso au Havre, en 66 jours, avec un très-lourd chargement.

La découverte des gîtes aurifères de la Californie contribua beaucoup aux progrès des constructions navales. La longueur des traversées, le nombre des passagers, l'impossibilité, pour la plupart d'entre eux, de payer les prix excessifs demandés par les steamers anglais et américains, engagèrent les armateurs à ne rien négliger pour abréger cette pénible navigation, pour la rendre moins onéreuse aux émigrants.

La seule cause d'infériorité des clippers sur les navires à vapeur est dans le retard qu'ils éprouvent en temps de calme ou de toutes petites brises. Pour remédier à cet inconvénient, les uns se pourvurent d'une hélice, *auxiliaire des voiles*, avec une petite quantité de combustible ; d'autres rendirent, au contraire, la voilure *auxiliaire de la machine*. L'Angleterre fait actuellement l'expérience de ce système, au fur et à mesure qu'elle remplace son vieux matériel.

En résumé :

La ligne postale des États-Unis est uniquement desservie par des bâtiments à vapeur et à roues ; les navires ont les plus grandes dimensions.

Naviguant toujours dans les grosses mers et les mauvais temps, la traction des roues convient mieux pour ces navires que tout autre système de propulsion. Les grandes dimensions des navires permettent l'emploi d'une machine puissante, indispensable dans ces parages, et la spéculation est largement indemnisée de ses frais par le nombre des passagers, qui s'accroît chaque jour.

La ligne des Antilles traversant, de Southampton jusqu'à Saint-Thomas, *surtout pour le retour*, presque les même parages que la ligne des États-Unis, n'emploie aussi que des navires à roues.

La ligne de l'Inde, par le Cap de Bonne-Espérance, ne compte que des navires à hélice et à voiles, steamers de 2,000, 2,500 et 3,000 tonnes.

La puissance des machines est inférieure à celle des machines en service sur les deux lignes précédentes. La voilure et la mâture de ces steamers ne sont pas tout-à-fait aussi fortes que s'ils étaient uniquement bâtiments à voiles. Ainsi, sur cette ligne de grande navigation, la voilure et la vapeur sont à peu près combinées dans d'égales proportions.

La ligne du Brésil à débuté, dans le principe, par des navires plus petits ; aujourd'hui les steamers *Hydaspes, Calcutta, Golden-fleece-lady-Jocelin*, sont de 2,500 à 3,000 tonneaux, machine et voilure combinées, comme pour la ligne de l'Inde (1).

Sur la ligne de l'Australie, le service fut d'abord établi par des vapeurs ; mais, une longue navigation, exigeant beaucoup de combustible, des relâches fréquentes dans l'Atlantique, relâches impossibles depuis le Cap de Bonne-Espérance jusqu'en Australie, la cherté du combustible, la difficulté de prendre à la fois et les marchandises et les nombreux passagers qui se présen-

---

(1) A côté de ces magnifiques steamers vient de s'établir une concurrence Hambourgeoise, avec des navires de 3,000 tonneaux, le *Pétropolis, le Teutonia*, etc....

tent, la nécessité de n'employer que des navires offrant contre les mauvais temps plus de résistance que n'en présentent les navires à vapeur, toutes ces causes réunies firent condamner le système primitivement adopté.

Aujourd'hui, l'Angleterre a passé son contrat postal avec une compagnie qui n'emploie que des clippers uniquement à voiles ; ses traversées ne doivent pas dé- passer 65 jours ; jusqu'à présent la compagnie a tenu ses engagements.

L'Angleterre n'a pas renoncée à abréger ses commu- nications avec sa riche colonie. Elle a calculé la quan- tité de combustible nécessaire pour une si longue navi- gation, aller et retour, elle a construit le *Great-Eastern* qui peut prendre 10,000 tonneaux de charbon ; ce bâtiment pourra disposer encore de quinze mille ton- neaux pour les marchandises et les passagers. Ceux-ci paieront largement les frais.

Or, ce n'est pas de Londres que devait partir ce co- losse, mais bien d'un port de France. Dans quelques années, notre pays sera la grande gare européenne, oü viendront aboutir toutes les voies ferrées de l'Europe.

L'entrée est faite par les chemins de fer ; malheureu- sement la sortie fait défaut ; ce sont les paquebots tran- satlantiques qui la fourniront.

Certes, la France a fait un bon placement en prêtant son argent aux peuples qui, encore ignorants des bien- faits des chemins de fer, ne trouvaient pas chez eux de capitaux pour ces entreprises ; mais qu'elle réserve ses ressources financiéres actuelles, pour prolonger ses li- gnes de fer jusqu'au Nouveau-Monde ! Qu'elle essaie d'apprendre ce qu'est la marine et ce que sont les lignes transatlantiques..... Il lui faudra moins de temps pour cette étude que ne lui en a coûté l'étude des chemins de fer, dont l'établissement absorbe aujourd'hui toutes ses idées et tous ses capitaux.

Je conclus de cet examen que l'expérience a conduit les anglais 1° à n'employer que de très-grands navires, dont les dimensions augmentent chaque jour encore, et en raison des distances à parcourir ; 2° à reconnaître que les navires doivent être appropriés aux navigations auxquelles ils sont destinés : ici, exclusivement à vapeur ; là, aux trois-quarts à vapeur et un quart à voiles ; plus loin, moitié à vapeur, moitié à voiles ; enfin, exclusivement à voiles. En réalité aucune des lignes transatlantiques anglaises ne se ressemble aujourd'hui, quand, au début, au contraire, tous les navires se ressemblaient, quand tous, indistinctement, étaient à vapeur, à roues et de petites dimensions. Nous devrons tenir compte de cette remarque, avec d'autant plus d'intérêt que le combustible nous coûtera plus cher qu'il ne coûte à nos redoutables concurrents.

CHAPITRE V.

Choix des ports d'attache. — Les ports anglais devant l'intérêt général ; désintéressement, patriotisme ; toutes les lignes concentrées à Southampton , port inconnu jusque-là. — Sacrifice des courants commerciaux établis à Londres et Liverpool.

La première pensée de l'Angleterre, dans l'étude de ses ports d'attache, dut se porter sur Falmouth, qui , depuis des années, était le point de départ des paquebots-poste à voile.

Et voyez comme , dans le passé, l'Angleterre avait compris les inconvénients de la Manche pour les dépêches, et les dangers et les retards auxquels il fallait les soustraire : c'était sur le point le plus éloigné du centre de ses affaires , qu'elle avait choisi son port d'attache. Des courriers partaient de ce point extrême et venaient apporter à la métropole sa correspondance avec l'étranger. Si grandes que fussent les dépenses d'un semblable service, elles n'étaient pas assez importantes pour faire négliger un moyen plus prompt et plus sûr d'accélérer le service des postes. Mais quand il s'agit de confier ce même service à des bâtiments à vapeur, les retards de la Manche disparurent, et nos voisins reconnurent qu'on abrégerait beaucoup le chemin de Falmouth à Londres, en continuant par mer jusqu'à Southampton, et par terre de Southampton à Londres. Les chemins de fer commençaient à s'établir : celui de Southampton devait être plus vite terminé ; il demandait moins de capitaux.

L'Angleterre ne se dissimulait pas que le service postal, malgré son importance, ne pouvant pas seul supporter des frais aussi considérables, elle devait appeler à son aide les passagers ; il fallait pour cela choisir un port à leur convenance. Southampton se trouvait placé au milieu de la côte sud d'Angleterre, au milieu de la Manche. Il faisait face au centre de nos côtes françaises ; par sa proximité du Havre il devait attirer beaucoup de voyageurs. Il n'y avait que 1,200 âmes à Southampton ; il n'y existait aucun courant d'affaires ou commercial ; il était même évident qu'on allait priver Londres et Douvres de tous les passagers, et du courant d'affaires auquel ils donnent naissance. Qu'importait cette considération aux membres du conseil d'amirauté? Ils n'étaient préoccupés que d'une chose : *Imposer le moins de frais possible à la compagnie*, pour qu'elle réussît à tout prix. C'était à ses succès que l'Angleterre devait être redevable des avantages dont je n'ai énuméré qu'une faible partie.

L'Angleterre ne pouvait pas, d'ailleurs, prendre

Londres comme port d'attache, parce qu'il obligeait les lignes transatlantiques à une traversée plus longue de vingt-quatre heures pour aller, autant pour revenir ; parce que le choix de ce port aurait frappé la correspondance d'un retard purement volontaire ; parce que la traversée de la Manche et du Pas-de-Calais étant la plus dangereuse de toutes, cette circonstance eût éloigné beaucoup de passagers, nui à la célérité et à la sécurité, indispensables à la correspondance et aux valeurs ; parce qu'enfin, Londres n'était pas aussi central que Southampton, et que de là, d'ailleurs, on ne rayonnait pas sur la France, qu'il était avantageux de bien exploiter. Du reste, Londres devenait une succursale de Sonthampton, et devait continuer à recevoir tous les clients de la mer du Nord et de la Baltique, qu'il conduirait à Southampton par terre.

Southampton est donc le port d'attache de toutes les lignes transatlantiques anglaises, à l'exception de la ligne des Etats-Unis, qui part de Liverpool ; l'importance commerciale de Liverpool et sa position centrale méritaient bien cette exception. Mais aujourd'hui, le mouvement commercial entre l'Europe et les États-Unis a pris un si grand développement, que l'Angleterre a dû donner à Southampton la seule ligne transatlantique qui lui manquait. Un nouveau service pour les États-Unis vient d'y être établi.

Southampton est donc le port où viennent se concentrer toutes les lignes transatlantiques anglaises, celle des *États-Unis*, celle du *Brésil*, celle des *Antilles*, celle de l'*Inde*, et même l'escale d'Australie.

Il existe bien, dans les autres ports anglais, des lignes

subventionnées, mais ce sont des lignes de cabotage, et non postales ; et il faut remarquer qu'elles ne se sont établies que lorsque l'Angleterre eût attiré à elle, d'une manière complète, tout le courant d'émigration européenne.

On ne peut qu'admirer le génie et la persévérance que les Anglais ont dû déployer pour obtenir ces résultats. En effet, si tous leurs ports, indistinctement, offrent les avantages maritimes nécessaires pour recevoir d'aussi grands navires, et en nombre aussi considérable, aucun d'eux n'est placé dans une situation topographique qui soit favorable. Tous imposent aux passagers, à la correspondance européenne et aux marchandises un long détour, la double traversée inutile de la Manche, et le paiement d'un quart en sus de la prime d'assurance sur toutes les marchandises qui partent de France pour s'embarquer, quelle que soit, d'ailleurs, leur destination, sur les steamers de Southampton ou de Liverpool.

Or, on va voir, par un exemple, quelle charge impose à la marchandise ce surcroit d'assurance :

Toutes les marchandises qui peuvent supporter les frais d'un transport sur les packets anglais sont des marchandises de prix. La plus grande partie d'entre elles paient fret en raison de leur encombrement. Un mètre 45 cube est ce que nous nommons *tonneau*. C'est fort peu estimer un tonneau de nouveautés, draps, soieries, châles, cachemires, articles de Lyon, de Paris, d'Elbeuf, etc., que de l'évaluer à 10,000 fr.; il vaut souvent 100 mille francs et plus.

Dix tonneaux de ces marchandises représentent donc

100,000 fr. — Si la prime est de. 5 p. 100, les frais d'assurance seront de 5,000 fr., plus 1/4 (*via Southampton ou Liverpool*), 1,250 fr.

Cette surélévation des frais d'assurance représente donc 125 fr. en moyenne, par tonneau, pour toute destination.

On verra, en outre, quel fret excessif occasionne aux marchandises françaises, ce détour par Liverpool, détour qui semble peu de chose à tous les expéditeurs français qui veulent acquérir une plus grande vitesse (avantage à moitié perdu par suite des retards qu'on éprouve pour se rendre de Lyon, par exemple, en Angleterre).

Je ne puis me lasser de le répéter : le jour où nos lignes transatlantiques seraient établies, et en communication avec tous les chemins de fer européens, les lignes anglaises seraient réduites à leur commerce spécial, qui ne leur offrirait qu'un aliment insuffisant. Chacun sera jaloux d'économiser une partie de la prime d'assurance. Il est à remarquer, d'ailleurs, que, les dangers de la Manche une fois évités, les avaries diminueront à un tel point que les assureurs se verront dans la nécessité d'abaisser le taux de leurs primes. Les compagnies d'assurance préfèrent infiniment n'avoir à prélever que de faibles primes.

Toutes s'accordent généralement à refuser les assurances (même à 14 et 15 p. 100 de prime) des navires qui n'hésiteraient pas à s'exposer, l'hiver, aux dangers des mers du Nord, s'ils avaient derrière eux une garantie de leurs capitaux.

Car, il faut bien le reconnaître, la vie des hommes

est tenue pour peu de chose dans notre carrière. La navigation des Antilles, du Brésil et de la côte d'Afrique, pendant les mois d'hivernage (c'est-à-dire pendant quatre à cinq mois de l'année), nous coûte la moitié, quelque fois la totalité de nos équipages, qui tombent victimes de la fièvre jaune. N'ai-je pas vu la *Jeune-Charlotte*, de Bordeaux, qui, huit jours après son arrivée à la Martinique, n'avait plus un seul homme existant à bord. On était au mois d'août 1856; tous les navires sur rade étaient sans équipages. J'étais sur les lieux, et je puis parler en témoin de ce triste épisode de ma vie maritime.

Il est donc heureux que les assureurs se refusent à couvrir les risques des navigations boréales, effectuées pendant l'hiver ; ils rendent, sans s'en douter peut-être, de grands services à l'humanité.

Je veux encore donner une idée du juste effroi qu'inspire la traversée de la Manche aux passagers et à la correspondance, qui, eux, ne sont point assurés.

Jamais la correspondance ne vient de Southampton au Havre par mer ; c'est cependant la voie directe. — Elle se rend à Londres, de Londres à Douvres et de Douvres à Calais ; c'est-à-dire qu'on ne veut pas exposer la correspondance, qui a franchi 8,000 kilomètres et souvent de plus grandes distances encore sur les Océans, à faire 120 kilomètres de plus. Les passagers qui ne sont pas pressés par leurs affaires ou qui peuvent ne pas tenir compte d'une question d'économie, passent aussi par Londres.

Ainsi, en Angleterre, quand il fallut créer les lignes transatlantiques, on ne tint pas compte de l'absence de tout commerce à Southampton; on ne s'occupa pas d'avantage des changements que pouvait amener leur établissement, dans les courants commerciaux, il s'agissait d'en créer de nouveaux, plus productifs que les anciens; Southampton n'existait pas; mais il était indiqué, sur un lieu qui convenait, par quelques cases de pêcheurs et une rivière excellente pour les paquebots; et peu à peu, il s'est fait ce que nous le voyons aujourd'hui, la gare cosmopolite où viennent s'embarquer et débarquer les voyageurs du monde entier. Pendant ce temps, le port de Liverpool avec ses lignes anglaises et américaines des Etats-Unis, devenait le port régulateur de tous les marchés d'Europe; et, peu à peu, Londres disparaissait, devant ces deux ports, de la grande scène maritime.

Londres n'est plus aujourd'hui qu'un port de cabotage et de construction; ses passagers, ses correspondances partent de Liverpool et Southampton, et y arrivent; la moitié de ses marchandises suit le même chemin.

Il en serait autant advenu de Paris, si la Seine avait été navigable pour les plus gros vaisseaux. Le port de Paris aurait baissé pavillon devant celui de Rouen lorsque le chemin de fer s'arrêta à Rouen; de même que Rouen a disparu devant le Havre, lorsque celui-ci a été en possession de son embranchement; de même que le Havre disparaîtra devant Brest, le jour où les chemins de Brest seront livrés au commerce.

Jamais les négociants du nord de l'Europe ne consentiront à exposer aux retards occasionnés par les vents de Nord-Est, qui durent quelquefois pendant des mois entiers, et aux dangers que présentent les côtes

de la Manche et les abordages, des chargements d'in-
digo, de cochenille, de coton, de cuivre, de salpêtre,
de poivre, de vanille, de thé, de guano même, quand
ils pourront les recevoir plus rapidement par les chemins de fer, et supprimer les assurances énormes qui
frappent sur le capital que représentent ces marchandises ; quand ils pourront enfin éviter tous les sinistres
qu'occasionnent la Manche et les mers du Nord.

Pour réfuter mon opinion en faveur d'une concentration des services transatlantiques à Brest, on in-
voque la courte distance qui sépare le Havre de Paris,
ce grand centre de consommation et de production :
ma réponse est toute dans ce qui précède ; et j'ajoute
que, dans quelques années, le Havre ne sera plus son
port à lui-même. Il reçoit déjà une partie de ses cotons
de Liverpool. Le Havre, en cela, subira le sort du port
de Londres, qui, s'il est plus enfoncé en Manche, avait
pour lui l'avantage de plus grands courants commerciaux, que le commerce n'a cependant pas craint de
renverser. Comme Londres, le Havre recevra bientôt,
par les chemins de fer, les produits nécessaires à sa
consommation, débarqués à Brest, devenu le Liverpool
français.

CHAPITRE VI.

Des parcours des lignes anglaises. — Bifurcation à Saint-Thomas, colonie danoise. — Fautes commises dans leur organisation par nos devanciers. — Conséquences fâcheuses de la division des services.

Nous venons de voir comment l'Angleterre avait compris l'importance du choix de ses ports. De même, elle avait compris la nécessité de ne pas promener indéfiniment les passagers et la correspondance de port en port. C'était un temps précieux perdu ; et les passagers, d'ailleurs, coûtent à nourir. Pour la ligne des Antilles, elle choisit le point de bifurcation qui offrait à la spéculation le plus d'avantages. Préoccupée, avant tout, de la pensée de diminuer les frais des lignes transatlantiques, l'Angleterre, quoiqu'elle possède les plus belles colonies aux Antilles, ne chercha pas à favoriser de son relais une de ces colonies.

Saint-Thomas présentait la rade la plus sûre, la plus

commode, et le point le plus rapproché de sa route, se trouvant, en outre, au vent de tout cet archipel. Cette île appartient aux Danois. Les Anglais n'hésitèrent pas à en faire choix, dès qu'ils reconnurent la convenance de cette station, quelque malsaine qu'elle soit, car Saint-Thomas est le tombeau d'un grand nombre d'Européens.

Je n'insisterai pas ici sur la question des parcours. Il faudrait entrer dans des détails sans fin, pour examiner toutes les lignes dont l'Angleterre enveloppe le monde entier; et il est facile, au surplus, de se procurer les ouvrages remarquables qui traitent spécialement de cette question.

Jusqu'à présent les lignes anglaises ont servi de types à tous ceux de nos compatriotes qui ont écrit sur l'établissement en France de semblables lignes de navigation.

Personne n'a évité les fautes, inséparables d'une organisation qui a eu à vaincre, de l'autre côté du détroit, toutes les difficultés d'une création. Ces difficultés, il est utile de les signaler ici, afin de perfectionner, s'il est possible, une opération qui doit être si féconde pour notre pays.

Placée à l'extrémité nord de l'Europe, l'Angleterre a fait peu de chose pour attirer chez elle toutes les ressources que pouvaient lui fournir les nations du Sud. Son éloignement lui laissait sans doute peu à espérer de ce côté.

L'Italie, le Piémont, la Suisse, l'Allemagne méridionale, l'Espagne, le Portugal, etc., fournissent les trois-quarts des émigrants, une correspondance considérable, un chiffre très-élevé de marchandises. Que chacun examine les difficultés qu'avaient à vaincre toutes ces nations pour aller rejoindre les paquebots transatlantiques de Liverpool et de Southampton , et l'on comprendra pour quels motifs elles ont continué à se servir de bons navires à voiles, jusqu'à ce que l'Espagne et le Piémont leur aient fourni, à leur tour, des moyens de transport plus expéditifs.

Créant une opération dont il était difficile de présager l'importance dès le début, obligés de demander une subvention à l'État, les spéculateurs anglais durent subir les conditions que l'État leur imposait. De plus, ils commirent la faute de s'attacher trop long-temps à construire leur matériel dans ce double but : servir au commerce en temps de paix ; servir à l'État en cas de guerre. Plus tard, le gouvernement anglais renonça à ses priviléges ; depuis cette époque, le service a progressé ; mais il n'a rien moins fallu que la concurrence américaine, pour obtenir ce résultat.

L'Angleterre, en établissant ses lignes l'une après l'autre (conséquence naturelle d'une création pru-dente), n'en subit pas moins aujourd'hui les fâcheux effets de la division des services, qui s'en est suivie. Elle n'a, pour se rendre sur tous les points du globe, que deux routes ouvertes devant elle : celle de l'Ouest-Sud-Ouest, pour les États-Unis, et celle du Sud direc-tement, pour toutes les autres destinations.

Deux navires suffisaient pour parcourir, l'un, tout le trajet qui sépare l'Angleterre des États-Unis, et l'au-tre pour atteindre le point Sud de bifurcation où vien-nent converger toutes les routes qu'elle a besoin de suivre. Ce premier point de bifurcation est Madère.

Tous les navires qui vont aux Antilles, navires à vapeur ou à voiles, passent forcément à très-peu de distance ou en vue de ce groupe d'îles. Ils suivent cette route pour arriver plus vite dans la région des vents alizés, qui font promptement regagner aux steamers eux-mêmes les quelques heures qu'ils emploient à faire ce petit coude. Les capitaines ont hâte de naviguer dans les beaux parages où la mer est toujours unie, de pouvoir chauffer à leur aise, d'avoir tout à la fois et la mer, et le vent, de l'arrière, ce qui augmente sensiblement leur vitesse.

Quant à la route du Brésil et de la côte d'Afrique, elle coupe en deux ce même groupe d'îles.

Ainsi donc, un seul navire suffirait pour aller à Madère; et là, devrait s'opérer une division semblable à celle qui a lieu à Saint-Thomas pour les Antilles. Si l'on considère que deux fois par mois, il part des îles britanniques un paquebot pour les Antilles, pour le Brésil, pour l'Inde, pour la côte d'Afrique et pour l'Australie, on appréciera facilement l'importante économie dont les services anglais se sont privés.

Ce double emploi de matériel se fait sentir encore de Madère au Brésil, car tous les navires destinés pour l'Inde et l'Australie, passent à très petite distance du Brésil.

Enfin, les mêmes considérations s'appliquent également aux lignes de l'Inde et de l'Australie, qui se suivent depuis le point de départ jusqu'au cap de Bonne-Espérance, faute grave qui absorbe plusieurs fois la subvention et qui prive les passagers et les correspondances de départs multipliés que pourrait leur offrir une meilleure organisation.

Deux inconvénients pèsent enfin sur le service des lignes transatlantiques, en Angleterre : d'une part, l'emploi de navires presque exclusivement à vapeur; d'autre part, la mauvaise position géographique qu'elle occupe, qui nuit beaucoup à l'emploi de ses paquebots par les nations éloignées de ses ports d'attache.

Telles sont, en partie, les difficultés et les fautes que l'étude des lignes transatlantiques anglaises m'ont révélées, et que nous devons chercher à éviter dans l'organisation en France de semblables services.

Quant aux lignes américaines, nous nous bornerons à faire remarquer qu'elles n'utilisent que des navires à vapeur, à roues, navires établis dans des dimensions extraordinaires.

Le jour où le port de Brest sera ouvert au commerce, les lignes américaines seront, pour les nôtres, des alliées naturelles. Cette alliance a pour base la sympathie et la politique du peuple américain, leurs lignes feront cause commune avec nos propres lignes; et je ne doute pas que les Etats-Unis ne prissent même une large part dans une grande entreprise de paquebots qui se formerait, en France, sur des bases commerçantes et non financières.

Nous avons vu comment l'Angleterre avait procédé à la création de ses lignes ; nous avons indiqué les fautes qu'elle avait commises.

Il dépend de nous maintenant de l'imiter dans ce qu'elle a fait de bien, de perfectionner son œuvre, et d'assurer à notre pays des résultats supérieurs à ceux que nos voisins ont recueillis ; nous sommes, en effet, mieux placés en Europe (au point de vue topographique) que notre devancière.

Mais pour atteindre un but si glorieux, si précieux pour nos classes maritimes, ouvrières et industrielles, sachons nous affranchir de toute pensée mesquine ou égoïste, de toute idée de clocher ; sachons faire à l'intérêt général le sacrifice des intérêts particuliers ; et marchons résolument à une conquête qui, toute pacifique qu'elle sera, n'en donnera pas moins un nouvel éclat à notre pays.

CHAPITRE VII.

Examen de la position géographique de la France.

Dans les chapitres qui précèdent, j'ai, à plusieurs re-
prises, signalé l'établissement des lignes transatlantiques en France comme une véritable et glorieuse conquête : conquête est bien le mot. Il faudra, en effet,
pour atteindre ce but, enlever à l'Angleterre une forte
partie de la clientèle qu'elle s'est justement acquise
par la régularité et le confort qu'elle lui procure, grâce
à ses nombreux et gigantesques paquebots. Si elle a eu
à vaincre toutes les difficultés d'une création, en revanche, elle jouit depuis bien des années, de tous les produits de l'œuvre qu'elle a créée.

Ne nous faisons donc pas d'illusion ; ces produits ne
viendront à nous que si nous offrons plus d'avantages.
Ce serait en vain que nous construirions des navires,
en vain que nous nous imposerions des dépenses con-

sidérables ; si nous sommes inférieurs dans les différentes branches de ce service, les produits nous feront défaut. Ayons donc le bon esprit de nous convaincre nous mêmes, que c'est dans une concurrence, et dans une concurrence difficile, que nous nous engageons.

Or, devant ce mot *concurrence*, il n'est personne qui ne s'arrête, qui ne réfléchisse. Est-elle possible ? telle est, avec la première pensée, la première question; tel est le problème qui se dresse devant nous, et que tous nos négociants, nos grands financiers surtout, n'ont jamais envisagé résolument.

Certes, ils ont compris toute l'importance des lignes transatlantiques ; mais, pour arriver à les fonder, ont-ils fait autre chose que de poursuivre des concessions dans une sorte de course au clocher, de poursuivre surtout la subvention.

Concession ! subvention ! on eut dit, à les entendre, que tout l'avenir des lignes transatlantiques, en France, était dans ces deux mots. Et la mise en œuvre, faut-il donc la compter pour rien ?

Une subvention est assurément une aide, un secours ; mais elle ne saurait remplacer l'élément nécessaire, indispensable, celui que fournissent les passagers, les marchandises, la correspondance.

Ces lettres, ces colis, ces voyageurs ont leurs habitudes, et pour leur faire abandonner le chemin de Liverpool et de Southampton, il faut leur présenter *quelque chose de mieux*. C'est à cette condition seule que nous pourrons triompher de la rivalité que nous opposent les lignes anglaises. En dehors de cette condition absolue, aucun succès n'est à espérer.

Cela dit, et dans la conviction que nous avons affaire à une redoutable concurrence, examinons nos forces ; calculons les chances que nous pouvons avoir non-seulement pour lutter, mais encore pour vaincre ; car la France, pour sa dignité, ne s'aurait s'exposer à une défaite.

Interrogeons d'abord notre situation géographique. Cherchons la France sur cette mappemonde.

Il ne s'agit plus de deux petites îles perdues dans l'Océan, comme l'Angleterre, à l'extrémité nord-ouest de l'Europe, il s'agit d'une vaste et belle partie du continent, placée au centre ou en tête de toutes les nations privées de port de mer. La Prusse, la Bavière, la Suisse, l'Allemagne entière semblent dire : *Nous manquons de sucre, de café, de thé, de poivre, de sel, de riz, de cotons, de laines, de cuirs, de cuivre, de salpêtre, de guano, etc.;* c'est à la France, si heureusement baignée par trois mers, à nous les procurer ; c'est à la France à aller chercher tous ces produits au-delà des mers, et, grâce à ses chemins de fer, à livrer à nos portes tous ces objets si nécessaires, qu'il faut aujourd'hui que nous allions, au-delà d'une mer dangereuse, demander à l'Angleterre qui nous les vend à si haut prix.

Voilà ce que disent tous les peuples qui nous entourent à l'Est.

Au Sud, c'est le bassin de la Méditerranée, ce sont l'Italie et l'Espagne. Les chemins de fer feront de ces nations, déjà françaises par leur religion, par leurs mœurs, par leurs sympathies, comme les faubourgs de notre empire.

L'Algérie, cette terre qu'on a proclamée depuis si longtemps à jamais française, n'aura plus besoin, quand nos lignes transatlantiques toucheront sur les côtes d'Afrique, de concentrer ses produits à Marseille. L'Algérie enverra directement aux pays de consommation ses cotons, dont la culture ne peut que s'étendre dans notre colonie, ses huiles et ses céréales, et, grâce à la richesse de son climat, les cafés et les sucres, qui y réussiront à merveille.

A l'Ouest, n'avons-nous pas l'Océan et le Nouveau-Monde, et un port sans rival, qui, complété par ses chemins de fer, doit devenir le bazar universel, où toutes les nations de l'Europe viendront s'approvisionner? Chargée là, à son point d'arrivée, sur des wagons, la marchandise ne s'arrêtera qu'à Bruxelles, qu'à Vienne, qu'à Munich, qu'à Moscou.

Quel homme sérieux soutiendrait qu'à ces avantages de rapidité, de sécurité, d'économie dans les dépenses de toute nature, les nations de l'Est préféreront l'emploi de leurs traîneaux, de leurs lourds coches, l'emploi des bâtiments qui les ont portées jusqu'à présent en Angleterre, en leur faisant parcourir un chemin triple de celui qui les sépare de Brest. L'île d'Ouessant, voisine de Brest, est, en effet, le point de départ de tous les navires qui quittent les ports de l'Europe septentrionale, pour toutes les destinations de long cours. Il faut qu'ils passent tous, sinon en vue, au moins à très-petite distance de ce point.

Ce que je viens de dire des voyageurs s'applique, à plus forte raison, à la correspondance, qui, accusant presque les chemins de fer de lenteur, a si souvent recours à la télégraphie électrique.

Quant aux marchandises, la seule obligation d'être embarquées dans les mers du Nord, puis débarquées à Liverpool pour être réembarquées sur les steamers anglais, les condamne à des frais de consignation sur trois ou quatre points, avant leur départ définitif d'Europe. Elles vont, d'ailleurs, beaucoup moins vite à Liverpool qu'elles iraient à Brest? Il est impossible que les marchandises ne prennent pas nos chemins de fer, le jour où nos gares maritimes leur offriront un service transatlantique régulier. J'ai peine à comprendre même comment toutes nos compagnies de chemins de fer ne se sont pas déjà réunies pour former un capital, afin d'arriver plus promptement à l'établissement en France des lignes transatlantiques.

Je viens de parler de la position géographique de la France à l'Est, au Sud et à l'Ouest; portons nos regards au Nord.

La mer !... puis, au-delà, des côtes à pic, hérissées de canons. Pas un port de commerce ouvert. Southampton est le seul qui pourrait revendiquer ce nom ; mais il ne reçoit que les lignes transatlantiques anglaises. Voilà son rôle unique. Southampton n'existait pas il y a quinze ans ; il ne figure pas encore parmi les ports de commerce du monde.

Du reste, qu'avons-nous à faire de ce côté? L'Angleterre n'a pas jugé convenable de nous y ouvrir un seul port ; elle a sagement calculé qu'elle ne serait jamais notre *commissionnaire,* parce que nous irions nous-mêmes lui disputer, sur les lieux de production, les produits du Nouveau-Monde.

Pourquoi ne tiendrions-nous pas vis-à-vis d'elle la même attitude? Barricadons-nous donc aussi de ce côté nord, d'où il ne peut rien venir, d'où nous n'avons presque rien à expédier, de ce côté qui n'est utile à la France que comme boulevart.

Mais ouvrons nos ports de l'Ouest pour satisfaire aux besoins de nos voisins de l'Est, comme l'a fait l'Angleterre.

A Liverpool opposons Brest, à la rivière de Bristol opposons la Loire; et nous ne tarderons pas à profiter des avantages d'une position, unique dans le monde.

Ainsi donc, comme base de l'opération transatlantique, disons : qu'aucune nation au monde n'a une position topographique comparable à celle de la France; et constatons, pour entrer en concurrence, ce premier et immense avantage que nous avons sur l'Angleterre.

CHAPITRE VIII.

Maintenant, procédons au choix de nos navires. Je me bornerai à dire qu'il faut les construire, disposer et approprier eu égard : 1° *à l'état de la mer, des vents et des parages qu'ils doivent traverser,* sinon ces navires resteront en route ; 2° aux besoins, aux exigences des nombreux clients (passagers, correspondance, marchandises) qu'on veut attirer, sinon ces bâtiments navigueront à vide ; 3° enfin à la concurrence que nous voulons soutenir, sinon nous succomberons dans la lutte.

Ces trois conditions exactement remplies ajouteront encore aux chances de succès que nous promet notre heureuse position géographique en Europe.

Ceci nous conduit à examiner chacune des lignes que nous voulons desservir en particulier.

Nous commencerons par celle des États-Unis :

974 lieues marines à parcourir entre le 41ᵉ et le 48ᵉ degré de l'équateur, en prenant pour point de départ Brest, ou 1,058 lieues en prenant pour point de départ le Havre.

La zône dans laquelle seront constamment nos steamers est celle des vents variables et des hautes latitudes. Pendant les trois quarts de l'année, les vents régnants au large sont d'aval, c'est-à-dire de la partie de l'Ouest : grosse brise, coups de vent fréquents du Nord-Ouest et du Sud-Ouest. Près de terre, les vents jouent beaucoup, et nous rencontrons souvent des vents très-frais de Nord-Est, d'Est, ou vents d'amont, alors que, un peu plus au large, les vents d'aval n'ont pas cessé. Cette dernière circonstance rend les traversées d'Europe aux États-Unis beaucoup plus difficiles que les traversées au retour.

La mer est généralement très-grosse dans ces parages. Les mers de la Grande-Sole et du banc de Terre-Neuve sont connues comme telles. Les mers des Bermudes et du banc des Aiguilles peuvent seules leur être comparées.

Ainsi donc, avec la certitude d'avoir presque toujours vent debout ou contraire pour aller, si nous voulons obtenir quelque régularité dans notre service, l'emploi de la vapeur est indispensable. L'état de la mer grosse et debout exige une forte traction — celle que les roues procurent — et une grande puissance de machine.

Plus un navire est grand, mieux il résiste à une mer furieuse; moins vite il est obligé de ralentir les efforts de sa machine, plus longtemps il conserve son erre.

Un petit navire, mû par une puissante machine serait *mangé par la mer*, l'eau embarquerait par son avant, en paquets énormes, et ravagerait tout sur le pont ; le moindre coup de mer casserait son erre, et il lui faudrait longtemps pour la reprendre. Il gouvernerait moins bien et ferait des avaries majeures alors qu'un grand navire serait parfaitement tranquille.

Les mouvements d'un petit navire sont insupportables pour les passagers quand la mer est dure, et tout alors fatigue à bord.

Sur la ligne des États-Unis, les passagers sont très-nombreux. La seule différence des prix de passage demandés par les navires à voiles et les steamers les éloigne de ces derniers. Plus les dimensions du steamer seront grandes, plus on pourra diminuer les prix de passage, et plus le nombre des passagers s'accroîtra.

Quant aux marchandises, il faut qu'elles supportent, comme les passagers, une partie des frais de combustible. Plus le navire sera grand, et plus la portion de frais à la charge de chaque tonneau de marchandise sera faible. Or, le jour n'est pas éloigné où les Américains nous apporteront leurs cotons sur des navires à vapeur de 10,000 tonneaux ; s'il faut en croire des lettres venant dernièrement de New-Yorck, quatre navires de 20,000 tonneaux viendraient d'être mis sur les chantiers. Ils n'attendent que l'ouverture d'un port qui ait assez d'eau pour les recevoir. Si ce port, par sa situation, diminue la distance à parcourir, le combustible à embarquer diminuera par ce même fait ; et les Américains auront alors économie à faire leurs transports sur des bâtiments à vapeur qui se rapprocheront de plus en plus, quant aux frais, des navires à voiles.

Pour aller d'Europe aux États-Unis, les chargements ne manqueront pas, quand nous aurons fait quitter au grand courant commercial du transit européen les routes de Brême et de Liverpool. Les passagers viennent déjà par milliers ; et un grand steamer, à défaut de forts chargements, pourra emporter sa provision de combustible pour le retour ; il se procurera ainsi un fret passable, et il économisera et les droits américains sur les houilles, à leur entrée aux Etats-Unis, et le temps à perdre pour embarquer ce charbon à New-Yorck. Il ne lui restera à prendre dans ce port que son chargement et ses passagers. Or, les chargements ne feront pas défaut en cotons et en céréales, soit en destination de l'Europe continentale, soit en destination de l'Angleterre. Une relâche d'une heure à Brest suffirait pour déposer les passagers et la correspondance sur un ponton *ad hoc* en rade de Brest. De là, le steamer pourrait continuer sa route pour Liverpool, Londres ou tout autre port d'Europe qui aurait assez d'eau pour le recevoir, afin d'y déposer ses grains ou cotons ; il ne se serait pas écarté de sa route. Il emporterait, en retour d'Angleterre, un plein chargement de charbon, et reviendrait à Brest prendre son tour de départ pour New-Yorck.

Tout tend à prouver, en résumé, que de grands steamers sont indispensables sur cette ligne, non-seulement en vue de l'économie à obtenir, mais encore pour donner satisfaction aux passagers qui abondent et qui n'aiment, avec raison, que les grands navires.

Les lignes transatlantiques auxquelles nous vonlons faire concurrence ont débuté par des navires de 800 tonneaux et 400 chevaux de force. Elles ont promptement reconnu l'insuffisance de ces dimensions.

Leurs plus petits navires, aujourd'hui, sont de 3,000 tonneaux et de 800 chevaux de force, leurs nouveaux steamers sont de plus de 5,000 tonneaux et 1,200 chevaux de force. Et je viens de le dire tout-à-l'heure, les Américains ne veulent pas s'arrêter là, tout dernièrement quatre grands steamers de 20,000 tonneaux viennent d'être mis sur les chantiers.

Non, les Américains ne s'arrêteront pas dans cette voie de progrès ; il suffit de savoir que, dans une seule journée (21 mai 1857), il est entré en rade de Liverpool 80 mille balles de coton, et que la moyenne des arrivages quotidiens est de 40 mille balles environ ! Les besoins de l'Ancien-Monde ne sauraient que croître. Le défaut d'eau dans nos ports Français est le seul obstacle à la construction de navires gigantesques, si avantageux pour les consommateurs et si nécessaires au commerce.

La meilleure preuve que je puisse donner de l'éloignement des armateurs américains pour la Manche et les longs parcours, c'est qu'il n'existe pas une seule ligne de steamers transatlantiques pour Londres, où cependant il ne manque ni eau, ni aliment de consommation et production.

Ces armateurs n'ont été guidés que par la pensée de diminuer pour leurs steamers les dépenses en combustible, et d'éviter les dangers d'une route qui devient périlleuse et qui diminue la régularité du service.

frais que les passagers et les marchandises supportent pour se rendre à Liverpool et à Southampton sont moins élevés que ceux que les steamers devraient prélever pour prendre leur chargement à Londres.

Dira-t-on que ces steamers vont bien à Brème? soit. Quand les Américains ont établi ce service, nous n'avions pas de voies ferrées qui permissent aux émigrants et aux marchandises de venir s'embarquer chez nous; Brême est situé au milieu des populations qui émigrent le plus ; et le voyage qu'ils avaient à faire pour se rendre à Liverpool était trop dispendieux pour des gens qui ne s'expatriaient que pour chercher des moyens d'existence que leur refusait leur patrie.

Mais aussitôt que nos chemins de fer du Nord et du Havre furent terminés ; la ligne de Brème ne fut plus qu'une ligne secondaire, marchant seulement l'été. Nous vîmes alors s'organiser cette ligne du Havre, dont les magnifiques steamers viennent héroïquement s'échouer, pendant quinze jours, au milieu des vases ! Quel triste spectacle n'offrent pas ces admirables chefs-d'œuvres d'architecture navale, roulant, tanguant dans la boue pendant 20 heures sur 24, jusqu'à ce qu'ils soient entièrement à sec où à flot. Certes, il faut que les Américains aient une foi robuste dans leurs calculs commerciaux, pour oser exposer ainsi les millions que représentent à elles seules les coques de ces magnifiques navires.

Pas un négociant français n'a encore osé tenter la même expérience. Me parlera-t-on des bateaux de Caen, d'Honfleur, de Rouen, de Morlaix, etc?... Ce sont là des pygmées, dont la perte n'influerait en rien sur la fortune de leurs propriétaires, qui, du reste, les font assurer en conséquence. Mais ils n'en gémissent pas moins, quand ils voient leurs navires tantôt à flot, tantôt à vingt pieds au-dessous du niveau du quai, chargeant et déchargeant avec peine. Celui qui est condamné à travailler, cherche le travail partout où il se trouve ; seulement il le fait payer en raison des difficultés qu'il doit vaincre. Ces difficultés se traduisent ici en frais qui retombent sur les consommateurs, c'est-à-dire sur toute la France, sur toute l'Europe.

Nous avons dit plus haut que nous rencontrions presque toujours des vents contraires pour nous rendre aux Etats-Unis ; pour revenir nous avons donc presque toujours vent arrière. C'est pour profiter de cette circonstance que nous aurons sur nos steamers un beau et fort mât de misaine. Comme il sera seul, et que, placé trop de l'avant, son effort et son poids feraient canarder notre steamer, nous le placerons plus à l'arrière qu'on ne le fait généralement ; nous pourrons ainsi profiter pour le retour des gros et bons vents d'aval. Le mât de hune devra faire mât de perroquet en même temps ; il suffira, par conséquent, de le caler quand il ne servira pas ; et le navire se trouvera débarrassé d'une mâture qui pourrait le gêner avec vent contraire.

Ainsi, pour nous résumer, la ligne des États-Unis sera desservie par des steamers de 4,000 tonneaux environ, de la force de 1,000 à 1,200 chevaux. Ces steamers, pour cette ligne destinée à toujours naviguer dans les mauvais temps, seront construits en bois. Ces navires ne seront, d'ailleurs, jamais chargés lourdement; ils recevront des articles de Paris ou des articles similaires des nations voisines, *pour aller*, et, le plus souvent, des cotons *pour revenir*. Ainsi la légéreté de la coque en fer perd ici de son avantage. On peut, aussi bien, établir en bois qu'en fer des compartiments étanches, rien donc n'oblige à employer le fer. Je n'entends pas donner, au surplus, sur ce point d'autre valeur à mon opinion, si ce n'est que, sans repousser l'emploi du fer d'une manière absolue, je préférerais que le bois restât la base de la construction, l'emploi de l'hélice seul peut modifier ma manière de voir à ce sujet.

CHAPITRE IX.

Ligne des Antilles.

Au dernier chapitre, j'ai indiqué dans quel esprit devait être construit le matériel de la ligne des Etats-Unis. En celui-ci, je m'occuperai des autres services.

Jusqu'à présent on n'a pas attaché assez d'importance, en France, à la question du choix des navires. Cela tient-il à ce que ceux qui s'en sont occupés n'étaient pas marins? Je l'ignore. Toujours est-il que jamais cette question n'a été traitée comme il importe qu'elle le soit.

Ç'a été la seule cause de nos insuccès, lorsqu'en 1845, et depuis encore, nous avons voulu faire concurrence à l'Angleterre. C'est aussi à leurs magnifiques steamers, *bien commandés* et bien appropriés aux services qu'ils leur réclament, que nos rivaux doivent leurs succès. Car, nous l'avons démontré précédemment, leur administration et leur organisation sont aussi mauvaises que leur position géographique en

Europe, et très-peu en rapport avec les besoins du commerce.

La construction de nos steamers doit donc fixer toute notre attention. En effet, si nous débutons par noyer nos passagers et toutes les valeurs qui nous sont confiées, si nous mettons 24 jours pour faire une traversée que nos rivaux font en 9 ou 10 jours, si notre combustible ou notre machine vient à nous manquer à moitié de la traversée, si nos navires se comportent mal à la mer, si nous continuons à faire sur nos bâtiments des expériences qui nous laisseront en route, expériences qui ne conviennent nullement à des passagers qui nous paient pour aller vite et arriver, et non pour assister à des expériences scientifiques qui les retardent, les exposent et compromettent leurs affaires, nous serons bientôt à l'index sur les deux continents; personne ne voudra nous confier son existence ou sa fortune.

Ce ne seront ni nos directeurs généraux, ni nos administrateurs qui feront la réputation ou la fortune de nos lignes transatlantiques; ce seront :

1° Nos constructeurs et nos ingénieurs ;

2° Nos paquebots, qui, dès le moment où ils appareilleront, cesseront d'être des corps inanimés et deviendront d'intrépides lutteurs, de valeureux chevaux de course. Ce sont eux qui gagneront le prix. C'est donc vers eux que tous nos soins doivent être dirigés;

3° Les capitaines, je les place au troisième rang, parce que, si le constructeur leur donne un mauvais navire, ils ne pourront rien faire de bon. Mais si, au contraire, le constructeur satisfait à toutes les conditions d'une bonne construction, alors tout le succès de l'opération sera entre les mains des capitaines. Quand ils auront un bon navire sous les pieds , ce sera *d'eux seuls* que dépendra la vie ou la mort des passagers, la honte ou la gloire de leur pavillon, la fortune ou la ruine des actionnaires ;

4° Les ports d'attache pourront beaucoup contribuer au succès de l'entreprise, s'ils sont bien situés ;

5° L'organisation des lignes , leurs parcours , des bifurcations, seront d'une grande importance comme économie et produits ;

6° Enfin, le directeur général doué de la plus grande entente et armé de la plus forte énergie , aura besoin d'un bon conseil d'administration, de bons employés pour le seconder.

Surtout, ne perdons pas de vue un instant que *c'est à la mer* que se joueront les résultats de l'opération, la fortune et les existences qui nous seront confiées.

Allons donc encore une fois à la mer et voyons dans quel esprit nous devons construire notre matériel de la ligne des Antilles et de celle du Brésil, si nous voulons réussir.

Deux services nous restent à établir. 1° *Celui des Antilles et Panama.* 2° *Celui destiné à franchir les deux caps,* et à faire, au passage, le service du Brésil et de la Plata, qui se trouvent sur sa route.

Sur ces deux parcours, nous n'avons qu'une seule concurrence à redouter, c'est la concurrence anglaise, car les paquebots partant de Cadix pour la Havanne et les steamers de Gênes pour le Brésil, ne doivent leur existence qu'à la négligence de l'Angleterre à satisfaire aux besoins de l'Europe méridionale, ou plutôt à l'impossibilité où elle se trouvait de la relier à ses lignes transatlantiques.

Le jour où la France, comprenant les avantages de sa position géographique, et les propres besoins de son commerce dans le midi, établira un service intelligent, ces petites lignes disparaîtront, elles seront les premières à venir se fondre dans les lignes françaises.

Remarquons, d'abord, qu'il nous faut absolument un embranchement dans le sud de l'Europe, si nous voulons relier cette partie *si productive, plus productive que le nord de l'Europe*, à la ligne qui partira du nord.

Mais cet embranchement aurait 270 lieues à faire pour venir à Cadix, se relier un service du Nord, auquel il imposerait un allongement de parcours de 148 lieues (pour venir à Cadix et reprendre ensuite sa route). *Notre correspondance et nos passagers ne voudraient pas souffrir ce retard; ils continueraient à suivre la voie anglaise :* mauvais résultat.

Si nous prolongions cet embranchement jusqu'à Madère. Ce lui serait un parcours de 435 lieues pour rejoindre la ligne du Nord, et nous ne dérangerions pas cette dernière de sa route. *Les passagers et la correspondance nous resteraient ;* mais quelle dépense ! cependant, il vaudrait encore mieux s'y résigner, que de renoncer aux produits du sud de l'Europe.

Quant à aller jusqu'à Ténériffe ou Gorée, les dépenses seraient encore plus grandes, sans que les bénéfices augmentassent. N'y pensons donc pas.

Un embranchement serait donc une dépense considérable.

Mais si les lignes elles-mêmes, par une disposition heureuse, pouvaient se servir mutuellement d'embranchements, toutes ces dépenses disparaîtraient; les produits du sud de l'Europe deviendraient alors des bénéfices nets. Et quelles en seraient les conséquences ?

Cela étant, ni le Nord, ni le Sud de l'Europe ne pourraient se plaindre, car le croisement de la ligne établie au Sud avec celle établie au Nord procurerait à tous les ports de l'Europe, du Nord et du Sud, tous les avantages d'une concentration générale des services dans chaque port.

Une pareille combinaison équivaudrait à la plus forte subvention qu'on pût désirer. Or, rien n'est plus facile :

Prenons pour point de départ Brest et pour point d'arrivée Rio-Janeïro : une ligne de navigation rigoureusement droite relie admirablement ces deux points; il est impossible de trouver un parcours plus court, plus direct et plus économique.

Prenons ensuite deux autres points, Gibraltar et Panama ; ici encore il est impossible de tracer une ligne plus droite, de trouver un parcours plus direct.

Je nommerai la première ligne tracée : *Ligne australe;* et la deuxième : *Ligne des Antilles.*

Remarquons que ces deux lignes se coupent juste sur le groupe des îles Madère.

Ainsi, nos steamers se rencontreront à Madère.

On aura soin, bien entendu, de faire partir celui de Marseille vingt heures avant celui de Brest (de Brest à Madère 367 lieues, de Marseille à Madère 435 lieues).

Ces dispositions permettront de réunir, à la même heure, sur un point du globe merveilleusement placé, tous les passagers du nord et du sud de l'Europe, toutes les correspondances, même les marchandises, et cela, sous le plus beau ciel, dans le plus délicieux pays du monde.

Ici, nous venons au-devant d'une objection.

Madère, nous dira-t-on, appartient aux Portugais : Qu'importe, Saint-Thomas appartient aux Danois, ce qui n'a pas empêché les Anglais d'y établir leur point de bifurcation, aux Antilles. Et nous-mêmes, n'étions-nous pas aussi disposés à prendre Saint-Thomas pour point de bifurcation de la même ligne, bonne et inattendue fortune pour St-Thomas; la rade et la position géographique de cette colonie valent pour elle toutes les mines d'or imaginables. Pourquoi donc regretterions-nous, en choisissant pour premier point de relâche Madère, de favoriser le Portugal? Aurions-nous un refus à craindre de cette puissance? Aurions-nous à craindre qu'elle nous imposât des droits onéreux? Ces suppositions sont inadmissibles. Le Portugal serait plutôt disposé à nous exonérer de toute redevance pour procurer cette nouvelle source de commerce à une de ses plus belles colonies.

Prétendra-t-on que la rade de Funchal n'est pas sûre? Nous le savons, mais le groupe des îles Madère compte dix rades ou criques; on pourra choisir la meilleure.

Du reste, il y a toujours, sur la rade de Funchal même, cinquante navires qui y chargent et déchargent. Les Anglais, depuis quinze ans, y ont établi leur point de relâche et de bifurcation pour la ligne du Brésil et la côte d'Afrique ; ils y font leur charbon, leur eau, etc. Il est rare qu'une frégate passe en vue sans y relâcher pour se ravitailler. Enfin, ce que tout le monde fait, nous pourrons le faire, j'imagine.

Le groupe des îles Madère a une population de plus de 200,000 habitants, qui sont en relations commerciales de première importance avec toute l'Europe, surtout avec l'Angleterre, qui absorbe la majeure partie de leurs vins.

Tous ces motifs doivent faire préférer ce point de bifurcation à tout autre, à Cadix, par exemple, à Lisbonne, à Ténériffe, à Gorée, qui, ne se trouvant pas placés sur nos lignes de parcours, entraîneraient des frais et des retards que ne veulent pas supporter les passagers et la correspondance. Ces frais absorberaient encore une notable partie des bénéfices.

Nous verrons, plus loin, que les îles Madère seront encore admirablement placées comme point de bifurcation pour une troisième ligne, qui, partant d'un port de l'ouest de la France et desservant la côte d'Espagne, au Nord, alternativement avec la côte du Portugal, se reliera à nos deux services principaux, et pourra continuer sa route sur la côte d'Afrique.

Nous pourrions également établir une ligne supplémentaire semblable partant d'un des ports du Midi ; cette ligne desservirait alternativement la côte sud d'Espagne et l'Algérie, et viendrait aussi se relier, à Madère, au grand service, pour continuer ensuite sur la côte d'Afrique.

Peut-on mieux envelopper l'Europe, et plus économiquement !

La deuxième observation qui me frappe dans son parcours, c'est son passage direct par la Guadeloupe. Celle-ci est une colonie française, et nous devons nous réjouir de cette circonstance heureuse qui nous permet de procurer un nouvel aliment de fortune à notre possession. La Guadeloupe nous dispensera de recourir, pour notre point central du service des Antilles, à St-Thomas, où, indubitablement, nous aurions souffert du voisinage d'une ligne rivale. Nous pourrions encore prendre la Martinique, si nous le jugions préférable ; 36 lieues seulement séparent les deux Iles.

Quant aux distances, le nombre de lieues qui séparent Aspinwall ou Colon de St-Nazaire, (Bifurcation à *St-Thomas, colonie danoise*) je trouve 1,537 lieues marines 2/3 ;

De Brest (Bifurcation à Madère et à la Guadeloupe, *colonie française*) touchant à Sainte-Marthe ou Carthagène, je trouve 1,597 lieues marines 1/3.

De Marseille (Bifurcation à Madère et la Guadeloupe) touchant à Sainte-Marthe ou Carthagène, je trouve 1,665 lieues marines 1/3.

D'Algésiras (bifurcation à Madère et à la Guadeloupe) touchant à Ste-Marthe ou Carthagène, je trouve 1,436 lieues marines 1/3.

Dans un des chapitres précédents, j'ai dit que tous les steamers du nord partant pour le sud ou sud-ouest, se hâtent de venir dans les belles régions des vents alizés, et qu'ils passent à très petite distance de Madère ; cette circonstance augmente, il est vrai, de quelques lieues le trajet qu'ils ont à faire ; mais ils franchissent plus vite les distances dans une belle mer et avec bon vent. Ceci diminue donc la différence de chemin qui existe à l'avantage de St-Nazaire sur Marseille, différence qui n'équivaut en réalité qu'à quelques heures de marche.

Mais la correspondance n'est pas tenue de partir de Marseille ; celle du Nord peut partir par Brest (il n'y a plus que 60 lieues de différence), celle d'Espagne, d'Algésiras ; toutes celles d'Europe également d'Algésiras ; alors la correspondance aurait cent lieues de moins à faire par mer que celle partant de St-Nazaire, 250 lieues de moins que celles partant de Liverpool.

Si l'on tient compte des heures perdues pour attendre la marée, pour entrer ou sortir, à Saint-Nazaire, circonstance qui ne se présente dans aucun des ports que nous fréquenterions ; si l'on ne perd pas de vue les parages de mauvais temps qui se rencontrent dans les hautes latitudes, que notre projet ferait éviter aux steamers, aux passagers, à la correspondance, en leur donnant la facilité de partir d'Algésiras ou Cadix ou bien de Marseille ; si l'on retranche les trajets par terre, inutiles, qu'auraient à parcourir les lettres du sud de l'Europe pour venir à Nantes ou à Brest ; si l'on calcule les avantages qu'on peut retirer en desservant l'Espagne et le Portugal, sans s'éloigner du parcours indiqué, il devient évident, enfin, que ma combinaison présente le seul moyen de relier le commerce du Sud de l'Europe avec celui du Nord.

Pourquoi donc ne préférerait-on pas ce tracé à celui du Nord, passant par Saint-Thomas, surtout, quand ce tracé du Nord ne permet pas aussi bien que celui du Sud, de construire, comme pour la ligne des Etats-Unis, des navires spéciaux, seuls propres à un service qui demande une si grande régularité.

Je considère ma proposition comme acceptée, et, maintenant, je vais examiner les parages que devront fréquenter nos paquebots des Antilles, afin de les construire dans les meilleures conditions désirables.

Nos steamers sont destinés, partant de Marseille, à ne jamais sortir du bassin de la Méditerranée et de la zône comprise entre le 10ᵉ et le 38ᵉ degré de latitude, c'est-à-dire à naviguer toujours dans les belles mers, à ne rencontrer que de jolis vents, frais et réguliers, certains, d'ailleurs, aussitôt entrés dans la région des vents alizés, d'avoir vent arrière jusqu'au fond du golfe du Mexique.

Voilà pour la traversée d'aller. Pour le retour, ils rencontreraient des vents contraires. Alors, au lieu de revenir par Madère, partant toujours de la Guadeloupe, ils fuiront vite les vents alizés, en remontant au Nord, et iront chercher les vents variables. Ils bifurqueront à Fayal, une des Açores, avec la ligne australe, et, de là, se dirigeront sur Cadix ou Algésiras, et enfin, arriveront à Marseille.

Cette traversée de retour sera quelquefois exposée à des coups de vent; mais il seront rares. Et qu'on ne croie pas, pour cela, que ces navires perdront de leur régularité : ces routes, sont celles que suivent, depuis vingt ans, les steamers anglais; et je ne puis admettre qu'on vienne me dire que nous ferons moins bien qu'eux.

Bien que nos paquebots aient à craindre fort peu de mauvais temps, nous les construirons très-solidement, mais sans qu'il soit nécessaire de déployer un luxe de force surabondant, comme nous l'avons fait pour la ligne des Etats-Unis. Nous emploierons une hélice puissante sur des coques en fer très-longues proportionnellement à leur bau, comme 7 1|2 est à 1, par exemple. Leur jauge devra être de 2,500 tonneaux, susceptible de porter un peu plus (2,800 à 3,000 tonneaux) ; la légèreté des coques en fer nous permet de l'espérer.

Quant à la mâture, voici ce qui nous paraîtrait devoir être adopté :

Devant. — Un mât de misaine, porté un peu moins de l'arrière que sur les bâtiments de la ligne des Etats-Unis ; avec un mât de hune, faisant mât de perroquet par dessus.

Au centre. — Le grand mât et le mât de hune, d'un seul morceau, comme dans les bâtiments polâcres, avec un fort mât de grand perroquet.

Derrière. — Un très-faible mât d'artimon et un mât de flèche. Ce mât d'artimon pourrait être à charnières ou à bascule.

Cette mâture paraîtrait disgracieuse aux yeux habitués à nos gréements ordinaires ; ceux qui ne sont pas marins n'y reconnaîtraient aucun changement. Voici quels en seraient les avantages :

Les guinderesses seraient toujours passées. A un moment donné, — *pendant qu'une bordée* amènerait la vergue de misaine et calerait le petit mât de hune,

— *l'autre bordée* n'aurait qu'à amener la grande vergue sur les ports-loffs et à dépasser le grand mât de perroquet. *Quelques hommes*, fileraient les étais d'artimon et feraient reposer le mât d'artimon sur des chandeliers, comme cela se pratique tous les jours pour une baume.

Cette manœuvre avec un personnel nombreux et bien exercé, peut se faire en quelques minutes; et il ne resterait plus, comme point de résistance à un vent contraire, qu'un bas mât de misaine et le grand mât à moitié masqué par le tuyau.

Quant à la charnière, bascule, etc... du mât d'artimon, elle est sans danger : jamais un mât ne casse à l'étambrai, et si cela arrivait se serait fort peu de chose.

Si nous tenons au grand mât *polâcre*, c'est que souvent, après avoir calé le mât de hune, pour diminuer la résistance au vent, il peut se faire que le vent devienne furieux; et alors on serait bien aise d'avoir ce mât en haut, pour mettre en cape sous le grand hunier. Or, les navires à hélice ne sont pas gênés par leurs tambours (ils n'en ont pas); et dès que la machine est stoppée, on peut jouir, dans les mauvais temps, de tous les avantages du navire à voiles, c'est-à-dire avoir une cape aussi sûre. Il est encore bon de faire remarquer que l'hélice, dans un fort mauvais temps, ne peut pas, placée à l'extrémité du navire, empêcher un navire, qui ne gouverne plus, de faire des embardées qui peuvent le compromettre.

Ce système de mâture permet, dans les vents alizés, de porter autant de toile que n'importe quel clipper. Par suite, il peut nous économiser beaucoup de charbon.

Quel motif pourrait donc la faire rejeter ? *Son manque d'élégance* — ceci me paraît une plaisanterie.

*Le prix que coûterait un grand mât semblable, la
difficulté de se le procurer.* — On en aura autant qu'on
voudra des Etats-Unis, qui ne reviendront pas à plus
de 800 ou 1,000 francs, surtout à présent qu'il est
permis de les prendre en entrepôt.

Je n'ajouterai rien de plus : c'est dans ces conditions
que, selon moi, devrait être disposé le matériel de la
ligne des Antilles.

A la Guadeloupe se trouveront réunis, en nombre
nécessaire, des steamers plus petits pour faire le service des différentes îles, comme le font aujourd'hui les
Anglais. Ces navires seraient en fer, à hélice, avec la
voilure de trois-mâts-goëlette. Leurs dimensions seraient réglées d'après la nature et l'importance de leur
service.

La ligne que nous venons d'examiner dans ses détails satisfait aussi aux besoins et exigences des passagers et de la correspondance.

Les passagers et les correspondances de l'Europe ont,
en effet, la possibilité de choisir leur point de départ.
Les *Napolitains et tous les peuples du Levant* seront
amenés à Marseille par des bateaux de correspondance.

Les passagers du nord de l'*Italie, du Piémont, de
la Suisse*, etc., seront conduits à Marseille, par les
chemins de fer, en quelques heures.

Ceux du midi de la France trouveront un steamer
chez eux.

Les Espagnols, les Algériens et les Portugais seront

pris sur tous les points principaux de leurs côtes. Comment supposer que ces milliers d'émigrants du sud de l'Europe continueront à traverser toute l'Europe, avec armes et bagages, pour aller s'embarquer à Liverpool et Southampton, quand notre service leur offrira tant de facilités et d'économie.

Quant aux voyageurs du nord de la France et de l'Europe, ils auront des services supplémentaires à vapeur, qui partiront de tous les ports du Nord, français et étrangers, et les chemins de fer qui les conduiront à Brest en quelques heures.

Ceux de Lyon, du centre de la France et de l'Europe, auront à choisir entre les lignes de Brest, et celle de Marseille ; ou bien encore, ils pourront prendre une des lignes supplémentaires qui, comme nous l'avons annoncé, partiront d'un autre port de l'ouest et d'un port du sud de la France pour faire le service de l'Espagne, du Portugal, de l'Afrique, et enfin aller correspondre à Madère avec nos grandes lignes.

Enfin, tous les passagers d'Europe pourront, s'ils craignent la mer, partir seulement d'Algésiras.

En résumé, selon sa fortune, selon sa crainte des mauvais temps ou d'un plus ou moins long séjour en mer, selon encore le point d'Europe où il habitera, chaque voyageur pourra choisir son point de départ, et la ligne qui lui sera la plus agréable.

La concurrence anglaise, que nous voulons vaincre, nous oblige à n'employer que de grands navires. Voilà pourquoi je n'ai pas hésité à donner d'aussi grandes dimensions à nos steamers. Si nous voulons réussir, il faut que nos paquebots soient plus grands, plus beaux et plus rapides que :

La Plata.....	2,402 tonneaux.	960 chevaux.
L'Atrato	3,000	800
La Magdelena.	2,943	760
L'Orinoco	2,900	800
Le Parana....	2,943	800

Ce sont les steamers anglais contre lesquels nous aurons à lutter. Il est probable même qu'aussitôt que nous commencerons, l'Angleterre nous en opposera encore de bien supérieurs.

Notre position géographique nous assure des transports plus abondants que n'ont été jusqu'à présent ceux de nos rivaux. Il ne faut pas perdre de vue, non plus, que nos parcours sont longs, sur cette ligne, et que chaque traversée exigera au moins 1,000 à 1,200 tonneaux de combustible ; qu'à la rigueur, pour commencer, nous pourrions prendre du charbon pour aller et retour ; que la machine tiendra beaucoup de place, et que, pour loger toute l'affluence des passagers que nous attirera une organisation de services bien supérieure à celle des Anglais, il nous faudra de vastes emménagements.

En plaçant les paquebots destinés à la ligne des Antilles à Marseille, j'ai eu en vue, d'abord, d'établir une ligne destinée à ne naviguer que dans les beaux temps, et de construire un matériel qui réponde à l'importance de cette ligne postale. Je dois faire remarquer qu'après la ligne des États-Unis, celle des Antilles sera la plus productive au point de vue des passagers et de la correspondance. En effet, les dépêches et voyageurs

pour tout l'Océan Pacifique, c'est-à-dire pour *le Chili,
le Pérou, la Bolivie, l'Équateur, le Mexique, la Californie, la Louisiane, la Nouvelle-Grenade, etc.,*
viendront se joindre à ceux du golfe du Mexique et
des Antilles.

Mais une raison de grande économie m'a conduit,
en outre, à prendre Marseille pour port d'attache.
Nous avons remarqué que pendant toute la traversée
de France à Panama nos paquebots auront vent arrière,
et que, par conséquent, pour le retour, ils seront exposés à de fréquents vents contraires. Cette circonstance nous oblige à employer des machines puissantes,
à consommer beaucoup de combustible. Or, nous
avons, à deux pas de Marseille, les mines de houilles
de la Grand-Combe, celles qui produisent le charbon
dit *Rocher-Bleu.* Pourquoi ne pas donner ce nouveau
débouché à notre industrie houillière nationale ? Pourquoi ne pas réaliser cette économie pour la compagnie ?

D'un autre côté, la ligne des Antilles, si importante
pour la correspondance et les passagers, n'aura pas
autant de marchandises que la ligne du Brésil, le nord
de l'Europe fournit plus au Brésil que le Midi ; laissons
donc la ligne du Brésil et des caps au nord de l'Europe. Nous verrons aussi qu'elle n'aura pas besoin
d'autant de combustible, combustible que nous devrons prendre en Angleterre.

Enfin, comme je l'ai déjà fait observer, en remisant
nos paquebots de la ligne des Antilles à Marseille, je
ne donne pas seulement cette ligne à ce port important, mais je lui donne aussi, au moyen de la bifurca-

tion à Madère, un embranchement pour la ligne du Brésil, pour celle des caps et de la côte d'Afrique. En un mot, je concentre à Marseille toutes les lignes trans-atlantiques possibles. Que peut Marseille demander de plus?

J'en aurai autant à dire, tout-à-l'heure, à l'égard du port du Nord, où j'établirai la ligne du Brésil.

CHAPITRE X.

Ligne australe.

La *ligne australe* doit plus particulièrement encore
fixer notre attention que les lignes précédentes, si
nous voulons qu'elle réponde également à toutes les
difficultés qu'elle rencontrera dans sa navigation.

Cette ligne partira du nord de la France. Nous prendrons Brest comme point de départ, jusqu'à ce qu'une
étude ultérieure de tous nos ports nous ait appris quel
est celui qui convient le mieux.

De Brest jusqu'au parallèle qui passe par le détroit
de Gibraltar, nos bâtiments navigueront dans la zône
des vents variables. Nous savons que, dans ces parages, le temps est toujours gris et couvert ; de gros
nuages chassent d'aval, c'est-à-dire de la partie Ouest ;
les coups de vent de nord-ouest et sud ouest y sont
fréquents et terribles, surtout en hiver ; la mer est
grosse, dure, lourde, toujours houleuse. Pour vaincre
tous ces obstacles, il faudra que nos navires soient
solides et très-marins.

A partir du détroit jusque par la même latitude dans l'hémisphère Sud, la scène change : c'est le paradis maritime, dans toute l'acception du mot. Aux tempêtes, aux grosses mers, succèdent un temps clair, pur, magnifique, une mer délicieuse. Le navire se pare, la tente, sous laquelle on danse chaque soir, prend la place de la voile de cape, les bouts dehors , les mâts de contre-catacois se poussent, les bonnettes hautes et basses se déploient pour profiter des jolis vents frais et réguliers de l'alizé Nord-Est que, généralement, on rencontre avant d'atteindre le 28ᵉ degré nord. Pendant tout le temps qu'il en jouira, un bon clipper ne cessera pas de filer 13, 14 et même 15 nœuds.

Puis nous arriverons , dans le *Poteau noir*, zône comprise entre le 12ᵉ et 2ᵉ degré de latitude Nord. Là, la mer est toujours calme comme de l'huile, pas une haleine de vent ne vient rider sa surface, sauf, pendant le passage *des grains*, *de la pluie*, *des orages* qui se succèdent avec rapidité. Dans cet intervalle de 150 lieues environ, les voiles battent les mâts, tout le monde souffre à bord d'une chaleur intolérable ; et, si l'on n'a pas à sa disposition un autre moteur que le vent, on est exposé à rester quinze jours sans bouger de place.

A peine arrivé sous le 2ᵉ degré nord , les voiles se gonflent de nouveau, le navire reprend son magnifique sillage, poussé par les vents généraux ou alizés du Sud-Est. Les fêtes recommencent, la mer est toujours belle ; la brise est plus fraîche dans ces parages que dans l'alizé Nord-Est. Elle nous assure encore une vitesse plus grande que celle que nous avions précédemment.

La zône des vents alizés du Sud-Est, se termine vers le 28ᵉ dégré sud. Mais nos steamers s'arrêteront avant d'atteindre cette limite ; ils relâcheront à Rio-Janeïro par 23° 30' sud, pour se ravitailler et prendre du charbon. En même temps, ils débarqueront leurs passagers et leur correspondance.

Il est facile de voir que la traversée n'a présenté de difficultés que jusqu'à Madère. Mais, quittant Rio-Janeïro et se dirigeant vers les caps, nos bâtiments retomberont vite dans les vents variables, dans les coups de vent, les tempêtes et les grosses mers, jusqu'à ce que remontant au Nord, dans l'un ou l'autre des deux Océans, ils se retrouvent dans ces magnifiques régions des vents alizés, qui règnent entre le 28ᵉ ou 30ᵉ degré de latitude et l'équateur, sur toute la surface du globe comprise entre ces deux parallèles.

Notre ligne australe est donc destinée à passer alternativement du beau dans le vilain temps, des belles mers dans les mauvaises, des gros vents dans les calmes, et réciproquement.

Si nous ne la construisons pas dans les conditions que réclament ces différentes phases de sa longue et pénible navigation, nous subirons de rudes avaries et des pertes de temps qui compromettront l'opération.

Un seul navire répond bien à toutes les exigences de ces longues traversées, c'est le clipper à hélice.

1° Ce navire ne consomme pas, à beaucoup près, autant de combustible qu'un bâtiment de même capacité uniquement à vapeur ;

2° Il est beaucoup plus rapide ; il est difficile aujourd'hui de préciser sa vitesse, chaque jour elle se rapproche davantage de celle du vent ;

3° Il oblige à moins de relâches, pour renouveler le charbon ;

4° Il a deux moteurs à sa disposition, sa machine et ses voiles. C'est un avantage précieux dans ces longues navigations ; si l'un manque, l'autre peut permettre d'atteindre le port de destination sans relâcher ;

5° C'est un navire beaucoup plus marin, dans les mauvais temps, qu'un bâtiment à vapeur ;

6° Il permet de prendre d'autant plus de marchandises qu'il a besoin de moins de charbon. Or, nous aurons plus de marchandises que nous ne pourrons en prendre sur cette ligne du parcours.

Il est inutile d'entrer dans de plus grands détails sur les avantages du clipper à hélice, tout le monde les reconnaît aujourd'hui.

Tous les navires de cette ligne seront construits en fer, l'hélice exige cette rigidité ; ils seront de 2,500 tonneaux de jauge, munis d'une hélice puissante, presque aussi puissante que s'ils ne devaient pas être voilés. Leur machine serait-elle aussi puissante que celle des steamers uniquement à vapeur, je n'y verrais qu'un avantage de plus. La dépense une fois faite, fournira largement les intérêts du capital qu'elle aura absorbé.

Ainsi, une machine de 100 chevaux, dite machine auxiliaire, nous coûterait, à raison de 1,250 francs par cheval, 125,000 fr. La machine puissante dont je parle, d'un force de 500 chevaux, coûterait 625,000 francs.

La différence entre les deux machines serait donc de 500,000 fr.

Mais, 500,000 francs, c'est 25,000 fr. par an, à cinq pour cent. Cette somme de 25,000 fr. ne représente pas plus de deux jours de dépenses à la mer par chaque steamer, en ajoutant la dépense de tous ses passagers à ses frais particuliers. Or, nous sommes certain qu'une machine de 500 chevaux nous fera gagner beaucoup plus de 20 jours par an, c'est-à-dire dix fois et plus l'intérêt du capital qu'elle aura nécessité. Il n'en serait pas de même d'une machine de force moindre ou auxiliaire, elle ne nous donnerait qu'une très-faible impulsion en temps de calme; et, aussitôt que la brise viendrait à fraîchir, elle ne nous servirait plus à rien. Ce serait donc une dépense inutile.

Nous embarquerons donc une puissante machine. Quand il fera calme, petite brise ou vent contraire, elle nous donnera douze nœuds. Quand la brise sera ronde et favorable, nous filerons 15 ou 16 nœuds sans son secours.

Il y a 32 aires de vent; nos clippers ne porteront qu'à 6 quarts; mais il n'est pas un marin, dans ces longues routes, qui ne s'estime heureux d'avoir un vent qui ne le jette qu'à deux quarts sous le vent. Nous ne compterons donc que 8 quarts contraires à nos paquebots sur les 32, c'est-à-dire que pendant les trois-quarts du temps nous aurons bon vent. Or, les seuls parages où nous serons exposés aux changements de vent, seront la zône des vents variables, c'est-à-dire de Brest à Madère, car, depuis Madère jusqu'à Rio-Janeïro, nous aurons les vents alizés. Mais de Brest à

Madère, il n'y a que 367 lieues dont nous devrons faire le quart seulement avec vent contraire ; c'est-à-dire que, de Brest à Rio-Janeïro, le vent ne s'opposera, en moyenne, à notre marche, que dans un parcours de 92 lieues ou pendant vingt-quatre heures. Nous n'aurions donc à chauffer que pendant ce court intervalle de temps. Cependant je n'ai pas parlé du *Poteau-Noir*; pendant le temps qu'on mettra à le traverser, il faudra aussi toujours chauffer. Ce passage durera, maximum, 48 heures. — Total du temps à chauffer de Brest à Rio-Janeïro, en moyenne, 72 heures à 2 tonneaux par heure, 144 tonneaux de charbon. Nous en embarquerons 400 c e sera près de trois fois plus ; nous ne serons donc pas accusé de diminuer les frais.

La mâture de nos clippers sera complète : de grands et forts bas mâts, courts mâts de hune, huniers kuningham, grands et forts mâts de perroquet et catacois installés de manière à se dépasser en aussi peu de temps qu'il en faudra pour amener les basses vergues sur les ports-loffs, de nombreuses voiles latines, belle croisure à toutes les vergues, larges envergures à toutes les voiles, plus de mâts bâtards, des beauprés très-courts.

De cette manière, aussitôt qu'un vent contraire se présentera, avec un nombreux personnel, bien exercé, il sera possible de dissimuler toute la mâture ; il ne restera en haut que les trois mâts de hune avec leurs vergues qui, apiquées sur leurs drosses en fer (1), couvriront leurs mâts en partie.

---

(1) Les raccages à barrils permettent l'emploi de la drosse en fer pour les vergues de hune.

Il faudra alors qu'il vente bien fort pour qu'une puissante machine ne fasse pas encore faire un beau sillage à un navire dont les formes seront très-fines. La proportion entre la longueur et le bau de ces navires ne devra pas excéder celle de 5 1/2 à 1. Il ne faut pas oublier que la croisure des vergues et la hauteur de la mâture diminuent en raison du bau, et qu'il faut beaucoup de toile si l'on veut marcher vite. Nos clippers sont destinés à passer dans des parages très-dangereux ; un trop long navire n'évolue pas facilement, et il suffirait d'une de ces sautes de vent, si fréquentes près des caps, pour compromettre un navire qui manquerait son évolution ; donc, nous ne devons pas exagérer la longueur.

Les extrémités de ces navires destinés à atteindre des vitesses prodigieuses, demandent à être très-relevées, à prendre un peu la forme des pirogues baleinières. Si cela n'est pas gracieux, c'est au moins très-avantageux.

Construits dans ces conditions, nos clippers ne redouteront aucun mauvais temps, pourront profiter de tous les vents, économiser beaucoup de combustible et n'être point arrêtés par les calmes ou les légers vents contraires ; leur puissante hélice les leur fera franchir rapidement, et elle leur sera encore fort utile pour les entrées et sorties des ports.

En somme, un navire réunissant toutes ces conditions sera *le plus rapide et le plus sûr moyen de transport* à offrir à la correspondance et aux passagers pour les *voyages lointains*.

L'Angleterre a adopté ce système pour ses lignes de

l'Inde et d'Australie. La Hollande l'imite ; toutes les nations reconnaissent les avantages des clippers à hélice. Pourquoi resterions-nous en arrière.

Enfin, cette forme de navire nous est encore prescrite, sur cette ligne, par l'abondance de marchandises que nous aurons à transporter.

Trois services réguliers à vapeur partent déjà d'Europe pour le Brésil, de Southampton, de Hambourg et de Gênes. Ils né suffisent pas aux transports des marchandises et des passagers ; *un quatrième service part irrégulièrement, dans l'été, d'une des villes Anséatiques pour la même destination.*

De plus, il n'est pas un port d'Europe un peu important qui n'ait une ligne de paquebots réguliers à voiles pour Rio-Janeïro, tout le monde connaît les beaux navires de la ligne de l'union des chargeurs du Havre, qui partent toujours chargés en plein (1). Nous sommes donc certains de ne pas manquer de frêt pour cette destination. Lorsque nos services seront installés, tous les expéditeurs de Paris préféreront envoyer leurs marchandises directement à Brest, par les chemins de fer, que de continuer à les adresser au Havre port de la Manche.

Je pourrais en dire autant des marchandises pour la Plata, pour le Chili, pour le Pérou. Sur ces parcours nous n'aurons plus la concurrence anglaise, et ce sont encore les articles de Paris qui y dominent.

---

(1) Ces navires, tous demi-clippers, le *Carioca*, le *Luzitano*, le *Commerce de Paris*, la *Nouvelle-Pauline*, la *Normandie*, la *Malthide*, la *Villa-Rica*, etc.

Du côté de l'Inde et de l'Australie, il nous faudra un peu plus de temps pour attirer le fret, qui, actuellement, part par les steamers anglais. Mais nous n'établirons ces lignes que petit à petit et ces contrées seront les dernières que nous desservirons.

La ligne du Nord devra s'approvisionner de charbon en Angleterre ; le combustible nous reviendra, par conséquent, plus cher qu'à notre concurrent ; nous devons donc l'épargner autant que possible si nous ne voulons pas avoir un grand désavantage sur lui. Les charbons, pour nos traversées de retour, dans ces pays lointains, peuvent manquer, c'est ce qui arrive aujourd'hui à l'Angleterre, qui est fort embarrassée pour expédier ses troupes dans l'Inde. Dans tous les cas, s'ils ne manquent pas, ils coûteront toujours fort cher. Pourquoi donc, puisque les vents nous permettent de nous en passer, faire cette dépense inutile, et pourquoi nous priver de la possibilité de mettre de la marchandise à la place. A ceux qui craindraient que ce genre de navire ne permit pas un service aussi régulier que celui des bâtiments uniquement à vapeur, je répondrai, qu'à part la correspondance du Brésil, cette ligne n'en emportera pas d'autre ; que les passagers pressés continueront à passer par les isthmes, et que c'est cette raison, seule qui a engagé le Gouvernement à ne pas imposer à la compagnie une vitesse aussi grande sur la ligne du Bresil que sur les autres.

Nos paquebots de la ligne du Brésil seront donc des *clippers à hélice*, avec une machine de 500 chevaux, et ils ne porteront pas moins de 2,500 à 3,000 tonneaux. Quant aux lignes annexes ou supplémentaires, je ne crois pas qu'il soit nécessaire d'entrer dans aucun détail à leur égard. On suivra pour ces navires, les mêmes indications que pour les grandes lignes, en tenant compte des parages où ils seront établis et des besoins des localités qu'ils desserviront.

Je crois n'avoir rien à ajouter, pour assurer d'immenses avantages à notre matériel sur celui de nos rivaux.

Trois lignes à parcourir, toutes différentes, exigeaient aussi trois formes de navires différentes. Je n'ai fait, en les déterminant, que profiter de la leçon que nous donne le premier voiturier venu : Suivant sa charge, suivant son importance, suivant les difficultés du chemin, il emploie telle voiture, tel nombre de chevaux.

Passons maintenant à une question qui serait bien moins difficile à résoudre, la question du choix des ports, si tous les hommes qui y sont intéressés ne voulaient pas tout accaparer, et s'ils se contentaient de la part qui peut leur être raisonnablement attribuée.

CHAPITRE XI.

Du choix des ports.

Le choix des ports est la base sur laquelle repose tout le système des services transatlantiques. C'est là l'écueil où, depuis 17 années, sont venus se briser la sollicitude du Gouvernement, les travaux de toutes les commissions, et les efforts de tous ceux qui ont voulu entreprendre de doter le pays d'une institution dont la portée n'est réellement comprise que par ceux qui ont sacrifié beaucoup de temps à son étude. En effet, si chacun l'avait comprise , si chaque département , si chaque chambre de commerce, chaque ville, chaque village ou hameau de France savait combien il est in_

téressé à l'écoulement de ses produits, à attirer en
France le passage du grand transit européen ; si chaque père de famille, embarrassé de placer ses enfants
avait compris que la France manquera de bras le jour
où elle deviendra la première puissance commerciale ;
si chaque contribuable s'était rendu compte des revenus que fournit à la douane anglaise le port de Liverpool : si enfin 36 millions de Français savaient que l'é-
tablissement des paquebots transatlantiques peut leur
procurer toutes ces richesses et donner naissance à un
port de commerce nouveau, devant lequel disparaîtra,
en quelques années, la prépondérance des premiers
ports de monde : 36 millions de sujets, respectueuse-
ment, eussent fait entendre leur grande voix au monarque de leur choix, et auraient étouffé les mesquines
et égoïstes querelles de quelques ports jaloux les uns
des autres, qui sacrifient à leur intérêt privé le bien-
être et la fortune publique ; et bien certainement, la
question, si complexe qu'elle soit, serait résolue.

Mais fort peu de gens se sont rendu compte de cette
admirable position topographique de la France, dont
j'ai parlé dans un des chapitres précédents. Là est
toute la garantie de succès que l'on doit attendre de
nos transatlantiques. Ils ne suffiront jamais, quand le
transit aura pris le chemin de nos ports de l'Ouest,
quand les avantages que lui offrent nos voies ferrées
seront arrivés à la connaissance des nations qui nous
avoisinent à l'Est. Alors, il faudra doubler nos lignes,
les tripler... Qui peut prévoir où cela s'arrêtera !

Jusqu'à présent le Gouvernement et les commissions
se sont crus obligés à une sorte de justice distributive,

de partage entre trois ou quatre ports, qu'il a constamment été impossible de mettre d'accord. Ce qui m'étonne le plus, c'est que depuis 17 années , le Gouvernement ne se soit pas dit : Mais à ces trois ou quatre ports ou départements, je sacrifie les 83 ou 82 autres, la fortune et le bien-être de tous.

Pour moi, voilà la conséquence unique de tous ces tâtonnements : 82 départements ont faim, ont soif, et attendent que les quatre autres veuillent bien leur permettre de se rassasier.

L'établissement des transatlantiques est réclamé par la France entière depuis 17 années : Quand un pays comme la France désire une chose, il doit l'obtenir ; il faut donc la lui donner, à elle, mais non à tel ou tel port.

Les ports ne s'appartiennent pas, ils sont la propriété du commerce de leur nation ; et c'est à ce commerce, fatigué d'aller demander à l'Angleterre des moyens de développement, qu'il faut faire justice.

Ces ports, du reste, ne sont ni les lieux de production ni de consommation, qui seuls ont le droit de réclamer des moyens de transport plus à leur convenance, qu'on doit leur accorder.

Quand l'Angleterre voulut créer ses lignes transatlantiques, les difficultés étaient bien plus grandes ; elle n'avait aucun devancier pour la guider, mais elle avait pour elle cet admirable esprit de patriotisme, de nationalité, à l'aide duquel elle a accompli tant de prodiges. Devant l'intérêt général, tout intérêt particulier disparait chez nos voisins. Quand la grande question transatlantique fut discutée, Londres, qui alors était le premier port du monde, s'effaça devant Southampton, hameau de 1,000 à 1,200 âmes, devant Liverpool, dont la position économisait beaucoup de chemin et de combustible, et procurait une promptitude plus grande au transport des dépêches. Et ne croyez pas qu'il y eût un négociant de la grande cité qui ignorât que Londres allait perdre sa prépondérance ; mais Londres n'était que la 14ᵉ partie de l'Angleterre, qui compte 28 millions d'habitants ; il devait être sacrifié, il le fut.

Qu'est donc le Havre, que sont donc Bordeaux et Nantes, en France ?

En moyenne, chacun d'eux ne représente pas la millième partie de la France ; et, depuis dix-sept années, une si misérable minorité a fait sacrifier une majorité d'intérêts aussi considérable.

Non, je le répète, cette question n'est pas comprise en France, car il y a longtemps que le Gouvernement eût reconnu que ce qu'il regarde comme un obstacle invincible (la question du choix des ports) n'est qu'une vétille.

Il lui eut suffi de déclarer *nationale* cette question, et, immédiatement, il eut rassemblé, non pas les présidents des chambres des ports compétiteurs, il devait les exclure, mais les présidents de toutes les autres chambres de commerce. *Il n'avait qu'une question à leur poser :* Faut-il que les services soient divisés ou concentrés ? *Division* ou *concentration ?*

Dans le premier cas, chaque port pouvait avoir sa ligne.

Dans le deuxième cas, il s'agissait de choisir, non pas le port qui offrirait le plus d'avantages pour lui-même, mais bien pour tous ceux qui seraient exclus ; non pas celui qui favoriserait le mieux des courants commerciaux existants devenus insuffisants, mais qui créerait le courant commercial général beaucoup plus important qu'on voulait procurer à la France ; non pas celui qui ferait la fortune de quelques négociants avides, ancrés sur tel ou tel point de nos côtes, jusqu'ici plus ou moins favorisé, mais celui qui ferait la fortune de la France et en même temps d'une puissante compagnie.

Alors les actionnaires se seraient précipités vers une opération qui, en garantissant à la nation une source nouvelle de prospérité, leur aurait assuré, à eux-mêmes, les plus beaux résultats.

Cette source nouvelle de prospérité, ces résultats, le Gouvernement les consacrait en déclarant ouvertement qu'il n'avait qu'un but : *Procurer à la compagnie transatlantique tous les éléments d'un succès certain, en choisissant le port qui diminuerait le plus ses dépenses, et accorder ensuite une subvention.*

Or, la subvention diminuait en raison directe des dépenses imposées en moins à la compagnie.

Voilà ce qui était à faire : La question de concentration ou de division n'est-elle pas, d'ailleurs, résolue par l'exemple que nous a donné l'Angleterre, en concentrant à Southampthon (quoique le port de Southampton ne fasse aucun commerce par lui-même) la ligne des Antilles, celle du Brésil, celle de l'Inde. Dernièrement, il vient de s'y établir même un nouveau service pour les États-Unis, quoique, pour ce service, Liverpool eut été pris, dès le principe, comme port central à l'Ouest. Enfin, le service d'Australie est, aussi, obligé de toucher à Southampton. Southampton est donc également le point de départ de la ligne d'Australie.

Il est donc vrai de dire que toutes les lignes transatlantiques anglaises sont concentrées à Southampton ; toutes les autres lignes subventionnées, qui n'y sont pas, sont des lignes de cabotage européen.

La concentration n'est-elle pas, enfin, demandée par le conseil d'État, par le Corps législatif, par le Sénat, par tous les présidents des chambres de commerce consultés, qui ne consentent à la division que pour le cas ou la concentration ne serait pas faite dans leur propre port.

Ce qu'il faut à la France, à tous ceux qui défendent ses intérêts, à tous ces ports rivaux , c'est un port qui coupe leur différend ; qu'ils acceptent tous dans le fond de leur cœur de français en cédant à la voix de la justice, mais qu'ils ne veulent pas désigner autant qu'ils conserveront l'espoir d'être privilégiés.

Ce port c'est Brest ! Placé au sommet de l'angle formé par la côte Nord de France et la côte Ouest, situé à égale distance de Dunkerque et de Bayonne, du Havre et de Bordeaux, — de Cherbourg et de Rochefort, — de Saint-Malo et de Nantes. Chacun de ces ports y puisera l'aliment de travail qui lui sera nécessaire, sans absorber la part de l'autre.

Brest, le seul port qui, par sa position avancée dans l'Océan, promette des dépenses moindres à la compagnie concessionnaire, seul port qui puisse lutter avec Liverpool !

Mais je ne veux pas trop empiéter sur les détails du choix des ports; j'y arriverai bientôt et je prouverai que Brest est le seul port qui soit dans les conditions maritimes que nous recherchons pour établir des services dignes de nous, et surtout capables de soutenir et vaincre la concurrence étrangère.

La concentration des services dans un seul port nécessite un grand établissement commercial maritime; c'est ce qui manque à la France. Avec les dépenses que lui occasionneraient des ports qui par leur nature s'opposent à un grand développement, ce grand établissement nous sera donné. Brest même, mieux placé que Liverpool, en Europe, nous assurera le transit du monde entier. Jamais le Havre, Nantes, ni Bordeaux ne procureront cette fortune à la France.

L'Angleterre ne possède qu'un seul port de commerce; il suffit pour la première puissance commerciale, car tous ses autres ports ne valent pas ceux que nous possédons déjà. Si un seul port (Liverpool) suffit pour faire l'Angleterre ce qu'elle est, que ne pouvons nous attendre du port de Brest !

La concentration évitera au Gouvernement des frais d'administration de postes et de surveillance considérables. Elle doit diminuer le chiffre de la subvention, puisqu'elle économise aux compagnies trois ou quatre directeurs généraux, autant de conseils d'administration, un double emploi considérable d'état-major administratif chèrement rétribué; puisqu'elle diminue les frais du matériel naviguant. Elle diminue encore le matériel de réserve et les magasins, les ateliers, les bassins, les rechanges, l'outillage en un mot.

Si les lignes sont divisées :

Tous les ports ne seront pas également bien situés pour se procurer leur charbon.

La distance à parcourir sera augmentée pour toutes les lignes.

Le commerce français sera obligé d'avoir des représentants dans tous les ports, de faire voyager ses marchandises tantôt au Nord, tantôt au Sud, tantôt à l'Ouest pour les expédier. Quant aux nations étrangères, que nous voulons appeler chez nous, quelle confusion, quelles difficultés ne rencontreront-elles pas pour savoir comment diriger leurs expéditions.

D'un côté, nous voyons la division des services augmenter les dépenses, de l'autre aussi diminuer les recettes, car combien de marchandises se refuseront à traverser la France pour aller s'embarquer dans un port qui ne sera pas à leur convenance.

J'en ai la conviction, toutes ces dépenses absorberont plus que la subvention ; et les compagnies ne pourront pas se soutenir. Elles demanderont des frets exorbitants pour combler le vide qui leur restera. Tout le commerce français en souffrira ; il aura peut-être avantage à continuer ses expéditions par les steamers anglais, et nous en serons encore pour une tentative infructueuse.

La concentration est donc nécessaire ! Espérons qu'elle nous sera accordée. Quant à moi, je poursuivrai ma tâche jusqu'au bout, et je dirai dans le chapitre suivant ce que c'est qu'un port, car chacun se trompe étrangement sur le compte de ces établissements maritimes.

CHAPITRE XII.

**Suite du choix des ports. — Ce qui caractérise un bon
port de commerce.**

La concentration des services transatlantiques admise, il faut un port assez vaste et assez bien situé pour faciliter les services et pour y attirer le transit européen. Il faut encore que tous les ports exclus puissent également profiter de la concentration.

Détruisons d'abord la fausse idée qu'on se fait généralement de ces établissements maritimes si importants.

Quand il est question d'un port, immédiatement chacun entrevoit un amoncellement symétrique de pierres de taille magnifiquement travaillées, formant,

ici, des jetées, des digues ; là, des quais, des brise-
lames et des bassins, pour la construction desquels il
faut employer des siècles, la mine et des millions en-
tassés les uns sur les autres. Mais là ne s'arrête pas
l'imagination : bientôt viennent grossir ces dépenses
d'immenses ateliers, de vastes chantiers de construction, des magasins sans nombre, et tout un attirail
d'outillage, ce qui fait dire à tout le monde : *Sans le
secours du Gouvernement la fondation d'un établissement si important est impossible.*

Puis on suppute les ressources du budget, de combien il faudra augmenter les impôts, et enfin le temps
que cela demandera. Et le résultat de ces fausses
idées est que la chose est impossible pour le moment ;
et ce moment de l'exécution, chaque jour reculé, n'arrive jamais.

Qui a pu généraliser d'aussi funestes idées, dans un
pays de bons sens comme le nôtre?... Quelques ro-
mans maritimes, dans lesquels chacun croit puiser en
France le sentiment du vrai ; quelques touristes en va-
cances, qui, n'étant pas sortis des frontières, n'ont pu
parler que de ce qu'ils avaient vu, en gens qui se di-
vertissent plutôt qu'ils n'étudient ; quelques habitants
nés et destinés à mourir dans nos ports artificiels de la
Manche, qu'ils regardent comme le *nec plus ultrà* de
la perfection.

S'ils avaient pu prolonger leurs voyages ; s'ils avaient
visité les deux premières nations commerçantes du
monde, l'Angleterre et les États-Unis ; s'ils étaient allés
aux Antilles, au Brésil, au Chili, au Pérou, au Mexi-

7

que, en Californie, s'ils avaient opéré leur retour par la Chine et l'Inde, après avoir visité le littoral du monde entier ; s'ils étaient rentrés en France par Bordeaux et Nantes, ils se seraient convaincus que la nécessité d'une jetée, d'une digue, de quais, de bassins, accuse autant de vices ou défauts ; et que les ports qui exigent toutes ces masses de constructions ne sont pas de bons ports, construits par le Créateur, mais bien des ports artificiels, où l'homme s'est épuisé pour fonder un établissement mesquin et aussi éphémère que lui, pâle copie du grand œuvre.

Disons vite, que dans le cours de notre navigation, nous n'avons rencontré ces ombres de port que sur nos côtes de la Manche, où la nature, semblant indiquer leur inutilité à venir, s'est fait un malin plaisir de nous en refuser. En effet, à quoi nous serviront-ils dans quelques années, quand le règne de nos chemins de fer sera bien assis ?...

Londres ne possède pas une digue, pas une jetée ; la Tamise lui fournit une rade et un port naturels ; quelques mauvaises câles boueuses lui ont suffi pour devenir le premier port du monde.

New-Yorck, Boston, Porland, Charleston, Baltimore, New-Orléans, se sont contentés de mauvais warffs en planches, jusqu'à présent.

Qu'on aille aussi chercher des pierres de taille à la Guadeloupe, à la Martinique, à Saint-Thomas, à la Havanne, à Saint-Domingue, etc... ou bien des jetées ; on n'en trouvera nulle part.

Et à Rio-Janeïro, Montevideo, Valparaiso, Lima ou Callao, Guyaquil, ces ports admirables où journellement cinq, six cents, mille navires de toutes les nations du monde viennent échanger leurs produits : ces ports sont tels que Dieu les créa, tels qu'on les découvrit.

J'ai parlé de la Californie : quelques mois après la découverte de son or, plus de mille navires, de 1,500 et 2,000 tonneaux, se trouvaient réunis sur la magnifique rade de San-Francisco ; ne croyez pas qu'on ait attendu la fin des discussions des chambres américaines pour décharger ces magnifiques clippers, sur des quais, chef-d'œuvres d'architecture : quelques navires coulés, quelques pieux, quelques planches pour donner à cela la forme d'un warff, et, quelques heures après, les chaloupes de ces navires les débarrassaient de leur chargement ; et ces warffs se multiplièrent autant que le commerce en eut besoin. L'Etat ne déboursa pas un centime. Je me propose de dire plus loin comment doit se fonder un port de commerce au xixe siècle, et l'on verra que la chose n'est ni coûteuse ni difficile.

Nous avons examiné tout l'Atlantique et le Pacifique, c'est-à-dire tout le Nouveau-Monde ; nous avons constaté que là il n'existe pas un seul de ces ports, si coûteux que l'imagination en est effrayée. Nous pourrions examiner aussi, en détail, l'Inde et son vaste Océan ; mais nous ne connaissons *de visu*, de ce côté, que Maurice et la Réunion. Sur ce dernier point, chaque année, se trouvent mouillés en pleine côte, tous ces navires qui nous apportent une grande partie de notre consommation de sucre. On ne remarque pas le plus petit ouvrage d'art pour faciliter les chargements ou déchargements.

Et ces îles Chinchas que j'avais oubliées dans ma revue des ports principaux du Pacifique : lisez *la Presse* du 8 décembre 1856, vous verrez que sur ces rochers, grands à peine comme le jardin des Tuileries, l'Angleterre a pris, l'année précé-

dente......................................	281,761 tonneaux.
La France et ses colonies...	13,961
Les États-Unis.............	64,293
L'Espagne	26,430
L'île Maurice..............	18,193
La Chine..................	1,114
Total.....	405,752 tonn.

Quatre cent cinq mille sept cent cinquante-deux tonneaux de guano! Et *la Presse* ne parle pas des autres nations qui vont également prendre leur part de ces guanos.

Si nous comparons ce chiffre d'exportation au commerce général du port du Havre en 1855 (exportation et importation réunies), 621,021 tonneaux, nous serons bien étonnés (beaucoup de gens) d'ignorer l'existence d'un port si important, et, bien davantage encore, en apprenant que le Gouvernement du Pérou n'a pas dépensé un centime pour favoriser l'exploitation de ces îles, qui devraient faire sa fortune, et qui donneraient un développement incalculable au commerce européen, si cette exploitation était comprise par le Gouvernement local, et, surtout, si les Gouvernements anglais et français étaient éclairés sur cette grave question qu'ils croient connaître, et dont ils ne savent pas le premier mot. Plus tard nous reviendrons sur la question des guanos, qui intéresse si vivement notre agriculture, *mais bien davantage encore notre industrie manufacturière* et notre commerce général.

Pour nous résumer, disons : que le commerce sait se suffire quand on le laisse à ses propres ressources, et s'approprie les véritables ports partout où il les rencontre.

En France, les seuls ports pour lesquels il ait fallu faire d'immenses dépenses, sont nos ports de la Manche, tous ports à marée, ports artificiels qui, dans le passé, étaient de première importance. On a eu raison, alors, d'en tirer parti. Mais, aujourd'hui que les chemins de fer les ont condamnés, toutes les dépenses qu'on pourrait faire pour eux seraient perdues. C'est vers l'Ouest qu'un nouvel horizon de prospérité et de ressources commerciales se dessine ; nos regards et nos efforts doivent se tourner de ce côté. Tous nos ports du golfe sont des ports naturels ; la Loire et la Gironde sont de magnifiques rivières auxquelles il ne manque qu'un peu plus de profondeur, ce qui s'opposera longtemps au développement commercial de Nantes et Bordeaux. La rage monumentale qui nous dévore, nous a fait entasser, depuis quelques années, pierres sur pierres à Bordeaux ; on y a voulu faire des quais verticaux ; mais ils ont amené des perturbations telles dans le cours de la Garonne, que la ville se refuse à les prolonger, dans la crainte de gâter tout-à-fait la rivière.

Maintenant, disons quelles conditions sont nécessaires pour former un port, un bon port.

1° Il faut qu'il ait de l'eau, toujours et beaucoup,

s'il doit recevoir les grands navires qui, déjà, ont prouvé les immenses avantages qu'ils ont sur les petits. Ces avantages reconnus, les dimensions des navires augmenteront, en raison du développement du commerce et des besoins croissants des populations.

2° Il faut une rade vaste et bien abritée, car s'il est impossible d'y travailler, s'il faut creuser des bassins, etc...., on retombe dans les inconvénients des ports artificiels. Un navire n'est à son aise pour travailler vite et bien, pour se tenir propre, que sur une belle rade ; le bassin ne doit servir que pour les réparations. Qu'on s'imagine la longueur de quais qu'il faudrait pour amarrer les 2,000 navires qui se trouvent chaque jour dans les docks de la Mersey, ceux qui sont mouillés dans le Gange et sur la rade de San-Francisco, etc., qui font de Liverpool et Calcutta des ports si importants, on reconnaîtra bien vite que jamais un port ne pourra atteindre une grande importance s'il ne possède pas une belle rade. Sans rade, du reste, un navire sera toujours en péril quand il voudra attérir, même de très-beau temps, en calme, par exemple, s'il est drossé par les courants, qui existent toujours près des côtes.

A quoi Brest, Toulon, Porthsmouth, Plymouth, Constantinople, Liverpool, Marseille, Gènes, Rio-Janeïro, Bahia, Valparaiso, Lima, San-Francisco, etc... doivent-ils leur importance militaire ou commerciale ? A leurs magnifiques rades, sans lesquelles ils ne seraient pas plus que : Camaret, Antibes, Cowes, Darmouth, Cette, Venise, Rio-Grande, Cobija, Pisco, Monterey, etc....; tous ces ports sont situés à quelques pas d'eux, quel-

ques-uns même , ont eu une importance plus grande,
dans le principe ; mais ils n'ont pas de rade, ou pas
d'eau, ou enfin leur position maritime est mauvaise.
Ce sont les rades qui font les ports, les ports les grandes villes, et non pas des villes qui créent des ports où
il n'y a ni rade, ni eau.

3° Il faut que la rade soit d'un accès facile, de tout
temps et à toute heure , car un navire ne peut choisir
ni son temps ni son heure ; et, à supposer qu'il le pût,
ce serait encore un grave inconvénient, qu'il y fût obligé. Il arrive fort souvent qu'un navire se présente avec
des avaries, fuyant un gros temps ; n'est-il pas affreux
de voir ce malheureux obligé d'attendre cinq ou six
heures son salut dans la marée haute ; et, si cette marée est de nuit, si elle n'est pas assez forte pour qu'il
puisse entrer, il faut le voir périr à la côte, où, si les
éléments le lui permettent, aller chercher un refuge
dans un autre port que le sien, heureux s'il en trouve
à une petite distance.

La France n'est pas favorisée de ce côté ; et, en hiver, tous nos ports du Nord et de l'Ouest sont bien
difficiles à attrapper. Le seul que nous, marins , con-
voitions dans nos moments de détresse, et qu'il nous
serait si facile de venir chercher, n'est pas un port de
commerce : Brest est le seul port de relâche que nous
ayons sur nos côtes Ouest et Nord de la France ; à part
lui, dans la Manche, il nous faut relâcher dans les
ports anglais, et, sur le Golfe, dans les Pertuis !

J'ai beaucoup voyagé, et mille fois des étrangers
m'ont demandé ce que nous faisions de Brest. Empres-
sons-nous de leur répondre que si nous n'y avons pas

appelé le commerce, c'est que, trop éloigné du centre de la France, il ne pouvait encore lui être bien utile, mais qu'aussitôt que nos chemins de fer seront terminés, nous comptons bien faire tous nos efforts pour utiliser cette position maritime, unique en Europe.

4° Pour compléter les qualités d'un bon port, il faut que de jour, de nuit, à toute heure, sans être obligé d'attendre la marée, de beau ou de vilain temps, avec ou sans pilote, un capitaine étranger puisse y entrer. Celui qu'on pourrait venir chercher sans observations astronomiques, et qui, comme une île, pourrait être atteint avec tous les vents, sans que jamais aucun fût contraire, serait le meilleur du monde.

Telles sont les principales conditions maritimes qui constituent un bon port. Mes lecteurs auront remarqué que pas une pierre de taille, ni un centime de frais n'y sont nécessaires ; la nature seule peut fournir tous ces avantages.

Mais toutes ces conditions ne sont pas suffisantes encore pour nos lignes transatlantiques :

1° Il faut, de plus, que le port à adopter, soit aussi voisin que possible des mines de houilles qui fournissent le combustible au meilleur marché.

2° Il faut qu'il économise le trajet à parcourir par nos steamers ; qu'il soit aussi rapproché que possible de tous les ports de destination.

3° Qu'il soit central en Europe, afin d'attirer à lui tout le transit, même des ports rivaux anglais, c'est-à-dire le plus voisin possible de Liverpool, ce grand foyer du commerce européen. Ces trois conditions à elles seules équivalent à la plus forte subvention.

4° Il faut qu'il épargne aux correspondances , aux passagers et aux marchandises, le plus possible des risques et lenteurs de la mer, dont ils ne veulent plus entendre parler à aucun prix , depuis que les chemins de fer leur offrent à la fois , sécurité, vitesse et transports plus faciles et plus économiques.

5° Il faut que les marchandises y trouvent plusieurs chemins de fer, des canaux et des moyens de cabotage faciles ; sans cela elles resteraient bloquées dans une impasse.

Je vais examiner successivement tous nos ports avec la plus grande impartialité ; et si j'en trouve un qui réunisse toutes ces conditions, je serai bien heureux, car avec une position topographique préférable à l'Angleterre, avec des navires supérieurs et un port plus avantageux , nos lignes transatlantiques seront certaines de réussir ; ou bien alors la faute viendra des hommes.

CHAPITRE XIII.

Examen des ports Français de la Méditerranée et de l'Océan. — Marseille et autres ports de la Méditerranée. — Bordeaux ou Richard. — Nantes, Saint-Nazaire.

Si nous jetons un coup-d'œil sur la carte de la Méditerranée, nous reconnaissons que nous n'avons qu'à choisir parmi nos ports : Marseille, Toulon, Port-Vendres remplissent toutes les conditions maritimes désirables, pour recevoir une branche importante de notre service transatlantique.

Attérages faciles, de tout temps et à toute heure de jour ou de nuit, — pas de marée à attendre, — beaucoup d'eau, — rades sûres et magnifiques, — inutilité complète de pilotes.

Au point de vue commercial, les courants les plus importants y sont établis. Rien ne leur manque, et il reste peu à faire, pour hâter la prostérité à laquelle les destine une position topographique hors ligne.

En effet, qui ne prévoit déjà l'importance qu'ils acquerront, le jour où cette Algérie que nous avons si chèrement conquise, aura atteint le développement commercial qu'elle promet. — Quand l'Espagne, fatiguée des révolutions qui la ruînent, voudra prendre un nouvel essor vers ce commerce qu'elle a, une des premières en Europe, porté au plus haut degré. — Quand, enfin, l'Europe comprenant la nécessité du percement de l'isthme de Suez, culbutera ces quelques pieds de terre qui nous séparent de l'Inde, de la Chine, de l'Australie et de la côte orientale d'Afrique.

Nous commettrions une faute grave, en négligeant les revenus qu'assure, à nos lignes transatlantiques, cette partie de l'Europe si commerçante ; aussi, ne les négligerons-nous pas.

Passons maintenant au Golfe de Gascogne : cette mer est loin d'être comparable à la précédente ; ses côtes sont hérissées de dangers, sa navigation est très-dangereuse. Cependant Nantes et Bordeaux réclament la concentration des services transatlantiques ; Examinons quels avantages ils offrent à leur établissement.

Au point de vue maritime, la Gironde présente des difficultés d'attérage, qui s'opposeraient souvent, surtout en hiver, à l'entrée et la sortie, à jour fixe, de nos steamers. — Il y a toujours de l'eau dans les passes ; mais elles sont si dangereuses, que l'entrée, de nuit, en est interdite aux pilotes, par ordonnance du port, à moins que cela ne soit nécessaire pour sauver un navire affalé, ou en avarie sur la côte.

Une fois entré en rivière, de jour seulement, un steamer peut aller jusqu'à Richard, endroit du fleuve un
peu plus large et où il y a de l'eau pour des vaisseaux
ou frégates. De nuit, à moins qu'elle ne soit fort claire,
nos steamers seraient obligés de mouiller au Verdon
ou à Royan. Ces mouillages sont très-dangereux pour
les grands navires, et ne peuvent être atteints qu'à
marée haute, avec un bon pilote.

Quant à monter plus haut que Richard, la Chambre
de commerce de Bordeaux, qui y est si intéressée, le
reconnaît impossible, en indiquant Richard comme son
port d'avenir.

Richard est situé à 16 lieues de Bordeaux ; pas une
case, pas une habitation ne signale sa présence. Cet
éloignement d'un port important, qui a assez d'eau, si
on peut attendre une grande marée, pour recevoir des
navires de 1,500 et 2,000 tonneaux , s'opposera longtemps à la création du port de Richard.

Je regarde comme fort dispendieux et très-difficile,
ce double transport et transbordement des marchandises de Bordeaux à Richard. Les passagers, de leur
côté, répugneront à venir attendre plusieurs jours au
bas de la rivière le départ du packet. Cependant ils seraient forcés d'y venir pour surveiller l'embarquement
de leurs bagages, choisir leur cabine... Toutes ces allées et venues, de bord à terre, indispensables aux
passagers, sont impraticables à une aussi grande distance.

Quant à la correspondance, ce serait encore pis.

Une raison majeure nous fera encore repousser le
port, à naître, de Richard. Il n'est pas possible que,

les passagers du nord de la France et des villes anséatiques viennent s'y embarquer , quand , *gratis*, ils
pourront aller à Southampton, où ils trouveront même
des passages à meilleur marché. Car Richard ne pourra
jamais se procurer le charbon à aussi bon compte que
Southampton ; et le trajet à faire est le même, si on
tient compte des difficultés de l'embouchure de la
Gironde , difficultés que ne présente pas l'embou-
bouchure du Test et de l'Itchin. Il faudra donc que
nos steamers tiennent leurs prix plus élevés, si nous
ne voulons p asfaire de mauvaises affaires.

Pour les mêmes motifs, les passagers du sud de
l'Europe continueront par les lignes piémontaises ou
des lignes anglaises, qui ne tarderont pas à s'y former.
Les correspondances et marchandises seraient dans le
même cas. Que viendrait-il donc à Richard?... Presque rien. Il serait réduit à ses propres ressources ; or,
elles ne sont pas suffisantes.

Les lignes anglaises, sans concurrence européenne,
richement subventionnées, avec l'avantage du combustible à très-bon marché, et une clientèle acquise
par vingt années de travail et d'expérience, ont de la
peine à fournir un bel intérêt à leurs actionnaires. Que
pouvons-nous attendre d'une opération que nous com-
promettrions de la sorte ? la ruine de nos actionnaires,
voilà tout.

Rejetons donc Bordeaux ou Richard, parce qu'ils
ne peuvent que compromettre une opération, à laquelle la gloire et la fortune du commerce français
sont attachées.

Je viens de signaler les défauts de Bordeaux, au

point de vue transatlantique ; je ne puis me défendre de signaler les garanties d'avenir commercial qu'il présente.

La Gironde, la Garonne et la Dordogne parcourent un pays de production par excellence. Ses vins, eaux-de-vie, huiles épurées, fruits et conserves alimentaires, ses liqueurs, farines, ses tabacs , ses porcelaines , sa chapellerie, etc., etc., ont toujours fourni des chargements nombreux à la navigation bordelaise.

Il est rare de voir un navire sortir de Bordeaux sur lest. Le manque de récoltes, ces dernières années, l'absence de voies ferrées pendant les précédentes, ont provoqué un moment d'inertie dans ce port, dont il sortira promptement.

Il y a peu de temps que Bordeaux est en possession de son chemin de fer du Nord, par lequel il se trouve relié à Nantes, à La Rochelle, à Paris et au nord de l'Europe. Cependant, déjà il recommence à disputer chaudement son ancienne clientèle au Havre, qui a su profiter des quelques années pendant lesquelles, seul de tous les ports français, il a eu une voie ferrée, pour s'enrichir de leurs dépouilles.

Depuis quelques jours seulement aussi, Bordeaux a inauguré ses chemins du Midi, qui le mettent en rapports faciles avec Bayonne et l'Espagne, d'un côté, Toulouse, Montpellier, Cette, Marseille et toute la Méditerranée, de l'autre.

Encore quelques années, et Bordeaux deviendra, dans l'Ouest, l'unique port de Lyon, de la Suisse et de toute l'Allemagne, par le Grand-Central.

Ainsi, le temps n'est pas éloigné où le port de Bordeaux reprendra, dans le monde, le rang élevé et la réputation qu'il avait autrefois. Ses produits indigènes deviendront des fonds de chargement qui ne lui feront jamais défaut; il arrivera, par-dessus, de plus précieux articles, plus légers et plus encombrants. A son beau réseau de voies ferrées, à ses trois fleuves ou rivières, navigables pour de bons navires de commerce et des bâtiments à vapeur de moyenne grandeur, aux riches produits de son sol et de son industrie, il faut ajouter son canal du Midi, sa population déjà très-forte, qui ne peut qu'augmenter, et qui, par suite, fournira un nouvel aliment à sa consommation. Quel bel horizon de prospérité se lève pour Bordeaux, s'il sait en profiter. Mais qu'il n'aille pas se priver de tous ces avantages, en réclamant la ligne du Brésil, ce qui compromettrait l'établissement des paquebots transatlantiques en France, en empêchant d'attirer tout le transit européen vers nos ports de l'Ouest. Qu'il n'essaie pas non plus d'obtenir une concentration ; elle compromettrait également le succès d'une opération, à laquelle il est plus intéressé que tout autre port.

Comme on le verra ci-après nous réservons à Bordeaux mieux que ce qu'il demande : une ligne auxiliaire complète, qui partira de Bordeaux même, pour Madère, comme les lignes de Brest et de Marseille ; qui fera le service de la côte nord d'Espagne et de la côte du Portugal, qui échangera ses marchandises au point de bifurcation, avec les paquebots des deux autres lignes, et qui poursuivra ensuite sur la cote d'Afrique. Ainsi Bordeaux sera partagé tout aussi bien que les deux autres ports, il pourra charger pour tous les points du monde. Et ce que nous lui attribuons devant se faire avec des bâtiments à vapeur de plus petites dimensions, ces bâtiments partiront de Bordeaux même et remonteront jusqu'à Bordeaux, sans qu'il soit nécessaire d'enfouir dans ce port de grands capitaux en travaux inutiles, et surtout de construire un port nouveau, qui retirerait à Bordeaux la plus grande partie de son mouvement maritime.

Passons maintenant à Nantes ou Saint-Nazaire.

Saint-Nazaire succède à Paimbœuf, devant lequel, déjà, Nantes s'était effacé, lorsque le commerce français, en se développant, a réclamé à la Loire la part des services qu'elle lui devait.

Saint-Nazaire est un port d'hier ; son avenir n'est pas aussi brillant que celui de Bordeaux ; trois causes concourront à arrêter son développement :

1° Sa barre l'empêchera de recevoir les grands navires de l'avenir, de devenir, par suite, un port de transit de premier ordre.

2° Il n'est pas situé dans un pays de production.

3° Condamné à n'avoir qu'un chemin de fer, les marchandises étrangères n'afflueront pas, chez lui, en aussi grande quantité qu'à Bordeaux.

Ainsi, sa position commerciale et maritime est plus désavantageuse que celle de Bordeaux, car il serait impossible, même pour sauver un *très-fort navire*, de le faire entrer en Loire. Il devient donc inutile d'entrer dans de plus grands détails à l'égard de Saint-Nazaire.— Comme Bordeaux, nous le rejeterons, parce qu'il compromettrait notre opération, et ruinerait les actionnaires. Du reste, de tous les ports de France, il est le plus voisin de Brest, auquel il est déjà relié par un canal ; et bientôt il le sera par un chemin de fer ; quoi de plus avantageux pour lui qu'une concentration à Brest. Entrons maintenant en Manche.

CHAPITRE XIV.

La Manche est, sans contredit, la plus dangereuse
de toutes les mers qui couvrent le globe. Longue et
resserrée, comme l'indique le nom qu'on lui a donné,
elle ressemble à un détroit ou à un entonnoir, dans lequel viennent s'engouffrer, par milliers, les navires de
toutes les nations du Nord. — A peine sont-ils rendus
à son embouchure, qu'ils commencent à ressentir les
effets des courants rapides qui y existent. Ces courants
varient suivant le lieu où se trouve le navire, suivant
l'heure de la marée, suivant qu'elle monte ou descend,
et enfin, suivant les vents régnant. Les pilotes seuls
peuvent suffisamment les connaître pour les éviter ou
en profiter ; encore faut-il une longue expérience du
métier.

Viennent ensuite les brouillards ou brumes (à couper au couteau, comme disent les marins), plus perfides que la nuit la plus obscure. Un capitaine ne peut plus estimer exactement sa route, reconnaître les côtes et faire aucune observation astronomique. Des côtes hérissées de dangers, des milliers de navires, dont il faut éviter l'abordage, des vents de l'Ouest et de l'Est presque toujours très-violents, jamais de vents traversiers, une mer hachée et démontée par les sinuosités de la terre, par les courants et par les vents, comment se guider, louvoyer parmi cette forêt de navires, quand on ne voit pas à deux pas devant soi, quand on entend l'un sonner la cloche, l'autre corner dans une trompe!

Un capitaine ne vit pas dans la Manche! Il regrette le cap Horn ou le cap de Bonne-Espérance. Avec un bon navire et un bon équipage, un capitaine n'a que trois dangers, bien sérieux, à redouter : le feu, un abordage ou la côte. Pendant tout le temps qu'il est en Manche, il se trouve en présence de ces trois dangers ; et ce temps dure quelquefois des mois entiers, plus qu'il ne faut, en temps ordinaire, pour venir du Brésil, des Antilles ou des États-Unis.

J'ai vu, en 1852, les Gouvernements anglais et français, expédier des bateaux à vapeur pour porter des vivres aux bâtiments qui étaient retenus à l'entrée de la Manche par des vents d'Est, qui duraient depuis près de deux mois. Tous les hivers, pareille chose serait à recommencer, si les capitaines ne se précautionnaient de vivres pour cette éventualité.

Si on chiffrait les pertes d'intérêts des capitaux que présentent les marchandises ainsi retardées, les avaries et les frais d'assurance qu'occasionne, chaque année, la navigation de la Manche au commerce européen, toute l'Europe et surtout les États-Unis, réclameraient l'ouverture du port de Brest au commerce, ainsi que l'achèvement de ses chemins de fer.

En entrant dans ces détails, nous n'avons eu d'autre but que de démontrer combien les attérages de nos ports de la Manche sont difficiles. Disons donc que le port du Havre présente :

1° Des attérages très-difficiles ;

2° Qu'il n'a pas de rade ;

3° Qu'il n'a pas d'avant-port.

Pas d'avant-port ; car celui qu'il nous présente comme tel, est trop petit pour recevoir ensemble trois steamers comme le *Vanderbilt,* le *Fulton,* le *Persia* ou l'*Arabia,* etc..., steamers américains et anglais auxquels nous voulons faire concurrence.

Or, si nous concentrions nos lignes transatlantiques au Havre, comme ce port le demande, ce ne serait pas trois steamers, mais cinquante, mais cent, autant qu'en possède notre rivale l'Angleterre, qu'il faudrait qu'il reçût. Tous n'y seraient pas à la fois, mais au moins le quart, tant en chargement qu'en déchargement, en réserve ou en réparation.

Ajoutez encore des caboteurs en nombre suffisant pour le transport de notre combustible, dont la moitié au moins, *c'est-à-dire* 100,000 *tonneaux pour les traversées d'aller,* viendraient au Havre. Et cette consommation de charbon ne s'arrêtera pas là ; elle sera doublée, le jour où la France, imitant l'Angleterre, étendra ses lignes dans l'Inde, en Australie et dans le Pacifique.

Mais à toute cette flotte, il faut encore ajouter cette multitude de bâtiments à voiles ou à vapeur qui viendront, de tous les ports de France, d'Angleterre et de l'Europe, charger et décharger nos steamers transatlantiques.

Où donc loger au Havre toute cette affluence de navires, conséquence d'un bon service transatlantique?

Nous croyons avoir suffisamment prouvé que l'avant-port du Havre ne peut nous convenir, nous sommes donc autorisé à répéter :

3° Il n'a pas d'avant-port ;

4° Il n'a pas de port;

5° Il n'a pas d'eau.

Non, le Havre n'a pas d'eau ; car il n'a que 5^m 60 en moyenne à marée haute, 6 mètres lors des grandes marées. Or, la marée haute, tout le monde connaît sa durée ; et, la nuit, aucun mouvement n'est possible. A marée basse, des voitures attelées de deux et quatre chevaux vont enlever le sable, les cailloux et les herbes marines sur le Poullier à l'extrémité de la jetée du Sud, à plus d'un kilomètre de la porte des bassins.

Le port du Havre n'avait pas d'eau, quand, le trois-mâts *Napoléon*, sortant pour la première fois, a échoué au milieu de l'avant-port, et y fut démoli.

Le port du Havre n'avait pas d'eau au bout de ses jetées, quand le *Vanderbilt* s'y est également échoué, à son premier voyage.

Le port du Havre n'avait pas d'eau le 5 août dernier, quand sa Majesté l'Empereur embarquée à 6 heures du soir, sur son yacht la *Reine-Hortense* a été forcée d'attendre jusqu'à 9 heures du soir pour partir.

Le port du Havre n'avait pas d'eau quand sa Majesté revenant d'Angleterre, le 9 août, fut encore obligée d'attendre, sur la Manche, que la marée lui permit d'entrer dans les bassins.

Le port du Havre n'a pas d'eau, quand il force les grands navires à attendre *huit jours* sur sa rade une grande marée.

Le port du Havre n'a pas d'eau aujourd'hui, car il ne pourrait recevoir la *Persia*, l'*Arabia*, l'*Asia*, l'*Africa*, l'*Atlantic*, le *Pacific*, l'*Arctic*, le *Baltic*, qui tirent, en moyenne, 6^{m}10 à petite charge, et qui atteignent 6^{m}50 aussitôt qu'ils prennent un peu plus de charbon ou de chargement lourd.

Il ne pourrait jamais recevoir, à plus forte raison, l'*Atrato*, la *Plata*, la *Magdelena*, l'*Orinoco* et le *Parana*, qui tirent, en moyenne charge, 6^{m}40, et 7 mètres aussitôt que la marchandise abonde. Cependant tous ces navires, que je viens de citer, sont ceux auxquels il faut que nous fassions une concurrence victorieuse, ils composent les lignes des Etats-Unis, américaine et anglaise; et la ligne des Antilles, anglaise.

Notez que ces navires ont remplacé l'*Acadia*, le *Britannia*, le *Caledonia*, l'*Hibernia*, la *Clyde*, le *Dee*, le *Great-Western*, le *Thames*, etc...... lorsque l'expérience a démontré à nos devanciers que ces derniers navires étaient trop petits.

Notez aussi que ces navires, le *Persia*, l'*Arabia*, etc., qui nous paraissent aujourd'hui gigantesques, seront encore remplacés par de plus grands navires, dont les devis sont déjà passés. Car, sous tous les rapports, l'expérience a démontré qu'il ne fallait employer que de grands, très-grands steamers, et que, plus ils seront grands, meilleurs seront les services qu'ils rendront, et aussi plus les bénéfices s'accroîtront. Du reste, chaque jour le nombre de voyageurs et les marchandises augmentent.

Que veut donc le Havre?... Voudrait-il nous faire sacrifier les intérêts de nos actionnaires, en construisant des navires semblables à ceux que nos concurrents ont jetés au rebut? Que la France devînt la risée de toute l'Europe?... Nous forcer à construire des bâtiments à fonds plats comme le *Vanderbilt* et le *Fulton*, comme ces énormes vessies américaines, qui encombrent les bassins du Havre, qui ne sont nullement comparables à ces magnifiques clippers américains, que nous voyons dans le Pacifique et dans l'Inde?

Croyez-le, les Américains gémissent d'être obligés de faire ces constructions spéciales dont ils ont honte, et de ne pouvoir utiliser leurs nombreux clippers sur la ligne du Havre.

Qui oserait dire que les ingénieurs anglais et américains, que les ingénieurs de notre marine impériale sont dans l'erreur, quand ils donnent du creux à leurs navires. Tout le monde sait que plus un navire est fin, mieux il marche, plus il est marin, plus il a de stabilité ; or, cette finesse de forme exige beaucoup de creux. Et si le *Vanderbilt* et le *Fulton*, à fonds plats obtiennent, malgré cela, une grande marche, c'est grâce à une excessive consommation de combustible, nécessitée par une machine dont la puissance doit augmenter en raison des difficultés que lui présentent à vaincre des lignes d'eau aussi désavantageuses pour la marche.

Mais, jusqu'à présent, MM. Vanderbilt et Collins, ces rudes concurrents des Cunard, et autres habiles armateurs anglais, n'ont pas eu à choisir : le port du Havre, seul, leur a été ouvert en France. Pour y venir, il fallait construire des navires que l'architecture navale condamne ; il fallait une plus grande puissance de machine pour les remorquer ; ils n'ont pas reculé devant ces dépenses, devant ces difficultés ; mais quelle en est la conséquence ? Pour couvrir cette surabondance de dépenses, ils demandent des frets et des prix de passage si élevés, que fort peu de passagers, comparativement au nombre d'émigrants, peuvent passer sur leurs navires ; et que la majeure partie des cotons doit continuer à venir au Havre par les navires à voiles. Aussi, voit-on les bassins du Havre encombrés de ces énormes vessiés, comme je le disais tout-à-l'heure, qui arrivent bondées de cotons, et partent emportant par milliers les nombreux passagers suisses, etc..., qu'ils exposent, pendant des mois entiers, aux dangers de la mer. Que de temps et d'argent perdus !!!

Mais bientôt ces mêmes armateurs, ces émigrants vont voir devant eux la gare de Brest, qui les attirera comme l'aimant attire le fer. Qu'ils abandonneront vite le Havre, ce port qui oblige les steamers à une consommation beaucoup plus grande en combustible, et qui ne peut les recevoir que sur les vases d'un petit avant-port, où ils sont empêchés de travailler la moitié du temps ; ce port, où des milliers d'émigrants dépensent en vivres, logement, etc..., soit pour leur compte, soit pour celui des compagnies qui les transportent deux fois et plus, la différence qui existe entre les prix de passagers par bâtiments à voiles et les prix par steamers.

Ainsi donc, ce port du Havre, qui se compare avec tant de raison, à Venise, sorti comme elle par enchantement de ses lagunes, comme Venise aussi, disparaîtra devant les gigantesques constructions, devenues nécessaires à un commerce, qui ne ressemble en rien à celui qui occupait l'esprit du grand roi qui le créa, et dont le seul souvenir, qui y reste, est cette tour François Ier qui indique plutôt des intentions guerrières qu'un esprit commerçant et pacifique.

Bientôt donc le transit de la France et de l'Europe abandonnera le Havre, parce que :

5° Il n'a pas d'eau, nous venons de le démontrer;

6° Il n'a pas de bassins.

Non, il n'a pas de bassins, car ses anciens bassins sont construits pour des navires de trois et quatre cents tonneaux maximum ou d'énormes chalands à fonds plats; et jamais ils ne pourraient recevoir nos grands steamers transatlantiques; la largeur insuffisante de leurs portes s'opposerait à leur entrée.

En effet, la largeur d'un steamer de 4,000 ou 5,000 tonneaux, son bau étant déjà de 14 ou 15 mètres, devient de 25 mètres et plus, d'un tambour à l'autre.

Or, il n'existe pas une porte de cette largeur au Havre; et il n'est pas si facile d'en construire, que semblent le dire certaines personnes. En supposant que toutes les portes fussent élargies, quand les bassins ferment leurs portes, l'eau a déjà beaucoup perdu, car, il

faut que tous les navires en partance, aient le temps
de sortir ; la marée n'attend pas ; et il ne peut pas rester assez d'eau pour conserver à flot ces majestueux
spécimens de la grandeur commerciale des nations.

Voici, du reste, comment s'exprime le Havre lui-
même, à cet égard, par l'organe de son journal, en date
du 4 août dernier, en rendant compte de la pétition
qu'il doit adresser le lendemain à Sa Majesté l'Empereur :

« *Nous manquons de bassins et de places à quais*
« *pour notre navigation au long cours, aussi bien que*
« *pour notre navigation côtière à vapeur ;* mais de-
« puis longtemps nos hommes du métier se montrent
« entre eux toutes les ressources que nous avons sous
« la main pour nous doter de ce qui nous manque et
« dont nous nous privons comme à plaisir ; depuis
« longtemps ils signalent le précieux parti maritime,
« qu'il y aurait à tirer pour l'agrandissement de notre
« port et l'extension de notre ligne de quais, 1° *du bassin*
« *de la Floride qui n'est aujourd'hui qu'une miséra-*
« *ble et tortueuse impasse ;* 2° de la citadelle et du ré-
« duit militaire, *qui n'ont plus de raison d'être* depuis
« qu'ils sont cernés par des bassins dont ils entravent
« et interceptent la communication de l'un à l'autre.

« Mais quand il est question de travaux à faire pour
« donner la plus avantageuse situation à la déplorable
« inutilité du bassin de la *Floride*, on nous répond,
« etc... etc... etc... »

Quel lecteur impartial ne reconnaîtra, avec nous,
l'imprudence qu'il y aurait à concentrer nos paquebots transatlantiques dans un port qui n'a déjà pas

la place suffisante pour recevoir les navires qui le visitent ?

Le *Journal du Havre* continue, sur le même ton, un long article ; mais ce que nous venons de citer suffit pour prouver que les Havrais eux-mêmes reconnaissent qu'ils n'ont pas de bassins, ni de places à quais, à offrir à nos transatlantiques. C'est ce que nous voulions démontrer. Répétons donc :

6° Le Havre n'a pas de bassins ;

7° On ne peut y entrer de nuit ;

8° Il faudrait attendre une grande marée pour nos steamers, qui n'auraient ensuite que la ressource de s'échouer dans l'avant-port ;

9° Il faut absolument des pilotes et d'excellents pilotes, car celui du *Vanderbilt* l'a échoué ;

10° Il n'a pas de bassins de carénage ;

11° Un navire fin ne peut pas échouer : il ne reposerait que sur sa quille ; des navires plats, comme le *Vanderbilt*, le *Fulton*, etc..... de construction spéciale, peuvent seuls supporter cet échouement, reposant sur leurs larges flancs.

Ceci n'est qu'une faible partie des désavantages maritimes, je puis même dire des impossibilités que présente le Havre à la concentration des services transatlantiques sur les vases de son avant-port. Il semblerait, au premier coup-d'œil, que la Providence se soit plu à y réunir obstacles sur obstacles ; mais, quand on examine le Havre de plus près, on reconnaît que jamais la Providence ne s'en est occupée ; les hommes ont tout fait, et nous savons qu'ils ont l'habitude de défaire le lendemain ce qu'ils ont fait la veille.

Au point de vue commercial :

1° *De tous les ports français, le Havre est le plus éloigné des mines de charbon.*

Nous devrons prendre notre charbon à Cardiff, où il est au plus bas prix et le meilleur. C'est là que Southampton, tous les ports anglais de la Manche, et Liverpool, vont s'approvisionner. Or, Cardiff est situé dans le canal Saint-Georges, sur la rivière de Bristol.

2° *Il allonge, du 12ᵉ au 13ᵉ, en moyenne, toutes les traversées des steamers.*

86 lieues marines séparent le Havre de Brest. Ajoutons seulement quelques heures de retard, pendant lesquelles le steamer sera obligé d'attendre la marée, et qu'il pourrait employer à faire du chemin, attendu qu'il continuera à chauffer, on ne pourra pas me taxer d'exagération en estimant cette différence à 100 lieues entre Brest et le Havre. Nous aurons alors un nombre rond à comparer aux distances suivantes :

974 lieues de Brest à New-Yorck.... 10ᵉ des trav.
1,207 — à la Guadeloupe. 12ᵉ —
1,607 — à Rio-Janeïro... 16ᵉ —

TOTAL.... 38ᵉ
Moyenne.... 12,66

Or, cette différence dans le trajet à parcourir nous impose un matériel considérable de plus, un personnel beaucoup plus nombreux, une consommation de combustible beaucoup plus forte, des assurances en plus, un amortissement de capital en plus, une consommation de vivres importante par les passagers et l'équipage, que nous pouvons économiser. En somme, on pourrait dire qu'elle nous oblige à un douzième de plus de dépenses, et nous prive d'un douzième des bénéfices. Cette différence du plus au moins est énorme. Elle équivaut à plus que la subvention.

3° Le Havre n'est pas central parmi nos ports.

Il ne doit rien attendre de Bordeaux, Marseille et Nantes, que des concurrences.

4° C'est le port le plus éloigné de Liverpool.

Liverpool est le premier port du monde ; il fait plus d'affaires à lui seul que tous les autres ports d'Angleterre.

5° C'est le port de France qui oblige les passagers, correspondances et marchandises, au plus long trajet en mer, et QUELLE MER !!!

6° Il n'a qu'une seule voie ferrée, qui oblige toutes les marchandises à passer par Paris.

Cette voie ferrée suffit avec peine aujourd'hui à l'immense quantité de marchandises qu'elle a à transporter ; qu'arriverait-il, si les lignes transatlantiques y étaient établies ? Elles resteraient bloquées au Havre ; et il faudrait encore qu'elles eussent recours au roulage ou au transport par eau.

7° Le cabotage du Golfe aurait une distance énorme à franchir pour venir charger sur nos steamers ou les décharger ; cela annulerait la rapidité des transports transatlantiques, diminuerait leur emploi, obligerait les marchandises à courir deux fois les riques de la navigation de la Manche.

8° La gare du Havre est très mal placée ; les marchandises auraient des frais de camionnage énormes à supporter.

9° Le Havre, placé à l'extrémité nord de l'Europe, ne pourrait profiter du transit du sud de l'Europe.

10 Il retarderait le transport des dépêches de 30 heures en moyenne; la France recevrait encore sa correspondance plus tard que l'Angleterre.

Tels sont les obstacles que présente le port du Havre à la concentration des lignes transatlantiques. Aucun port français, quel qu'il soit, n'en réunit un aussi grand nombre.

Cependant, il n'est pas un de nos ports au-dessus duquel *ne se place le Havre, dans ses prétentions* à la concession des transatlantiques : il parle de ses rivaux avec un dédain blessant. Nous engageons nos lecteurs à lire un long article inséré dans le *Journal du Havre*, à la date du 24 juillet 1852, commençant ainsi : .

« L'affaire de nos transatlantiques nous paraît, en-
« core une fois, menacée de rester ÉCHOUÉE dans des
« passes ENSABLÉES de la Gironde et de la Loire ; es-
« sayons de nouveau du PROCÉDÉ qui, nous osons nous
« en flatter, nous avait déjà si bien réussi, pour la ren-
« flouer et remettre le cap en route, il y a deux ou
« trois mois. »

. . . .

J'ai dit, tout-à-l'heure, que des voitures attelées de quatre chevaux travaillent, à chaque marée basse, à un kilomètre de l'avant-port du Havre; précédemment, que des vaisseaux et frégates peuvent remonter jusqu'à Richard ; j'ajoute qu'un petit navire qui ne tirerait pas plus de 2 m. 50 ou 3 m. d'eau, trouverait toujours assez d'eau sur la barre de Saint-Nazaire pour la franchir, et que jamais, dans tous les cas, des voitures n'ont pu y aller charger du sable. — Ceci suffira pour démontrer le ridicule des prétentions du Havre.

Il nous reste à dire quel est le PROCÉDÉ qu'emploie si souvent le Havre, *pour renflouer l'affaire des transatlantiques* : il consiste dans l'énumération pompeuse *des grands courants commerciaux qui existent au Havre.*

Une erreur profonde est répandue, aujourd'hui, dans bien des esprits, sur les grands courants commerciaux. C'est dans cette erreur que gît toute la force du procédé dont se sert le Havre pour accabler les autres ports français, pour masquer sa mauvaise situation maritime, pour *renflouer la question,* comme il le dit.

Si nous réussissons à détruire cette erreur, alors le Havre n'apparaîtra plus que tel qu'il est ; ses réclamations seront prises comme celles des autres ports, pour ce qu'elles valent.

Certains économistes croient, comme nous le disions, que, lorsque d'importants, de grands courants commerciaux ont pris, avec le temps, une direction quelconque, ils s'y établissent définitivement ; qu'il serait inutile, dangereux même, de chercher à les détourner.

Partant de là, le Havre est le plus grand port long courrier de France ; à lui seul il fait plus que tous les autres ports. Donc, c'est au Havre que doivent être concentrés nos services transatlantiques.

Je prétends, moi, *que rien n'est moins sérieux, moins stable,* que les grands courants commerciaux, quand ils n'ont pas pour base la production ou la consommation des lieux où *momentanément* ils se sont établis.

Or, le Havre ne produisant rien, ne consommant rien, ne peut pas se faire un litre des courants commerciaux, qui ne se sont établis dans son port que depuis deux jours, depuis qu'il possède un chemin de fer.

Pour démontrer ce que nous venons d'avancer, nous allons nous reporter à quelques années en arrière, et examiner ce qu'était le Havre en 1843, alors que le chemin de fer n'allait que jusqu'à Rouen.

Faisons d'abord remarquer que ce chemin de fer avait fait de Rouen un port de 2ᵉ importance pour le long cours, de 1ʳᵉ importance pour le cabotage. Là s'étaient rapidement établis des courants commerciaux très-considérables.

Mais l'importance de Rouen fut de courte durée; l'embranchement du Havre se termina; le commerce applaudit : « *Nous n'avons pas le pied marin*, telle fut la réponse des courants commerciaux, quand Rouen s'efforça de les conserver ; et, en un clin d'œil, comme par enchantement, tout le long cours, tout le cabotage, tous ces grands courants commerciaux qui sont la conséquence de la navigation disparurent, et allèrent demander au Havre un développement que ne comportait pas Rouen, aussi port à marée, et n'ayant de l'eau que pour les petits navires.

Rouen était le port de Paris ; un petit embranchement de chemin de fer fut sa ruine ; un coup de baguette de fée n'eût pas produit un changement plus rapide.

Quelle leçon pour le Havre ! N'a-t-il pas à craindre aussi cette réponse des courants commerciaux ; « *Nous n'avons pas le pied marin,* » Quand une nouvelle voie de fer reliera Brest à Paris, n'a-t-il pas à craindre, à son tour, qu'en un clin d'œil, comme par enchantement, tout le long cours, tout le cabotage, tous ces grands courants commerciaux, dont il est si fier ne le quittent pour aller demander à Brest un développement que ne comporte pas le Havre, port à marée, qui manque de bassins et d'eau pour les grands navires, qui est déplorablement situé, géographiquement parlant en Europe.

Mais nous, qui voulons travailler pour l'avenir de la France, nous ne devons pas nous contenter de cet exemple *de la frivolité des courants commerciaux,* il faut entasser preuves sur preuves ; nous continuons donc :

En 1843, le port du Havre possédait :

1° Un avant-port, qui restait à sec à marée basse;

2° Le bassin du Roi ou vieux bassin ;

3° Le bassin de la barre ;

4° Le bassin du commerce ;

5 Le bassin Vauban, à peine terminé.

1° *Dans l'avant-port.* — Venaient s'échouer résolument une multitude de petits navires caboteurs qui préféraient rester là, envasés, que d'entrer dans les bassins, afin de pouvoir profiter de la marée de nuit et sortir aussitôt qu'ils commenceraient à flotter ; ils câlaient fort peu d'eau, et la nuit les portes des bassins ne s'ouvrent pas. Les bâtiments à vapeur anglais et français, dont se sert la navigation côtière à vapeur du

Havre aujourd'hui, agissent encore de même et pour les mêmes motifs.

Ces caboteurs dont je viens de parler allaient à Rouen ou en venaient; aujourd'hui on n'en voit plus.

2° *Le bassin du Roi.* — Ce bassin est très-petit; il recevait *à gauche*, en entrant, un des steamers anglais (1); sur son avant s'amarrait le bateau faisant le service entre le Havre et Dunkerque. *La droite* de ce bassin était réservée aux steamers de la ligne de Hambourg et Rotterdam (2). *Au fond*, dans un tout petit coin, le côtre le *Rôdeur*. Quand, par hasard, un transport de guerre venait au Havre, on le plaçait à côté du bateau de Rotterdam.

Tel était l'emploi du bassin du Roi, par lequel passaient quelquefois, pour sortir, les navires de commerce.

3° Le *bassin de la Barre.* — *Le côté gauche* était exclusivement réservé aux navires américains; ils étaient amarrés sur deux rangs. Ces navires étaient alors de 800, 1,000 et 1,100 tonneaux, les plus grands (3).

Le côté droit était garni, sur deux ou trois rangs, des énormes chalands qui remontaient à Rouen et Paris, sur lesquels venaient s'amarrer momentanément les navires en partance.

Au fond de ce bassin, les paquebots de Bordeaux,

-----

(1) C'étaient l'*Admiral*, le *Sphynx* ou le *Commodore*.

(2) C'étaient le *Hambourg*, l'*Amsterdam*, le *Rotterdam*.

(3) Les plus beaux étaient le *Saint-Nicolas*, l'*Argo*, le *Duc d'Orléans*, la *Duchesse d'Orléans*, le *Sylvie de Grace*, etc.

petits trois-mâts-barques de 200 tonneaux; il n'y en avait jamais qu'un en partance et un autre arrivant. A côté, s'amarraient les goëlettes portugaises et espagnoles (1).

4° Le *bassin du Commerce* était rempli par des navires français, amarrés sur deux ou trois rangs de chaque côté. En tête se trouvait et se trouve toujours une admirable mâture.

Nous ferons remarquer ici qu'en 1843, nos regards avaient beau fouiller tous les coins et recoins de ce bassin, pour voir et admirer un beau et grand navire français, nous ne trouvions dignes de notre attention que les navires américains.

Déjà , alors, nous comprenions l'importance des grands navires, et nous brûlions du désir de concourir au développement d'une marine qui pourrait ne point avoir de rivale, si elle le voulait sérieusement.

A cette époque, le port du Havre ne possédait donc pas un grand navire français : l'*Andelle,* de Rouen, de 1,000 tonneaux, véritable bouée, seul pouvait donner une idée de la puissance commerciale de la France aux Américains. A part l'*Andelle,* on ne voyait que des navires de 250, 300, 400 et 500 tonneaux maximum.

Plus tard, lorsque le chemin de fer du Havre vint fixer sur ce point une partie du transit de la France et de l'Europe, la *Belle Créole,* la *Vesta,* l'*Anna,* le *Pescatore,* le *Ferrière,* puis la *Ville de Lima,* etc...., se construisirent.

5° *Le Bassin Vauban.* — A peine achevé, il recevait à gauche en entrant, quelques navires charbonniers;

---

(1) *Luzitano, Clémentine,* etc.

à droite, rien. Quelques navires condamnés ou en démolition s'y amarraient. On construisait les fameux magasins Casimir Perrier.

Voilà l'aspect que présentait le Havre en 1843, alors qu'il n'avait pas son chemin de fer, et que Rouen prospérait.

J'oubliais de dire qu'il n'existait pas l'ombre de la fameuse citadelle, dont le Havre demande aujourd'hui la destruction. En 1850, elle n'était pas encore achevée.

Oh ! fragilité humaine, hier tu demandais des millions pour démolir tout un quartier, construire une citadelle ; aujourd'hui tu demandes à la renverser.....

Si nous consultons les registres des mouvements des ports, nous verrons que les armements annuels au long cours du port du Havre étaient de 200 à 250, pas tout à fait autant qu'à Bordeaux, en 1843.

Voici comment se répartissait son commerce maritime à cette époque (il n'en a pas d'autre).

1° Pêche à la baleine.

2° Premier port de navigation avec nos pauvres petites colonies, la Guadeloupe et la Martinique.

3° Une honorable maison occupait quatre petits navires de 250 à 300 tonneaux sur la ligne de la Havanne (1).

4° Quelques armements pour le golfe du Mexique et les Antilles.

---

(1) C'étaient : le brick le *César*, les trois mâts berques, la *Sylphide*, le *Tigre* et le *Havre et Guadeloupe.*

5° Une ligne du Brésil formée par des navires de 250 à 300 tonneaux (1).

6° Deux ou trois navires par an pour le *Pacifique*. On leur mettait un soufflage, dans la crainte des glaces. Je vois encore faire cette opèràtion au *Panurge*, en 1844.

Le monopole de la navigation dans le *Pacifique* appartenait à Bordeaux, comme celui de toutes les belles navigation.

7° Quelques rares, très-rares armements pour l'Inde et la Réunion.

Le monopole des mers de l'Inde appartenait à Nantes, qui n'avait de rival que Bordeaux.

8° Dans le principe, le Havre essaya de faire concurrence aux navires américains, avec le *Graville*. Ce beau navire se perdit à son premier ou deuxième voyage. L'*Andelle*, puis plus tard vers 1845, l'*Anna* et la *Vesta* poursuivirent les mêmes tentatives.

Ces efforts échouèrent ; jamais le Havre ne put rien faire avec les Etats-Unis par lui-même. Bordeaux fut plus heureux ; il a toujours eu avec la Nouvelle-Orléans un commerce qu'il contnue bien.. *On peut donc dire que des ports français, le Guidon ou pavillon de reconnaissance de Bordeaux*, est le seul qui soit connu aux Etats-Unis.

Tel était, à peu près, le commerce du Havre en 1843 ; alors dans ses moments d'orgueil, il cherchait à s'élever à la hauteur de Bordeaux.

---

(1) C'étaient : l'*Achille* trois-mâts franc de 400 tonneaux, la *Jeune-Pauline*, l'*Actif*, l'*Emile*, la *ville de Rouen* et la *Neustrie*, trois-mâts-barques de 250 à 300 tonneaux.

Mais 1843, n'était-ce pas hier ? qu'est-ce que dix ans dans la vie d'un peuple ? Cependant qu'il y a loin du Havre de 1843, au Havre d'aujourd'hui.

Plus de caboteurs pour Rouen, dans cet avant-port (le chemin de fer a détruit le cabotage), mais des *Vanderbilt*, des *Fulton*, des *Arago*, des *North-Star*, etc...

Plus de bassins vides, ils sont tous pleins, et on en a créé de nouveaux. Il n'y a plus de place à quai pour des navires de 2,000 et 3,000 tonneaux, qui ont remplacé ceux de 250 et 300 tonneaux, à plus forte raison pour les paquebots transatlantiques.

On peut chercher dans le bassin du commerce : tous les navires français ont élargi leurs dimensions ; ils ne sont pas encore comparables aux américains, mais ils sont plus grands et plus beaux que les américains de 1843.

Le monopole du Pacifique, des mers de l'Inde, des belles navigations, tout est là, entassé pêle-mêle, au Havre.

Comme Rouen, Nantes et Bordeaux ont dû courber la tête devant la prépondérance du Havre et laisser échapper leurs courants commerciaux !

D'où vient donc ce changement, ce flot, ce torrent de commerce ? Qui a attiré si promptement ces courants commerciaux, auxquels les Havrais s'attendaient si peu, qu'ils ont bâti cette fameuse citadelle dans l'endroit où ils veulent maintenant creuser un bassin ?

Ils viennent de ce chemin de fer dont le Havre a été favorisé, six, sept, huit ou dix ans avant les ports de Bordeaux, Nantes et Marseille.

Mais aujourd'hui, mais dans quelques années, quand

Brest, quand tous nos ports de France posséderont les même facilités de communication, alors chacun reprendra ses avantages naturels ; et celui-là qui offrira le plus de rapidité, le plus de commodité, le plus d'eau et la moins longue traversée par mer, au grand transit du monde entier, verra se précipiter vers lui le courant commercial avec la même rapidité qu'il est allé momentanément s'établir au Havre, désertant Rouen, Bordeaux et Nantes; celui-là deviendra le grand port long-courrier de France; et il sera appelé à faire concurrence à Liverpool grand port long-courrier de l'Angleterre.

Voilà la vérité sur l'avenir de nos ports de commerce, sur celui du port du Havre, sur la valeur que l'on doit attacher aux grands courants commerciaux.

Le Havre ferait une folie s'il démolissait sa citadelle; la France ferait une folie plus grande encore, si elle y prêtait les mains et ses millions. Comme Rouen, comme les fleuves, comme les rivières, comme les canaux, comme les lagunes ou criques, navigables seulement pour les chalands ou petits navires, le Havre disparaîtra devant les chemins de fer, devant les grands navires, devant les belles et majestueuses rades que Dieu a préparées pour répondre aux besoins de l'humanité pendant les siècles de commerce, dans lesquels nous ne faisons qu'entrer.

La question devient donc celle-ci, pour nos économistes : Faut-il préparer des ports pour un mode de navigation épuisé, pour un passé qui ne reviendra plus, ou bien pour nous et nos enfants? faut-il dépenser nos capitaux pour construire de nouvelles tours de Babel, des ports artificiels? Aurions-nous l'orgueil de croire que nous pouvons faire mieux que Dieu, ou la sagesse d'utiliser les ports qu'ils nous a donnés?

Voilà ce que j'avais à dire sur le Havre, sur les grands courants commerciaux, qui ne s'y sont réunis que depuis peu, et qui n'ont que quelques jours à y rester. Quand ils auront disparu, que restera-t-il au Havre? Sa production et sa consommation, elles sont nulles.

Il n'a pas fallu moins que tous ces motifs si graves pour me faire rejeter le Havre pour nos transatlantiques. J'ai habité dix ans ce port, et, presque toute ma vie, la Normandie; de fortes raisons d'affection me faisaient Havrais de cœur et d'âme; et si quelqu'un peut croire que j'ai cessé de l'être, par ce que je viens de décrire, il se trompe : j'ai fait le sacrifice de mes intérêts particuliers à l'intérêt général, voilà tout.

Je voudrais faire immédiatement la description des avantages que nous offre Brest, au point de vue de la grandeur à venir et de la puissance commerciale de la France : ce serait la meilleure justification que je pusse produire; mais je suis dans la Manche, et avant de la quitter, je dois dire quelques mots sur Cherbourg, c'est aussi un de nos ports compétiteurs.

CHAPITRE XV.

Cherbourg.

Cherbourg est un magnifique point militaire ; il était nécessaire pour garantir, pour défendre la côte nord de la France. Il fallait aux escadres destinées à croiser dans la Manche pendant la guerre, un port où se ravitailler, où réparer les avaries auxquelles les exposent les combats et leur pénible navigation.

Cherbourg est situé à l'extrémité Nord d'une pointe avancée dans la mer, qui semble avoir été placée là exprès, au centre de la Manche et de nos côtes, pour surveiller l'Angleterre et protéger nos frontières. C'est aussi le seul endroit de la Manche abordable sans qu'il soit nécessaire, par de gros vents du Nord, de venir s'affaler sur la côte. Une magnifique digue ferme une large baie, et forme une rade sur laquelle nos steamers ne pourraient pas travailler régulièrement à leurs chargements et déchargements ; mais elle est suffisamment sûre pour y laisser quelque temps mouillée une escadre de 12 à 15 vaisseaux de ligne. Des corps-morts très-forts sont établis de distance en distance ; les bâtiments de guerre s'amarrent dessus ; et ils sont prêts, pour le cas où le temps deviendrait mauvais , à appareiller ou à rentrer dans un magnifique port militaire qui peut recevoir plus de cent vaisseaux. La grande pensée de notre César est maintenant *entièrement remplie*. Cherbourg est terminé. Vouloir perfectionner l'œuvre de certains hommes est quelquefois la dénaturer, la gâter. Jamais la pensée de Napoléon Ier n'a été de créer à Cherbourg un port de commerce. D'un coup-d'œil sûr, il avait vu qu'il pouvait abriter sur cette rade, à un moment donné, deux ou trois mille canons , prêts à être dirigés sur le point menacé de nos côtes. Il a ordonné la construction de la digue ; mais jamais il n'a pensé, une minute, à faire de Cherbourg le rendez-vous , impossible, de tout le commerce du monde. Lui attribuer cette pensée irréalisable serait faire une insulte à son génie.

Laissons donc à César ce qui est à César, et cherchons ailleurs si, sans gâter l'œuvre de notre héros, nous ne trouvons pas un port plus à notre convenance.

Certes, si le Gouvernement voulait, pouvait nous faire l'abandon de ce port militaire, nos transatlantiques y seraient bien placés au point de vue *maritime*. Au point de vue *commercial*, toutes les raisons qui m'ont fait rejeter le Havre existent à Cherbourg, je ne les répéterai pas ici.

Mais le Gouvernement ne nous donnera pas le port

militaire. Alors que ferons-nous dans cet avant port, sans eau, à marée basse, comme celui du Havre, dans ce tout petit bassin qui ne pourrait pas seulement recevoir nos charbonniers, etc., etc.

J'ai passé une année entière à Cherbourg, je le connais aussi bien que le Havre. Je ne me sens pas le courage de recommencer contre ce port une diatribe aussi pénible que celle que je viens de terminer contre le Havre. Aucun homme sérieux ne peut s'arrêter longtemps à la pensée de faire de Cherbourg notre port de concentration transatlantique. Je me bornerai à dire : Moins qu'à Bordeaux, moins qu'à Nantes, même moins qu'au Havre, l'établissement de nos transatlantiques est possible à Cherbourg.

Parce qu'il ne possède :

Ni rade *où on puisse travailler régulièrement,* ni avant-port, ni eau, ni bassins suffisants, ni commerce, ni la possibilité de l'y appeler.

Parce qu'il faudrait dépenser des millions pour n'en faire qu'un port dans le genre du Havre, un port artificiel, ce que je ne puis admettre. En fait de commerce, avant d'exposer des capitaux, il faut voir s'ils produiront des intérêts. Or, jamais le commerce n'ira à Cherbourg. Ma conviction profonde est qu'il ne franchira plus la Manche aussitôt qu'il le pourra, aussitôt que les chemins de fer de Brest seront terminés ; et ils seront livrés au public dans quatre ou cinq ans au plus tard, aux termes de la concession faite par le Gouvernement aux compagnies, beaucoup plus tôt, si Brest devient le port d'attache des paquebots transatlantiques, suivant engagement pris par la compagnie de l'Ouest ; et c'est à peine si à cette époque les travaux qu'il faut faire à Cherbourg seraient *commencés*.

Jamais, d'ailleurs, quels que soient les millions que nous dépensions, nous ne ferons de Cherbourg un Liverpool ; sa position géographique, sa position maritime, sa position commerciale, qui ne peuvent changer, s'y opposent.

Or, la France, sillonnée de voies ferrées, devient le passage, le pont jeté entre l'ancien et le nouveau monde ; elle veut, l'Europe aussi réclame, la création de ce nouveau Liverpool. Notre seule et unique pensée doit être de le chercher, et puisque ce n'est pas encore Cherbourg, ne nous y arrêtons pas plus longtemps, voyons ailleurs, et laissons la grande pensée de notre premier empereur recevoir sa véritable application. Faisons de Cherbourg le Portsmouth français, rien de plus ; c'est là sa destinée. Le grand Napoléon Ier n'eut jamais que cette pensée.

CHAPITRE XVI.

Brest. — Nombreux avantages du port de Brest. — Les paquebots transatlantiques considérés comme moyen de propagation de la religion catholique dans les pays transatlantiques, et de l'influence de la France.

De l'examen que nous venons de faire de tous nos ports de la Manche et du Golfe, il résulte que la France n'y possède pas un port susceptible de recevoir des transatlantiques semblables à ces magnifiques paquebots anglais et américains que nous admirons, et auxquels nous voulons faire concurrence.

Cependant, il ne faut pas nous le dissimuler, ces majestueux et rapides moyens de transport ne sont pas ceux que nous aurons à vaincre. Ils seront mis au rebut, employés sur d'autres lignes, et remplacés par de plus beaux steamers encore, le jour où nos rivaux nous verront disposés à leur enlever une clientèle, un travail, une fortune qu'ils ont acquis au prix de tant de sacrifices. Leurs gouvernements augmenteront les subventions, comme ils l'ont fait jusqu'à ce jour : il faut nous attendre à tout, car ils ne négligeront rien pour conserver une prépondérance si nécessaire à leur existence; et nous ferions une ruineuse et honteuse école, si nous ne construisions pas nos steamers dans cette prévision, prévision bien justifiée, du reste, par l'augmentation progressive du commerce.

Il faut donc que les bâtiments que nous allons mettre sur les chantiers soient plus grands, plus beaux et plus rapides que ceux que nous avons sous les yeux. Il faut au moins que le jour où ils seront mis à flot, ils soient supérieurs aux vieux navires de nos concurrents, si nous voulons qu'ils nous attirent les passagers et le transit européen, si nous ne voulons pas enfin être distancés trop facilement par les steamers neufs que ne tarderont pas à nous opposer les compagnies rivales.

Mais déjà nos ports ne peuvent recevoir des navires comme le *Persia*, le *Vanderbilt*, l'*Atrato* et la *Plata :* nous venons de le dire, nous l'avons démontré en examinant le port du Havre : Que faire alors?....

Car mieux vaudrait cent fois nous abstenir que de nous montrer ridicules.

Une seule difficulté nous arrête, l'impuissance de nos ports du passé. Quel motif peut donc nous faire tenir autant à telle ou telle crique ou lagune française; et qui nous dit que nous ne trouverons pas aussi un port naturel, où Dieu aura lui-même réuni tout ce qu'il faut pour constituer un bon port? Cherchons-le donc ce port de l'avenir; peut-être, sur nos côtes, trouverons-nous un Southampton (port qui était tout à fait inconnu avant les transatlantiques), comme l'ont trouvé lés Anglais. Peut-être serons-nous même, plus heureux, trouverons-nous sur le même point réunis : *un Liverpool, un Southampton et un Portsmouth.*

Un autre motif, non moins impérieux, nous oblige à chercher un port susceptible de répondre au développement qu'a pris le commerce. Le temps est passé où de petits navires de 250 et 300 tonneaux suffisaient à entretenir les échanges de quelques peuples qui commençaient à peine à jouir des bienfaits de la civilisation. Aujourd'hui, les grands navires sont nécessaires, le nombre en augmente chaque jour, et ils ne suffisent pas. Eux seuls permettent de diminuer les frais de transport, de consommer à bon marché toutes ces denrées et ces produits étrangers dont nous ne pouvons plus nous passer. Eux seuls peuvent laisser des bénéfices aux armateurs, et diminuer les dangers de la navigation.

Mais aussi, eux seuls, dans quelques années, pourront employer le système à vapeur, dont les frais, supportés par un immense chargement, disparaîtront quand on en fera la répartition sur un nombre de tonneaux considérable.

Exemple : un navire charge 10,000 tonneaux de coton à New-York pour Brest. Il prend 1,000 tonneaux de charbon pour faire fonctionner, pendant sept jours, une puissante machine de 1,200 chevaux. Chaque tonneau de charbon lui coûte 40 fr.; ses frais de combustible se montent donc à 40,000 fr. Si ces frais sont supportés par 10,000 tonneaux, la part de chaque tonneau est seulement de 4 fr.

Or un navire de 10,000 tonneaux coûtera moins

cher, avec sa machine installée à bord, que cinq navires de 2,000 tonneaux, à voiles, et les armateurs auront la moitié moins d'équipage à payer, nourrir, etc.,
et les marchandises ne resteront plus exposées aux
dangers de la navigation pendant des mois entiers.

En outre, si nous calculons qu'un seul navire comme celui-là pourrait faire douze ou quinze voyages
par an, c'est-à-dire recevoir quinze frets pendant que
cinq navires à voiles n'en pourraient faire que trois ou
quatre, maximum, en dépensant beaucoup plus, nous
nous ferons facilement une idée de la baisse qu'amènerait sur les prix de transport l'emploi de ces géans.

Jusqu'à présent, une seule raison a empêché les
Américains de construire ces gigantesques navires.
Les ports de Londres et de Cadix seuls en Europe,
avaient assez d'eau pour les recevoir. Mais Londres et
Cadix sont mal situés ; le premier oblige à l'emména-
gement de combustible de plus, pour 48 heures environ ; or, cette différence équivaut au quart du voyage
de New-Yorck à Brest, port où on pourra venir en neuf
jours et quelques heures. La Manche, le Pas-de-Calais,
les abordages, etc., tout cela effraie les spéculateurs;
et nous ne faisons que commencer à reconnaître les
avantages des grands navires.

Quant à Cadix, c'est bien pis encore ; ce port, placé
à l'extrémité sud de l'Europe n'a pas de voies ferrées,
ne consomme rien par lui-même, ne peut être un grand
marché pour des nations avec lesquelles il n'a ni relations, ni voies de communications.

Quant à nous, nous devons déplorer l'impuissance
où se trouvent nos anciens ports sans eau, de satisfaire

à ces nouveaux besoins du commerce et de l'humanité tout entière.

Mais nous ne devons pas nous laisser abattre pour cela. Un seul port, celui de Liverpool, a suffi jusqu'à présent à l'Angleterre pour se placer à la tête des nations maritimes et commerçantes.

Ce port sera bientôt, à son tour, impuissant. Il n'a pas d'eau non plus pour recevoir ces immenses navires ; et, si nous trouvons sur nos côtes un port plus avantageux pour la nouvelle navigation, à notre tour, et par lui seul, nous disputerons à notre fière rivale une prépondérance qu'elle ne pourra conserver longtemps désormais.

Ce port sans égal dans le monde, nous le possédons, c'est BREST !!

C'est vers lui que doivent se tourner toutes nos pensées, tous nos efforts, toutes nos dépenses, toutes nos espérances, car il les réalisera toutes. A lui seul, il pourra remplacer nos autres ports. Mais un plus glorieux avenir lui est réservé : à lui seul, il remplacera tous les autres ports de l'Europe septentrionale. Ce sera le Liverpool du XIXe siècle ; sa création remplira la plus belle page de l'histoire de Napoléon III ; lui seul est digne de perpétuer un nom dont la France est si fière ; et cette gloire ne lui sera pas refusée par celui qui, tout dernièrement, a prononcé ces mémorables paroles : *Tout ce qui est bien vient de Dieu...*

Quand Sa Majesté aura pu contempler, admirer cette magnifique rade, qu'aucune tête couronnée n'a encore honorée de sa visite, elle les répétera ces paroles qui devraient être la base, la préface de tous nos actes, de tous nos travaux. Elles ouvriront une ère de gloire nouvelle à la France ; elles seront le fondement d'un édifice qui fera de la France la reine du monde.

Nous allons donc examiner Brest, non pas cette ville perchée sur le roc, non pas le port militaire auquel nous laisserons sa destination, mais cette position maritime sans égale dans le monde, mais cette magnifique rade sur laquelle cent vaisseaux de ligne à trois ponts pourraient livrer un combat naval à cent autres bâtiments de même force et à la voile, sous les yeux de l'humanité tout entière, qui pourrait assister à ce beau spectacle, rangée à son aise sur les côtes qui enferment cette immense baie (1).

Brest présente les avantages suivants :

1° Attérages faciles;

2° De jour ou de nuit;

3° Par tous les temps beaux ou mauvais ;

4° Sans pilotes ;

5° Pas de marée à attendre;

6° Aucun vent contraire à redouter à l'entrée ou à la sortie;

7° Une rade sûre et magnifique;

---

(1) J'ai assisté souvent aux petites guerres ou simulacres de batailles que nous donnent quelquefois nos troupes en exercice. Je n'ai jamais eu l'honneur d'assister au simulacre d'un beau combat naval. L'Europe tout entière viendrait voir semblable fête maritime et militaire, si, quelques mois à l'avance, elle était prévenue qu'elle dût avoir lieu sur la rade de Brest. Je fais des vœux pour qu'elle nous soit donnée le jour de l'inauguration du chemin de fer. La France ne peut que gagner à faire connaître son magnifique port de l'avenir.

8° On peut se passer d'observations astronomiques.

Un capitaine a toujours la précaution, quand la position du port qu'il veut attaquer le permet, et lorsqu'il craint de manquer d'observations astronomiques, de se mettre en latitude longtemps à l'avance. Venant à Brest, il peut profiter de cet avantage, se servir du banc de la *petite Sole*, qui se trouve à 60 lieues en latitude de Brest pour rectifier sa position, ensuite courir sur Ouessant, qui sera pour lui un second moyen de rectification. S'il se trompe de 30 milles dans son estime au Nord (ce qui est énorme), il passera san voir le feu, ni l'île, et il se trouvera en pleine Manches Mais, bien vite, par la couleur de l'eau, par la sonde il s'apercevra de son erreur et il ne sera pas en danger. Il n'aura qu'à revenir sur ses pas. Si, au contraire, la même erreur le porte dans le Sud, il se trouvera dans la baie de Camaret, ou celle de Douarnenez, qui ne présente pas le plus petit écueil.

Avec *vent de Nord ou de Sud* un navire se présente à l'entrée du goulet de Brest avec deux quarts de largue. S'il vente tempête, il se met en cape, et la dérive le porte toujours au large, soit au Nord, soit au Sud. S'il vente des *vents d'Ouest*, de jour ou de nuit, sans qu'il ait besoin de pilote, il peut entrer dans le goulet, ranger la terre des deux bords, aussi près qu'il voudra ; il trouvera toujours 25 ou 30 mètres d'eau ; il évitera le milieu du chenal où se trouvent la *Roche-Meingan* et le *Plateau des Fillettes*. De jour, une balise indique ces dangers. De nuit on pourrait y mettre une cloche ou un phare, et alors ces dangers disparaîtraient et deviendraient encore de nouveaux points de repère.

Avec des vents d'Est, la mer vient de terre ; elle est par conséquent toujours belle ; un navire à voiles peut louvoyer et est toujours certain d'entrer, en profitant de la marée. Si le vent est trop fort, il met en cape et la dérive le porte au large. Un bâtiment à vapeur avec belle mer, quelle que soit la force du vent contraire, entrera avec le flot. Le Gouvernement a éclairé cette côte avec une quantité de phares si rapprochés les uns des autres, que l'entrée de nuit serait peut-être plus facile que celle de jour, pour un capitaine étranger. On n'a à tenir compte de la marée que comme courant favorable ou défavorable, attendu qu'il y a toujours 25 et 30 mètres d'eau sur les côtes et 50 mètres plus au large ; ainsi, n'en parlons pas.

Trois passes facilitent encore, par tous les vents, l'entrée et la sortie des bâtiments à voiles, celle du S.-O. ou du Raz de Sein ; celle de l'Ouest ou du large, et celle du N.-O. ou du Four. Le Goulet court E.-N.-E. et O.-S.-O.

Enfin, quand le navire aura jeté son ancre sur une rade magnifique, qui ne compte pas moins de 80 kilomètres de circuit, sur un fond qui n'offre jamais moins de 20 mètrés de profondeur, une excellente tenue partout, et pas le plus petit caillou dans toute son étendue, sa navigation sera terminée.

Remarquons que pour entrer dans le port, des observations astronomiques ne sont pas rigoureusement nécessaires, puisque la couleur de l'eau et les sondes nous fournissent la longitude ; la petite Sole, longitude et latitude à la fois ; et, qu'enfin, une erreur de vingt lieues ne pourrait pas encore compromettre un navire.

Brest est le seul à offrir de semblables avantages à la navigation, et, sous ce rapport, nos transatlantiques ne peuvent être mieux placés que là.

Vient maintenant l'œuvre du chargement et du déchargement :

Nous l'avons déjà dit, des quais, des bassins, etc., tout cela était bon pour les ports du passé, destinés à ne recevoir que de tout petits navires en nombre limité. Mais aujourd'hui le port que nous cherchons devra recevoir par milliers des navires dont les dimensions augmenteront chaque jour ; il nous faudrait des lieues entières de quais pour les amarrer ; nous ne devons pas y penser. Des warffs ou des chalands, qui pourront toujours aller s'amarrer sur l'avant, sur l'arrière et des deux bords à la fois le long de nos grands steamers, peuvent seuls nous procurer la célérité que réclament leurs chargements, et qui permettra les transbordements et déchargements. Ils éviteront au Gouvernement des frais énormes qu'il ne peut faire en un jour, frais que ne font les Gouvernements dans aucun pays du monde, quand la nature leur fournit une rade calme et tranquille, sur laquelle les navires peuvent travailler. Le commerce doit et sait se suffire seul. Tous ces docks que nous voyons à Liverpool et à Londres, tous ces warffs si peu coûteux des ports des Etats-Unis, tout ce batelage dont nous nous servons à Maurice, à la Réunion, à Calcutta, à Rio-Janeïro, à Montevideo, à Valparaiso, à Lima, à San-Francisco, dans toutes les Antilles françaises, anglaises, espagnoles, etc..., tout cela appartient au commerce. Aussitôt qu'un besoin se fait sentir, la spéculation est heureuse de le découvrir, elle s'en empare et il fait bientôt la fortune de la compagnie qui l'exploite; il occupe des bras, il développe le commerce.

Il y a fort peu de temps que nous pouvons en France caréner nos navires sans les abattre. Encore en voyons-nous tous les jours sur le côté, même au Havre. C'est cependant dans ce port qu'un homme intelligent a établi son premier dock flottant qui est toujours occupé. Satisfait de cet essai, il en a donné un au commerce de Bordeaux, puis un autre à Marseille. Après lui à Bordeaux, sont venus d'autres spéculateurs dont on ne reconnaît pas suffisamment les services. Ils ont construit des rail-way, creusé des bassins dans lesquels entrent les navires à marée haute. On ferme les portes et on pompe l'eau ensuite. Les navires se trouvent alors à sec et on peut les réparer comme sur un chantier.

Il y a trois ans, Bordeaux n'avait pas de mâture; aujourd'hui il en a une. Nous voyons donc que ce n'est qu'avec le temps et à mesure qu'il acquiert de l'importance, qu'un port se procure ce dont il a besoin?

La rade de Brest permettra toujours aux chalands d'aller s'amarrer le long des navires. Ceux-ci bien entendu ne s'amuseront pas à aller mouiller au milieu de cette immense rade; ils viendront à l'embouchure des rivières, dans telle ou telle crique. Il ne faut donc nullement faire attention à la position actuelle de la ville de Brest; d'abord elle restera toujours la ville militaire, ensuite elle se transformera à vue d'œil, quand le commerce y viendra.

Mais ce sont les gares des chemins de fer, *fort heu-*

reusement encore à construire, qui doivent appeler toute notre attention.

Un établissement aussi important que le port militaire de Brest, que le port commercial que nous voulons y fonder, réclame tous nos soins.

Déjà il est décidé que deux voies ferrées viendront aboutir l'une au Nord, l'autre au Sud de cette magnifique rade. Elles donneront naissance à deux ports de commerce importants.

Celui du Sud sera établi sur deux rivières :

1° *Sur la rivière de Daoulas,* que Richelieu avait indiquée pour recevoir le grand port militaire. De misérables intérêts particuliers ont empêché la pensée de ce grand ministre de recevoir son exécution ; la France sait ce qu'il lui en a coûté ;

2° *Sur la rivière de Châteaulin,* au bas de laquelle actuellement se trouvent amarrés l'un sur l'autre, par trois et quatre, nos vaisseaux de guerre désarmés. La profondeur de l'eau est de 14 et 15 mètres à marée basse. Il est impossible de rêver un plus beau bassin.

Les embouchures de ces deux rivières sont situées à un mille et demi l'une de l'autre. Dans cet intervalle si petit, se trouvent encore deux autres rivières, la rivière de l'*Hôpital* et la rivière du *Faou,* qui se jettent également dans la rade magnifique de Châteaulin ou Landevennec, où vient chaque année s'exercer l'escadre. Autour sont enfin les anses de *Lauberlach,* du *Poulmic,* du *Fret* et de *Trébéron.*

Toutes ces anses, toutes ces rivières sont autant de ports, autant de bassins, autant de docks naturels auxquels il ne manque que quelques magasins pour en faire des ports magnifiques.

La gare du Sud, ou une gare de première importance pour les marchandises, doit être placée au milieu d'eux; c'est-à-dire dans l'est de la rivière de Daoulas, afin que les mêmes magasins servent aux déchargement et chargement des navires et wagons.

Le port de commerce du Nord sera incontestablement le plus important.

Il se compose déjà :

1° Du port militaire.

2° De l'ancien port marchand ;

3° Du port de Porstrein, qui se crée.

A ces trois ports, il faut une gare ; elle sera la gare des voyageurs, du cabotage, et la garde postale.

Mais cette gare ne suffira pas. Une gare d'une bien autre importance nous est nécessaire sur les bords de l'anse Kerhuon, de manière à pouvoir emmagasiner directement toutes les marchandises que viendront apporter au bas de la rivière de Landerneau, dans des docks plus beaux que ceux de Liverpool, tous ces majestueux navires de l'avenir :

Ainsi donc, pour nous résumer :

Dans trois ans, c'est-à-dire à l'époque où nos steamers transatlantiques seront presque terminés, à l'époque où nos lignes transatlantiques pourront commencer à fonctionner régulièrement, Brest offrira encore les avantages suivants à la concentration des lignes transatlantiques :

9° Une admirable baie où on pourra travailler ;

10° Trois ports réunis autour de la gare du Nord (qui existent aujourd'hui) ;

11° Autour de la gare de l'Est, le port Napoléon, port naturel formé par la rivière de Landerneau et l'anse de Kerhuon, qui, une fois creusée, pourra recevoir 2,000 *Vanderbilt*. Le commerce disposera ces deux ports à très-peu de frais.

12° Autour de la gare du Sud, seront groupés les ports de Landévennec et de Châteaulin, formés par quatre rivières et quatre anses admirables.

Quelques pieux et quelques planches sont les seuls frais qu'aura à faire le commerce pour commencer à jouir de ces magnifiques positions maritimes, qui seront reliées au continent par deux chemins de fer.

12° Deux chemins de fer qui feront de Brest l'avant-port de l'Europe entière.

Tous ces avantages existent, ils sont là, ils ne sont pas à créer, il ne faut faire aucun frais pour en jouir ; la nature et la compagnie des chemins de fer nous les donnent ; nous n'avons qu'à les prendre.

Mais là ne se bornent pas les avantages que présente Brest.

14° Une magnifique mâture.

15° Des bassins de carénage seuls susceptibles, en France, de recevoir des navires de 100 mètres de long et plus.

16° Des ateliers, des usines, etc... tout ce qu'il faut pour réparer la plus grave avarie.

Ces avantages nous sont offerts par le port militaire ; et l'on ne peut pas croire que le Gouvernement qui les met si généreusement à la disposition de tous les navires nationaux et étrangers depuis si longtemps, nous les refusât, en attendant le moment où le commerce, l'industrie, la spéculation, la ville, le département, la France entière, et tous ceux qui y sont intéressés, auraient pu en établir de nouveaux dans un des ports voisins, de la même baie.

Voyons maintenant quels sont les avantages que présente Brest à la Compagnie concessionnaire, aux actionnaires et au trésor public :

17° C'est le port français le plus voisin de Cardiff, port anglais qui nous fournira notre charbon au meilleur marché.

18° Il est également le plus voisin de Liverpool, ce grand foyer du commerce universel.

Or, Liverpool et Cardiff sont tous deux dans le canal Saint-Georges ; en allant chercher notre combustible, en l'apportant, nous pourrons transporter les marchandises et les passagers qui abonderont entre Brest, premier port du continent, et Liverpool, premier port des îles Britanniques.

19° Brest abrége du douzième toutes les traversées transatlantiques ; du huitième celles des États-Unis.

20° Il est placé au sommet de l'angle formé par la côte Nord et la côte Ouest de France. Il est certain de réunir un grand cabotage sur sa rade.

Ces avantages sont plus précieux pour la Compagnie que n'importe quelle subvention. L'État peut donc espérer voir celle qu'il propose diminuer chaque jour au lieu d'augmenter.

La position maritime de Brest offre à tous les ports exclus, à la France entière, aux voyageurs, aux correspondances et marchandises, les avantages suivants :

21° La concentration des transatlantiques à Brest ne ruine aucun de nos anciens ports ; tous indistinctement sont appelés au contraire à venir y puiser l'aliment d'une importance plus grande, et cela sans prendre ni donner à l'un plus qu'à l'autre.

22° Tous sont reliés à Brest par des voies ferrées, par leur cabotage, par la voie de terre, et Nantes par un canal.

23° Les passagers, les correspondances, même les marchandises précieuses ou communes ne sont plus exposés forcément aux dangers de la navigation du golfe de Gascogne et de la Manche.

24° Ces mêmes passagers et correspondances gagnent 30 heures sur les lignes anglaises et sur celles établies dans la Manche.

25° Les gares des chemins de fer de Bretagne, qui ne sont pas encore faites, seront établies de manière à éviter des frais de transport inutile et double magasinage aux marchandises.

26° Il est certain que les compagnies anglaises et américaines, belges, hollandaises même, demanderont à faire escale à Brest, lorsque les voies ferrées seront terminées. Cela multipliera les départs ; c'est un grand avantage pour le commerce ; et, en même temps, tous ces steamers apporteront un nouvel aliment à notre industrie, à notre commerce en un mot.

27° C'est, du reste, le seul port français qui permette des départs à jours et heures fixes, en correspondance avec les chemins de fer.

28° Lui seul aussi est assez vaste pour recevoir et

concentrer toutes les lignes françaises. Or, nous avons dit quels avantages sont attachés à cette concentration, dans un de nos précédents chapitres.

Mais nous l'avons dit aussi : aux lignes françaises il faut ajouter les escales des lignes étrangères et les lignes rivales qui pourront s'y établir.

Si la compagnie concessionnaire a intérêt à ce qu'il ne s'établisse pas de lignes rivales, toute la France, toute l'Europe et le monde entier ont intérêt à leur existence. Loin de chercher à les écarter, il faudra les appeler. Ce sera à la compagnie française à attirer par son confortable et les avantages qu'elle pourra lui offrir la clientèle dont elle aura besoin pour subsister.

Mais, à côté de cette multitude de steamers d'immenses dimensions, viendront se grouper tous les services supplémentaires de cabotage à voiles et à vapeur.

Et cette flotte incalculable de navires charbonniers qui auront, non-seulement à entretenir les bâtiments français, mais encore les étrangers, Brest seul peut recevoir tout cela.

29° Lui seul, en diminuant les dépenses de la compagnie en raison du trajet à parcourir, en augmentant les recettes par les avantages que présente sa position centrale et exceptionnelle en Europe, nous permettra de baisser nos prix, s'il le faut, pour vaincre la concurrence étrangère.

30° Il nous permet d'espérer qu'une subvention ne nous sera plus nécessaire dans quelques années.

31° Le port de Brest se trouve situé au milieu de notre pépinière de marins ; n'est-il pas juste de signaler cet avantage auquel, ne fut-ce que par philanthropie, nous devons faire la plus grande attention ;

32° Brest seul est susceptible de devenir plus important que Liverpool et Londres ;

33° Dix ans après sa création, les recettes de la douane seront doublées ;

34° Il n'est pas un coin de terre en Bretagne qui n'aura doublé de valeur, pas une maison à Brest dont la valeur ne sera quintuplée ; en somme, pas un propriétaire breton dont la fortune ne sera augmentée. Par suite, toutes les contributions directes fournies par la Bretagne seront doublées, et cela en développant le travail et l'industrie de toutes les autres provinces de France sans nuire à aucune. De tels résultats sont-ils à dédaigner ?...

Mais ce n'est pas encore tout ; survienne la guerre en Europe !

36° Brest, premier port de guerre de France, devenu premier port de commerce, offrira à l'Etat :

1° 2,000 navires de commerce, qui pourront être chargés de vivres, munitions, matériel de guerre, etc., en peu de temps ;

2° 100 steamers de 3,000 ou 4,000 tonneaux, susceptibles de prendre chacun 4,000 hommes, s'il s'agit d'une courte traversée, car ces navires auront 35 ou 40 mètres de plus en longueur que les vaisseaux à trois ponts, et tout le monde sait que 3,000 hommes sont parfaitement à leur aise sur un vaisseau de premier rang. Ces steamers auront une machine de 1,000 à 1,200 chevaux, et pourront facilement prendre à la remorque chacun deux navires marchands chargés de munitions, etc.

Du premier coup-d'œil, nous voyons quatre cent ou cinq cent mille hommes en marche, avec tout le matériel de guerre qui est nécessaire à semblable armée pour opérer un débarquement.

Mais au second plan nous voyons autour de cette flotte voltiger 20 vaisseaux de guerre, autant de frégates à vapeur, corvettes, etc., protégeant la plus formidable armée navale que jamais l'Océan ait portée.

Avec cela on peut conquérir l'univers entier !!!

36° Ne serait-il pas préférable aussi, en temps de guerre, d'être certain que le premier port de commerce de France sera à l'abri d'un coup de main.

37° Une guerre avec l'Angleterre elle-même n'empêcherait pas un de nos steamers de sortir du port ou d'y entrer, s'il le voulait, attendu que l'entrée de Brest n'est pas facile à bloquer, et qu'une fois le nez dehors, jamais un bâtiment de guerre ne pourra l'attraper, fût-il même à vapeur, tandis que, dans la Manche, un navire peut échapper à une ligne de croiseurs et être pris par l'autre.

38° Brest permettra à la France de se procurer toutes ses importations à un prix moindre que celui des mêmes importations en Angleterre. La différence sera égale à la différence du prix des transports, qui se calcule sur la longueur du chemin, augmentée des risques ou dangers particuliers au trajet à parcourir.

Si on fait l'application de ce dernier avantage aux cotons, on verra qu'il est considérable; et si l'on pense à la concurrence manufacturière que nous fait l'Angleterre sur tous les marchés du monde, on appréciera de quelle importance serait l'infériorité du prix des cotons pour l'industrie française.

39° Brest se trouve bien placé pour profiter des exportations considérables que fait la Bretagne en beurre, viandes salées, sardines, morues, toiles et pommes de terre. Jusqu'à présent, ces produits ont dû se partager entre le Havre et Nantes, et les frais qu'il fallait faire pour les transporter dans ces ports nous ont empêchés de soutenir la concurrence de l'Angleterre et des États-Unis sur les marchés étrangers. Nos colonies, entre autres, souffrent beaucoup de cet état de choses.

40° Enfin, Brest permettra à la France de recevoir en franchise les navires étrangers comme fait l'Angleterre ; car alors aucune marine ne pourra lui faire concurrence ; et ce sera encore une garantie pour la France de s'emparer de tout le transit européen.

Il faut m'arrêter dans cette énumération des avantages que présente Brest à la concentration des lignes transatlantiques. Cependant, je n'en ai pas épuisé le nombre. Aucun de nos autres ports ne pourrait fournir un seul de ceux que j'ai cités, et nous chercherions inutilement un désavantage à Brest : nous ne le trouverions pas. C'est que, lorsque Dieu fait les choses, plus on entre dans les détails, plus il faut admirer, tandis que l'œuvre des hommes ne doit être vue que de loin, et encore en se plaçant dans le jour qui lui est le plus favorable.

Puisque l'analyse du port de Brest nous a conduit tout droit à cette haute pensée, *que tout ce qui est bien vient de Dieu,* à constater le bienfait de cette magnifique position maritime dont il a doté la France, examinons si, dans l'intérêt de la propagande catholique, et, par suite, dans l'intérêt de la politique et de l'influence de la France, il n'importe pas, par une forte constitution de nos services transatlantiques, d'étendre au loin notre commerce et notre navigation, et d'établir notre prépondérance sur toutes les mers?

La première chose qui frappe l'esprit de tout voyageur un peu observateur, quand il se trouve à l'étranger, c'est que la France est la seule de toutes les grandes puissances qui n'ait pas contribué ou qui ait peu contribué à répandre les bienfaits de sa religion. De tous côtés, on trouve, gratis, répandues des Bibles anglaises ; partout on rencontre d'ardents missionnaires de la religion protestante ; ils ont déjà imposé leur langue, leurs mœurs, leur religion à toute la partie orientale de l'Amérique du Nord ; ils nous enlèvent peu à peu nos co-religionnaires du Canada, de l'île Maurice ; notre idiôme et nos mœurs sont peu à peu remplacés par ceux de nos rivaux. Bientôt ils auront fait de l'Océanie et de l'Inde un vaste temple protestant.

Parcourez le globe, du Nord au Sud, de l'Est à l'Ouest, et vous n'entendrez nulle part parler cette langue française qui, seule, pourrait nous autoriser à revendiquer l'honneur d'avoir élevé les autels de notre culte chez ces peuples qui commencent à jouir des bienfaits de la civilisation et de la religion chrétienne. Toute l'Amérique du Sud, à l'Est et à l'Ouest, tout le Mexique, toute l'Amérique occidentale et septentrionale, sont catholiques. Les plus belles colonies des Antilles et des archipels indiens partagent le même bonheur.

Mais c'est à l'Espagne, c'est au Portugal que revient l'honneur de ce grand acte de moralisation ; suivez ces côtes encore presque sauvages, et vous verrez s'élever, en vue les uns des autres, les clochers de ces missions qu'ont établis ces saints missionnaires débarqués des intrépides galions espagnols et portugais ; partout vous entendrez parler la langue espagnole ou portugaise.

Mais là ne se bornent pas les services rendus à l'humanité par ces fervents pionniers du christianisme : en instruisant les peuples barbares, en leur révélant les bienfaits de la civilisation, ils leur découvraient, à chaque pas, les trésors que Dieu avait placés sur leur sol et dont ils ignoraient l'existence ; ils leur inspiraient le désir, le besoin d'entrer en relations avec les Européens, leurs frères, enfants, comme eux, du bienfaiteur qu'ils adoraient ; et bientôt la mère patrie, informée des progrès, des lumières qu'avaient répandues, des relations commerciales qu'avait préparées ces disciples du Christ, ces missionnaires, amis de leur pays et soucieux de ses intérêts, envoyait de nouveaux galions pour recueillir le fruit de leurs travaux.

Voilà pourtant comme l'Espagne arriva à cette prospérité, à laquelle on ne peut aujourd'hui comparer que sa pauvreté.

Voilà comment l'Angleterre a, sur tous les points du monde, établi son influence, étendu ses conquêtes. Voilà comment, nous aussi, nous pourrions développer notre influence religieuse, notre puissance politique,

par notre puissance commerciale. Les paquebots transatlantiques nous fourniront le moyen de transporter
sur tous les points du globe, et *gratis*, nos missionnaires, qui ne le cèdent, ni en valeur ni en savoir, à
leurs rivaux étrangers.

Sur tous les bâtiments anglais où j'ai pris passage,
j'ai toujours rencontré plusieurs missionnaires protes-
tants. Tous les dimanches, la messe était dite par eux.

Que coûterait la nourriture d'un missionnaire français auquel il serait donné un passage gratuit chaque
voyage, à une compagnie aussi puissante que celle qui
voudra faire des paquebots transatlantiques une affaire
sérieuse et maritime et non une affaire de Bourse?

Presque rien, et chaque dimanche, comme sur les
bâtiments anglais, il se trouverait un saint homme, qui
rappellerait à chacun qu'il y a un Dieu là-haut, qu'il
est chrétien, qu'il est catholique, et que, sur mer
comme sur terre, chacun doit remplir son devoir.

Mais je vais dire ce que j'ai remarqué encore de pro-
fitable dans cette sainte cérémonie.

A bord d'un bâtiment de guerre, par la force, on ob
tient l'entretien du navire, et la propreté individuelle
de chaque homme de l'équipage. Tout le monde sait
combien elle est nécessaire pour le maintien d'un bon
état sanitaire ; mais fort peu de gens se rendent compte
de l'effet moral que produit sur les hommes cette simple inspection ; il est immense, au point de vue de la
subordination qu'il inspire.

A bord d'un navire de commerce, chacun est libre;
et si un capitaine ne veut pas compromettre son au-
torité, il faut qu'il en fasse usage le moins possible

dans les longs voyages, qui aigrissent toujours les caractères.

Il n'a, pour rappeler son équipage à la subordination et au respect qui lui sont dus, que les occasions que lui offrent les mauvais temps. Alors tout le monde le reconnaît, chacun se félicite d'avoir un bon capitaine. Jamais il n'y a à craindre de désordre dans ces moments-là.

Les dimanches, à bord de nos navires français, sont comme les autres jours ; seulement on se repose. Mais ce n'est pas une occasion pour le capitaine de voir ses hommes, d'écouter leurs réclamations, de leur donner des conseils, de suivre l'état de leur santé, d'exercer son commandement et de remplir le mandat qui lui est confié.

Je n'ai jamais vu arriver un dimanche, sur les bâtiments anglais, sans que cela m'impressionnât. Le matin, ce n'était plus un simple nettoyage, un entretien du matériel journalier. On apportait à ce travail pénible les plus grands soins. Ensuite, chaque homme allait s'habiller, se nettoyer comme s'il devait aller au temple entendre la messe. Bientôt après, chacun passait derrière, avec recueillement, se rangeait à côté de son voisin, et le capitaine, la Bible en main, passait l'inspection. Ce n'était plus pour voir si chaque homme était un paresseux qui n'avait pas le courage de se nettoyer, mais c'était pour voir s'il était digne d'aller s'asseoir, un instant après, dans le temple de Dieu, préparé dans la chambre des officiers avec quelques pavillons nationaux.

Ainsi, sans qu'il y parût, cette cérémonie obligeait

tout un équipage à entretenir le matériel qui lui était confié, à soigner sa personne, à reconnaître un chef, un Dieu, à admirer les couleurs nationales de son pays, qui décoraient ce temple improvisé.

Bien souvent, pendant toute une traversée, le drapeau français ne sort pas de son étui, à bord de nos navires du commerce. Si on veut savoir cependant quel effet peut produire sa vue, il suffit de demander au premier soldat venu ce qu'il éprouve quand il entend battre au champ, et quand il voit son enseigne s'élever et se déployer.

Ainsi donc, l'établissement des transatlantiques, en France, n'est pas seulement une opération commerciale qui augmentera notre fortune publique.

Si les services sont bien constitués, si les lignes sont établies de manière à vaincre la concurrence anglaise, à répandre notre commerce sur toute la surface du monde, et à assurer partout la prépondérance de la France, l'honneur de son pavillon, il en résultera des facilités sans nombre pour les travaux de nos missionnaires et pour la propagation de la foi.

Ainsi, la France, en même temps que son commerce, répandra sa religion, son culte sur tous les points du globe; et l'on comprendra facilement tout ce que donnera de force à son influence politique cette propagande religieuse jointe à la propagande commerciale.

Mille peuples lointains deviendront français; et la France, à son tour, règnera sur la moitié du globe, par l'influence de ses mœurs, de son culte, de son commerce et de son industrie.

CHAPITRE XVII.

Organisation des services, à leur origine. — Capital considérable, non nécessaire. — Ligne des Etats-Unis.

J'ai eu l'honneur de remettre, en mars dernier, entre les mains du Gouvernement, un projet d'organisation des services transatlantiques.

Ce projet présente le réseau transatlantique français tel qu'il doit indubitablement exister après quatre ou cinq années d'exploitation.

Il répond à tous les besoins et à toutes les exigences d'un commerce qui tend chaque jour à se développer, à notre plus grand avantage; il nous donne des garanties certaines de sortir victorieux de la lutte que nous allons avoir à soutenir avec les concurrences étrangères; il nous permet de profiter de toutes les ressources que fournira la France par elle-même, d'espérer que

les nations qui nous avoisinent trouveront dans nos
services des avantages qu'aucune autre nation ne
pourra leur offrir.

Ce projet, basé sur la concentration des services à
Brest et à Marseille, économise à la compagnie concessionnaire, un personnel considérable, un matériel
important, des parcours très-longs et dangereux, beaucoup de combustible et une infinité de dépenses inutiles.

Il offre, enfin, au transit européen, aux passagers
et à la correspondance, une célérité inconnue jusqu'à
ce jour, une diminution de frais notable, et des départs
fréquents, à la convenance de tous.

Mais, je viens de le dire, ce projet présente les lignes
transatlantiques françaises, telles qu'elles seront après
plusieurs années d'existence ; c'est-à-dire dans sept à
huit ans à compter d'aujourd'hui , quand aux services
que le Gouvernement propose nous aurons ajouté ceux
que réclament également nos relations commerciales
avec l'Océan-Pacifique et l'Océan indien.

Un projet aussi vaste nécessitera des capitaux considérables, comme il serait peut-être difficile, aujour-
d'hui de les réunir, ce qui écarterait les souscripteurs,
je vais présenter l'opération telle qu'elle sera à son début, et l'on verra que les fonds nécessaires n'auront
plus rien d'inquiétant. Avec du temps, de la patience et
du courage nous arriverons, plus tard, j'espère, à procurer à notre pays la confiance qui lui manque, et des
lignes transatlantiques dignes d'un aussi grand peuple et de la position topographique de la France.

Mais si nous commençons sur une petite échelle,
il importe que nous ne compromettions pas notre ave-

nir, il faut que nos débuts posent la base, forment le cadre de ce grand réseau, destiné à remplacer les lignes anglaises, ou au moins à lutter dignement contre elles.

Il faut que nous n'ayions qu'à multiplier nos départs ou à augmenter la capacité de nos steamers, quand les capitaux nous viendront, quand les clients, attirés par les avantages marqués de nos services, nous arriveront en foule ; il faut enfin que, lorsque le Gouvernement nous autorisera à créer de nouvelles lignes, à nous développer, nous ne soyons pas gênés par une mauvaise organisation.

N'imitons donc pas notre devancière l'Angleterre : en divisant ses lignes et en les créant les unes après les autres , elle a multiplié ses faux frais d'une manière considérable et tout à fait sans profit.

Le gouvernement propose d'établir trois grands services entre la France et les trois points suivants :

New-Yorck.

Les Antilles.

Le Brésil.

Il accorde 14 millions de subvention à la compagnie qui fournira le cahier des charges et le projet maritime, qui feront la part la plus large aux intérêts généraux du pays.

C'est avec ces éléments qu'il faut travailler; ils présenteront des ressources suffisantes pour bien faire ; et l'on arrivera si l'on n'a qu'une pensée, l'intérêt général du pays, et qu'on laisse de côté toute idée mesquine, qui ne manquerait pas de compromettre l'opération.

Nous allons nous occuper d'abord de la ligne des États-Unis.

En fixant le chiffre de la subvention, le Gouvernement a calculé rigoureusement les dépenses et les recettes que pourraient faire les différents services qu'il veut faire établir. Dans sa pensée; *trois millions* de subvention sont suffisants pour la ligne dont nous nous occupons.

Ving-six départs annuels lui sont imposés.

« Deux départs mensuels sont insuffisants, pour
« soutenir dignement la concurrence anglaise et amé-
« ricaine, attendu que chacune de ces lignes a quatre
« départs par mois, de Liverpool, et deux, de Sou-
« thampton ou Cowes.

« Deux départs par mois sont insuffisants, pour
« attirer en France les courants d'émigration et d'af-
« faires, qui existent entre l'Europe et les États-Unis :
« courants, qui, actuellement, prennent la direction
« des ports anglais.

« Enfin, la subvention accordée à la ligne que nous
« voulons créer est, aussi insuffisante. »

Telles sont les récriminations des *embrouilleurs* de la question transatlantique en France.

Nous allons prouver qu'ils sont dans l'erreur, qu'ils ne connaissent pas la question transatlantique, et que le Gouvernement est dans le vrai. Mais auparavant signalons les raisons qui les poussent à entraver ainsi les bienfaisants efforts du Gouvernement.

1° Ils reconnaissent très-bien que leur port, sans eau, ne pourra jamais recevoir les grands paquebots.

2° Que sans ces grands paquebots (qui seuls laissent des bénéfices) aucune lutte n'est possible avec nos rivaux.

3° Que leur port est plus éloigné de New-Yorck que Southampton et Liverpool.

4° Qu'ils paieront le combustible plus cher que les Anglais.

5° Qu'avec de petits bâtiments, à fond plat, avec un plus long parcours, leurs traversées seront moins rapides que celles de leurs concurrents.

6° Que la position topographique du Havre, sous tous les points de vue, est inférieure à celle de Liverpool; qu'il n'y a aucune comparaison possible.

Partant de là, aucune lutte n'est possible, nous avons trop de désavantages sur nos rivaux, disent-ils, pour oser exposer nos capitaux.

Ils voudraient que le Gouvernement fît tous les frais d'exploitation, d'amortissement du capital, d'assurances, et d'intérêt de ce même capital. C'est, en effet, ce qui arriverait si le Gouvernement leur accordait 2 millions de plus ; nous le prouverons tout-à-l'heure.

Mais ces récriminations ont une autre raison qu'il est affligeant pour nous de révéler, cependant nous devons le faire.

Si au Havre on questionnait, un homme compétent et sincère, sur l'établissement des paquebots transatlantiques, il répondrait :

« Le Havre ne peut recevoir des paquebots suscep-
« tibles de soutenir la concurrence des steamers an-
« glais ; nous le reconnaissons, et nos intérêts nous
« défendent d'avouer qu'il existe en France un port
« plus avantageusement situé.

« Il est cent fois préférable pour nous que la France
« n'ait pas de transatlantiques, que de les voir concen-

« très loin de nous. Aujourd'hui nous sommes privés
« de ces paquebots, la gloire de notre commerce ma-
« ritime, c'est vrai ; mais nous avons les steamers étran-
« gers qui attirent dans notre port des courants com-
« merciaux qui nous seraient enlevés par la concen-
« tration des services français dans un autre port que
« le nôtre. »

Voilà la clef de la politique suivie jusqu'à ce jour
par les hommes influents du port du Havre ; nous connaissons les préjudiciables effets de cette tactique anti-
nationale.

Oui, le Gouvernement est dans le vrai, lorsqu'il ap-
plique trois millions de subvention à la ligne de New-
Yorck ; et je vais prouver que, *cette ligne, partant de
Brest*, la subvention est suffisante.

En effet, elle représente

1,560,000 fr. Le combustible nécessaire à nos steamers (de 4,000 tonn. et 1,200 chevaux)
pour effectuer 52 traversées par an (la
consommation estimée à 1,000 ton. par
traversée) ; ensemble, 52,000 tonneaux
à 30 fr. par tonneau.

Ce charbon sera pris à Brest pour
aller et retour. Si les marchandises,
par leur abondance, obligeaient à ne
prendre du charbon que pour aller, il
est clair que les bénéfices qu'elles lais-
seraient seraient plus grands que si on
embarquait du charbon à leur place.
Donc, nous ne commettons pas d'erreur
en calculant sur l'embarquement total du

combustible à Brest. Or, Brest est plus voisin de Cardiff que Southampton ; et le charbon pris à Brest en transbordement nous coûterait bien moins de 30 fr. par tonneau, attendu qu'il ne paierait pas de droits d'entrée.

Le transbordement des charbons, d'un petit navire dans un grand steamer est impossible sur les vases de l'avant-port du Havre ou au moins très-difficile, par suite, coûteux.

600,000 fr.   Intérêt annuel à 5 p. 100 du capital représenté par trois steamers (de 4,000 tonneaux et 1,200 chevaux) *suffisants* pour le service. Chaque steamer coûtera quatre millions ; ensemble, douze millions.

600,000   Assurance à 5 p. 100 de ce capital.

547,500   Les frais d'équipage, leurs appointements, leurs vivres. Ces équipages sont fixés à 100 hommes par navire, à raison de 5 fr. par jour l'un dans l'autre ; ensemble, 300 hommes à 5 fr. pendant 365 jours. Notez que je compte les hommes engagés à l'année.

3,307,500 fr.   Total égal à la subvention (à 307,500 francs près, économie facile à faire sur toutes ces dépenses).

Que restera-t-il donc à payer par la compagnie concessionnaire ?

1,800,000 fr.   L'amortissement et la dépréciation

du matériel, estimés par les Anglais et les Américains à 15 p. 100 du capital engagé.

650,000 — Les frais de port (nous ne devrions compter que ceux de New-Yorck, car à Brest il n'y aura presque rien), les frais de chargement, de déchargement, d'agents, d'administration, etc... Les Anglais et les Américains ne comptent, depuis quelques années, que 25,000 fr. par voyage. Nous dépenserons moins qu'eux, à raison des avantages que nous présentent Brest, et la concentration de toutes nos lignes dans le même port, qui fera supporter les frais d'administration en commun par toutes les lignes. Cependant, comptons aussi 25,000, et multiplions par 26 voyages.

2,450,000 fr. — Total des dépenses à supporter par la compagnie.

Or, je le demande, peut-on douter que les marchandises et les passagers ne fourniront pas cette somme ?

Il suffira pour cela de :

100 passagers de première classe, par traversée, payant chacun 300 fr. de passage, plus leur nourriture (10 fr. par jour pendant 9 à 10 jours maximum). Ces 300 fr. seront donc des bénéfices nets pour la compagnie,

Soit pour 52 traversées annuelles 5,200 passagers à 300 fr...................................... 1,560,000 fr.

Les Anglais ont transporté, en 1853, 80 passagers, en moyenne, par traversée ; les Américains , 90 ; les premiers ont fait 52 voyages dans l'année, les seconds 26 ; et chaque compagnie estime à 25 livres sterling (625 fr.) les bénéfices laissés par chaque passager, nourriture déduite.

Mon appréciation est donc bien modérée , lorsque j'estime nos bénéfices à moins de moitié des leurs, et que je ne prends que le même nombre de passagers, car de 1853 à 1859, époque où marcheront nos steamers, les voyageurs auront triplé ; et ceux qui ont fait la traversée à bord des steamers anglais ou américains ont pu remarquer que presque tous les passagers appartiennent au continent européen. Or, ces passagers préféreront nécessairement partir de Brest, port qui leur demandera moins cher, leur évitera la traversée de la Manche, et leur procurera une célérité et des facilités beaucoup plus grandes.

A ces passagers de première classe j'ajouterai cent passagers de deuxième et troisième classe, c'est-à-dire encore 5,200 passagers par an. Pour que ceux-ci ne puissent pas nous échapper, nous ne leur demanderons que 100 fr. de bénéfice , l'un dans l'autre , cela portera leur passage à 150 fr. (dont 50 fr. pour frais de nourriture à raison de 5 fr. par jour. Nous recevrons donc encore 520,000 fr. de ce côté (minimum).

Or, chacun sait que, chaque semaine , plus de mille émigrants suisses, allemands, etc., partent du Havre par navires à voiles. Avec bonheur ils abandonneront ce port qui leur fait dépenser beaucoup plus dans ses auberges pour attendre le départ, que ne leur coûterait leur passage par wagons de troisième classe de Paris à Brest, aussitôt que nos services seront installés.

Ainsi donc, nous pourrons compter sur :

1,560,000 fr.	bénéfices fournis par les passagers de 1re classe.........	5,200 passagers.
530,000	benéfices fournis par les passagers de 2e et 3 classe...	5,200
2,090,000 fr.	Totaux....	10,400 passagers.

Mais il restera encore, sur chaque steamer, 1,000 tonneaux de vide pour nos traversées d'aller, et 2,000 pour celles de retour.

Les Anglais ont transporté en moyenne 200 tonneaux par voyage en 1853, les Américains 300 tonneaux, d'après les comptes fournis par leurs conseils d'administration aux actionnaires. Posons encore en fait que les expéditeurs des continents européen et américain entrent pour plus de moitié dans ces transports, et que le nombre de ces expéditions aura quintuplé de 1853 à 1859 et nous serons dans le vrai.

Cependant ne comptons que sur 500 tonneaux en moyenne par traversée ; cela nous fera 26,000 tonneaux par an. La ligne anglaise de Southampton prenait, le 27 juillet 1857, 16 piastres et 10 p. 100, du Havre à New-Yorck, c'est-à-dire, 92 fr. 40 par tonneau en établissant le cours de la piastre à 5 fr. 25.

Nous baisserons les prix, nous chargerons à 75 fr. par tonneau ; nos recettes seront donc, en marchandises, de 1,950,000 fr.

C'est beaucoup plus qu'il ne nous en faut, car

1,950,000 fr. en marchandises,
2,090,000 en passagers, font :
4,040,000 fr. si nous en déduisons
2,757,500 tous nos frais, il restera
1,282,500 fr. bénéfices nets. Qui représentent plus de 10 1/2 p. 100 du capital engagé.

Donc en estimant tout au pire de nos intérêts, l'opération rapporterait encore 15 1/2 p. 100 minimum, intérêts et bénéfices compris (1).

Donc la subvention est suffisante pour satisfaire nos actionnaires.

Notons que je n'ai rien porté pour la correspondance et les marchandises de haute valeur, telles que l'or, les métaux, bijoux, etc...

Maintenant je vais prouver que la ligne de New-Yorck, établie à Brest, sur ces bases, attirera en France le grand courant d'émigration et de transit, qui existe entre l'Europe et les États-Unis, c'est le résultat que veut obtenir le Gouvernement.

En effet, le jour où le service français sera établi à Brest, cette ligne américaine qui a consenti, jusqu'à présent, à aller s'échouer sur les vases de l'avant-port du Havre, qui a été forcée à consommer beaucoup plus de charbon par suite de cet excédant de trente heures de traversée, qui est obligée de construire des navires à fonds plats, cette compagnie, dis-je, abandonnera un port artificiel qui ne pourra plus lui convenir, et elle viendra à Brest partager avec nous, tous les avantages qu'offre cette admirable position maritime.

---

(1) Les intérêts à 5 p. 100 ont été prélevés plus haut sur la subvention de trois millions.

Et alors même que le port du Havre ne serait pas un port artificiel, alors même qu'il aurait autant de commerce, autant d'eau que Londres, la ligne américaine n'hésiterait pas encore à l'abandonner, car ce qu'il faut, par dessus tout, à un service à grande vitesse, c'est la rapidité; et elle ne pourrait soutenir notre concurrence, qui aurait 100 lieues de moins à faire, le 8ᵉ de la traversée!!

Voilà donc une ligne américaine à Brest, ayant aussi deux départs mensuels à ajouter, ce qui fera quatre départs mensuels, un toutes les semaines.

Maintenant, je le demande, si, à la tête des deux compagnies, il existe des directeurs intelligents, vraiment négociants, ne s'entendront-ils pas?

Car, pour moi, entre la France et les Etats-Unis, il ne peut pas plus exister de concurrence qu'entre le vendeur et l'acheteur. Nous avons autant besoin des Américains, qu'ils ont besoin de nous.

Les deux compagnies s'entendront donc. Tous les samedis, à midi précis, heure astronomique (rien ne peut s'y opposer), il partira un magnifique steamer alternativement français et américain. Ce steamer correspondra avec l'arrivée du train de Paris, qui lui-même sera en correspondance avec tous les trains de l'Europe septentrionale. J'ai trop souvent parlé des avantages que pourront en recueillir les passagers pour avoir besoin de le répéter ici.

Aucun intérêt commun ne liera les Compagnies française et américaine; chacune travaillera pour son compte. Seulement les deux directeurs s'engageront à charger au même prix, à prendre les passagers e

correspondance aux mêmes prix ; en dehors de cet ar
rangement, concurrence terrible ! Mais ce ne sera plus
une concurrence sale, honteuse, ruineuse ; ce sera
une concurrence glorieuse entre deux compagnies qui se
respecteront, qui aura pour résultat de mieux satisfaire,
et de développer le commerce, et qui se bornera à une
lutte de vitesse et de comfortable pour les passagers.

Mais ce n'est pas tout : la ligne sur les États-Unis,
qui est établie à Southampton, n'est venue s'y fixer que
pour soutenir la concurrence de la ligne américaine établie au Havre. Quand cette dernière aura abandonné ce
port, quand les Anglais verront la manière dont nous
serons installés à Brest, elle s'empressera de demander
l'autorisation de venir y faire escale, c'est-à-dire, qu'elle
viendra aussi charger à Brest.

J'ai de fortes raisons de croire que les lignes de Liverpool solliciteront la même faveur, car ce qui demande une grande célérité, c'est surtout la correspondance et les passagers. Tous viendront par les chemins
de fer de Brest. La ligne de Liverpool, après avoir chargé
les marchandises de Manchester, etc..., à Liverpool,
viendra donc prendre ses passagers et sa correspondance à Brest.

Ainsi, ce ne sont plus seulement deux départs mensuels de Brest à New-Yorck, mais six, mais huit ; et si
les Hollandais, les Belges, les Russes s'en mêlent, où
cela s'arrêtera-t-il ?..... à une convention postale maritime, comme il en existe une pour les relations postales
par terre entre toutes les nations civilisées, et à des
départs presque quotidiens, c'est-à-dire, plus de jours

de courrier, plus de concurrence ruineuse, mais lutte
acharnée et progrès dans les constructions.

Voilà ce que permet seul Brest, de tous les ports du
continent. Voilà comment avec deux départs, seulement, des paquebots français, dès l'origine, et en per-
mettant aux autres nations de travailler à côté de nous,
nous attirerons en France le grand courant commercial ; comment, en supposant qu'il n'y ait que les lignes américaines et françaises à prendre leur charbon
à Brest, la seule ligne des Etats-Unis nécessitera l'entrée dans ce port, de plus de cent mille tonneaux de
charbon, qui seront l'aliment d'un cabotage immense
entre Cardiff et Brest.

Quant à ce qui est de soutenir dignement la concurrence des lignes étrangères, ai-je besoin, après ce
que je viens de dire, d'ajouter que, débutant avec des
navires de 4,000 tonneaux et 1,200 chevaux de force,
nous n'aurons plus ensuite qu'à suivre, dans la lutte,
toutes les phases par lesquelles passeront nos rivaux,
assurés d'avance qu'ils n'augmenteront leurs capacités
qu'autant qu'ils en trouveront l'emploi, la préférence
accordée par les expéditeurs et les voyageurs ne devant être acquise à une compagnie qu'en raison des
avantages de régularité, de célérité et de comfort
qu'elle leur offrira.

Je renonce à décrire quels avantages la France peut
retirer d'une combinaison aussi simple que celle que
je viens de soumettre à mes lecteurs, car il n'en est
pas un qui ne saura l'apprécier.

J'ai dit plus haut que trois steamers nous suffiraient (1). Il ne faut rien laisser à prouver, nous fournirions un point attaquable à nos détracteurs.

Chaque traversée se fera en 10 jours maximum, avec des vitesses semblables à celles du *Persia*, du *Vanderbilt*, etc. Ces vitesses, seront encore perfectionnées, je l'espère. Nous aurons donc :

> 10 jours pour aller;
> 10 jours à New-Yorck;
> 10 jours pour revenir;
> 10 jours à Brest;
> 5 jours pour retards imprévus.

Total, 45 jours. — D'où l'on voit que trois navires suffisent.

Je ne parle pas de navire de réserve.

1° Parce que le navire de réserve sera fourni par la concentration de la ligne du Brésil, des Antilles et des États-Unis dans un même port.

2° Parce que sur trois nations faisant le même service, il y en aura toujours une disposée à le fournir; ce sera son avantage.

D'ailleurs, la comparaison établie plus haut entre les recettes et les dépenses, démontre que la ligne des Etats-Unis pourrait facilement fournir sa part dans les navires de réserve des lignes réunies.

Ainsi, pour monter cette magnifique ligne des Etats-Unis, pour attirer en France, à Brest, le grand courant

---

(1) Voir le *Journal du Havre* du 31 août, qui lui-même affirme que la compagnie Collins a fait le même service pendant 18 mois avec le même nombre de steamers.

d'affaires qui existe entre le continent européen et l'Amérique du Nord, il nous faut seulement :

DOUZE MILLIONS !!

Que tous ceux qui aiment leur pays viennent à nous! En contribuant au bien général, ils se procureront à eux-mêmes des bénéfices considérables, indépendants de ceux qu'ils retireront comme actionnaires dans une opération vraiment française, maritime et commerciale.

CHAPITRE XVIII.

Organisation des lignes transatlantiques des Antilles et du Brésil. — Encore un mot sur la ligne des États-Unis.

Lorsque nous avons eu à établir la ligne des États-Unis, elle nous a présenté peu de difficultés. — Un point quelconque, pris au nord-ouest de la France (1), à mettre en communication avec New-Yorck : c'était une ligne droite à tracer sur notre plan, entre les deux points les plus rapprochés des deux continents ; c'était, dans notre imagination, un pont à jeter entre l'ancien et le nouveau-monde.

En choisissant les points les plus rapprochés, nous économisions les frais de construction, les frais d'entretien, ceux d'exploitation ; nous augmentions la célérité du service ; nous diminuions encore les dangers à

____

(1) Pour la ligne des États-Unis, il est impossible de relier le sud de l'Europe au nord.

courir pour les voyageurs et les marchandises.

Brest a été le point de départ que nous avons choisi ; maritimement, commercialement et topographiquement, il remplissait parfaitement toutes les conditions.

Il ne s'agissait plus que de savoir si les transports et les voyageurs trouveraient à leur convenance cette nouvelle voie que nous voulions leur ouvrir. Or, depuis des siècles, depuis que l'Amérique et l'Europe sont en relations commerciales, tous nos échanges passent à très-petite distance, presque à portée de canon de Brest.

Recherchant les causes qui ont empêché ce port de devenir le point de ralliement du commerce des deux mondes, nous avons reconnu :

1° Que Brest est notre premier port de guerre ; que, jusqu'à présent, nous avons regardé comme dangereux de réunir sur le même point un commerce important et notre premier arsenal maritime ;

2° Que Brest, par son éloignement du centre de la France et de l'Europe, exposait, en l'absence de chemins de fer, les marchandises à des transports très-coûteux et très-difficiles, souvent impossibles ; par suite, que ce port ne pouvait être d'une grande utilité pour le commerce ;

3° Que le commerce, n'employant, dans le passé, que de très-petits bâtiments, calant peu d'eau, nous avions beaucoup d'autres ports plus avantageux qui pouvaient les recevoir.

Mais aujourd'hui, toutes ces causes ont disparu.

Après avoir apprécié les bienfaits de la paix, nous avons banni, à tout jamais ces guerres interminables qui suspendraient un commerce devenu nécessaire à l'existence de tous les peuples. Nous ne craignons donc plus de réunir sur la même rade nos instruments de guerre et de commerce.

La distance qui séparait Brest de Paris, de Bruxelles, de Moscou, de Munich, de Vienne, de Genève, de Lyon et de Gênes n'existe plus ; les chemins de fer ont aplani toutes les difficultés que présentaient, aux transports, les voies terrestres. Actuellement les voies maritimes sont abandonnées partout où l'on peut s'en passer.

Pourquoi s'exposer, ou bien sa fortune, aux dangers de la mer, quand, en quelques heures, on peut franchir les plus grandes distances par les voies ferrées ? — Ces mêmes chemins de fer ont procuré un développement énorme au commerce.

Les petits navires, dont nous nous servions autrefois, ont été jetés au rebut ; on n'emploie plus que de grands navires qui demandent beaucoup d'eau, nos ports du passé ne peuvent plus les recevoir ; il faut donc, forcément, que nous ouvrions au commerce la seule rade que la nature nous ait donnée pour recevoir ces magnifiques navires que nous voyons construire en Angleterre et aux États-Unis, et que nous-mêmes ne tarderons pas à construire à notre tour.

Brest doit donc devenir le point de ralliement de tout le commerce continental européen avec les contrées transatlantiques ; je me suis empressé d'y poser la première pierre du pont qui doit servir de passage à tout le transit européen, craignant d'être devancé par l'Angleterre et les Etats-Unis, que je vois déjà à 'œuvre, et qui n'attendent que l'inauguration des chemins de fer bretons, pour venir nous disputer leur part des bénéfices commerciaux auxquels ils donneront naissance.

C'est avec raison que j'ai choisi ce point, puisque, dans quelques jours, il sera le rendez-vous de tous les voyageurs des deux continents, la grande gare européenne !!

Quelle perte pour nous, si, après une ou deux années d'exploitation d'un service transatlantique, divisé entre trois ports impuissants, service concédé pour vingt ans; après l'emploi de capitaux énormes dans un matériel en rapport avec les proportions infimes de ces ports par des compagnies aveugles, quelle perte ! quelle honte !! pour nous, aurais-je dû dire, si nous voyions :

1° Une ligne brémoise renoncer à toucher à Southampton et au Havre, qui ne produiront plus rien ;

2° Les lignes américaines et anglaises, établies à Southampton et au Havre, déserter ces deux ports à leur tour ;

3° Les lignes de Liverpool même venir nous demander la faculté de s'établir à Brest, la faculté, seulement, d'y faire escale !!!

Notre Gouvernement serait trop sage pour leur refuser cette faveur si précieuse pour elles, si avantageuse pour le commerce européen, et qui aurait pour effet immédiat d'attirer en France le grand courant commercial qui existe entre l'Europe et les États-Unis ; de faire la fortune de tous nos chemins de fer français, de fournir un nouvel aliment à notre industrie, de rendre enfin toutes les puissances européennes tributaires de nos services.

Voilà une fortune que nos petites lignes transatlantiques divisées ne pourraient jamais procurer à la France.

Et que deviendraient ces compagnies qui courent aujourd'hui au-devant de la concession, sans savoir ce qu'elles en feront ? Qu'arriverait-il à tous les actionnaires qui seraient assez insensés pour confier leur fortune à ces compagnies aveugles ? La ruine dans deux ou trois ans!..

Et quant à la France, il lui faudrait encore un quart de siècle pour établir de nouvelles lignes sur les bases que je viens d'indiquer.

Il ne faut pas croire que je me fasse illusion ; il suffit d'examiner ce qui se passe aujourd'hui chez nos rivaux pour se rendre compte de leurs intentions.

J'en appelle à tous nos amiraux, à tous nos marins, à tous nos négociants, à tous nos économistes : Quels sont les ports d'Europe qui pourront recevoir le *Great-Eastern*, les grands steamers de 10,000, de 20,000 tonneaux, que construisent aujourd'hui les Américains ? — Un seul port a assez d'eau pour ces steamers monstrueux ; un seul port réunira des courants commerciaux assez importants pour les charger et décharger ; ce port sera Brest !

Ni Londres, ni Liverpool n'ont assez d'eau pour ces géants des mers, qui vont ouvrir une ère nouvelle au commerce ; qui, seuls, pourront effectuer des traversées rapides, régulières, et dignes de correspondre avec les voies ferrées. Eux seuls, aussi, diminueront les frais de transport et permettront de consommer, sur les deux continents, tous les produits du monde, à un même prix, très-modéré.

Telles sont les raisons qui m'ont guidé dans l'organisation du service des Etats-Unis ; ma tâche a été facile ; j'ai laissé de côté toute espèce d'idée de clocher. J'ai travaillé comme si je n'étais nullement intéressé dans la question ; et je pense avoir ainsi servi les intérêts généraux du pays.

Maintenant abordons résolument l'organisation des services de la ligne du Brésil et des Antilles.

Ici, il ne s'agit plus de tracer sur notre plan, une ligne droite, de jeter un pont entre deux ports, pour les mettre en communication ; il s'agit d'envelopper dans le réseau le plus simple et le plus économique tous les ports du monde civilisé ; de leur fournir à tous des voies de navigation rapides et sûres , dignes de continuer sur mer les avantages procurés au commerce par les chemins de fer ; il faut enfin que l'industrie, le commerce, la correspondance , les voyageurs et les marchandises trouvent, sur mer les mêmes facilités de transport qu'elles ont aujourd'hui sur terre.

Je répète encore que j'ai remis en mars dernier, entre les mains du Gouvernement un projet qui répond à tous ces besoins ; mais il exige un capital qu'il serait difficile de se procurer en une seule fois, surtout quand il est destiné à monter une opération encore inconnue.

Les transatlantiques ! qui sait en France ce que signifient ces deux mots ? Qui sait qu'ils contiennent le germe d'une grande révolution , qui va se faire dans toutes les marines du monde ! Celui qui eût dit à l'hu-

manité lors de l'inauguration du premier chemin de
fer : « Vous voyez cette locomotive, ce wagon, ces rails
« en fer encore imparfaits ; bientôt ils seront perfec-
« tionnés ; ils sont destinés à accomplir une révolution
« sans précédent, dans le commerce, dans l'industrie.
« Avant cinquante ans, il n'est pas un village en Eu-
« rope, en Amérique, en Australie, dans l'Inde même,
« qui n'aura son chemin de fer. Les chemins de fer
« remplaceront, partout, les chevaux, les roulages, les
« routes impériales ; ils cimenteront une paix que rien
« ne pourra troubler entre tous les peuples, qui, si
« éloignés qu'ils soient les uns des autres, se trouve-
« ront plus voisins que ne le sont aujourd'hui deux
« provinces d'un même Etat. » Cet homme eût été regardé par tout le monde comme un fou, comme le furent, dans leur temps, Christophe Colomb, Galilée,
Fulton et aussi ce pauvre Sauvage, immortel comme
ces grands hommes, car il a été, car il sera le promoteur
de cette grande révolution que je ne vous annonce
qu'après lui : C'est à l'inventeur de l'hélice que le
commerce cosmopolite devra élever des statues sur
toutes les places, quand les transatlantiques auront
remplacé, à tout jamais, nos lourds navires d'autrefois,
comme les chemins de fer ont remplacé nos lourds
charriots de roulage ; c'est de la découverte de l'hélice
que datent tous ces perfectionnements dans la marine.

Revenons à la question ; établissons nos paquebots
sur une petite échelle, mais faisons-le de telle sorte
que nous n'ayions qu'à nous développer, à l'instar des
chemins de fer, à mesure que chacun appréciera ces
voies de communication, les avantages qu'elles présen-

teront aux placements de capitaux, et, enfin, à mesure que le Gouvernement le permettra.

Nous allons indiquer deux moyens de commencer l'opération : Le premier sera conforme au projet du Gouvernement ; il demandera peu de capitaux ; le second, rentrant spécialement dans nos vues, ne sera qu'un léger developpement du premier.

Projet du Gouvernement.

Deux lignes, — Ligne des Antilles et ligne du Brésil

Deux ports d'attache.

Deux départs mensuels.

Jamais il n'a pu entrer dans notre pensée que le Gouvernement pût être partial ; qu'il voulut priver les ports si productifs du midi de la France des bienfaits que répandront autour d'elles les lignes transatlantiques. Non, le Gouvernement est trop juste pour cela ; et si, un instant, il a écarté cette partie de l'empire, nous venons de le voir y revenir tout dernièrement, aussitôt qu'il en a entrevu la possibilité.

Les difficultés qu'ont rencontrées toutes les commissions pour rattacher le service de ces parties méridionales au grand service du Nord de l'Europe, ont seules motivé cet abandon d'un instant.

Jusqu'à présent tous ceux qui se sont occupés de la question transatlantique n'ont trouvé qu'un moyen de lever cette difficulté, c'était d'établir des embranchements ou des services supplémentaires, qui, partant des ports du Midi, seraient venus se relier au grand service, sur un autre point du continent européen ; ils ont dû bien vite y renoncer ; ces embranchements auraient retardé le service, auraient amené des dépenses considérables ; l'opération, en un mot, n'aurait plus été possible.

Plus heureux que nos devanciers, nous avons trouvé un moyen qui coupe court à toutes ces difficultés. Ce moyen est la conséquence du raisonnement suivant :

Le Gouvernement veut, avant tout être juste: donner autant aux ports du Sud qu'aux ports du Nord de la France. Prenant ce principe pour base, deux lignes sont à établir ; nous en placerons une au milieu de tous nos ports du Nord et l'autre au milieu de nos ports du Sud, de manière à ce que toutes nos places de commerce, depuis la plus petite jusqu'à la plus importante, quelle que soit d'ailleurs leur position géographique, puissent profiter également du développement que donnera au commerce l'établissement de nos paquebots.

Brest est rigoureusement, mathématiquement, le port central au Nord.

Marseille est dans les mêmes conditions, dans le Sud.

Tous deux jouissent du double avantage d'une position maritime excellente, sans rivale ; et ils sont appelés par les chemins de fer à devenir les ports de France, où se concentreront toutes les importations et exportations transatlantiques. Ce sont les deux ports les plus voisins des mines de charbon. Tous deux abrègent les distances à parcourir par nos paquebots.

Brest a tous les avantages maritimes des meilleurs ports anglais, et, de plus celui de pouvoir débarquer les passagers, les correspondances et les marchandises 48 heures plus tôt, par conséquent, l'avantage de faire payer moins cher les transports.

Marseille n'a aucune ligne rivale à redouter. La France sera seule à exploiter tout le bassin de la Méditerranée, quand nos services seront bien organisés.

Il m'était impossible de ne pas tenir compte de semblables avantages; et je me crois autorisé à dire que j'ai rempli les vœux du Gouvernement, en établissant une ligne à Brest, une autre à Marseille. Ces deux lignes établies l'une au Nord, l'autre au Sud, se serviront mutuellement d'embranchement, et supprimeront tous les frais qu'auraient nécessité les lignes supplémentaires si coûteuses.

J'ai placé la ligne du Brésil à Brest,

Parce que : 1° Cette ligne est destinée, quand nous nous développerons, à devenir la ligne des caps ; que, pour ces contrées, les exportations européennes consistent principalement en articles de Paris et articles similaires ; que la grande partie en sera fournie par le nord de l'Europe ;

Parce que : 2° Ces longues navigations repoussent le système de navigation à vapeur exclusif; qu'il nous faudra des navires spéciaux, clippers à hélice, si nous voulons que nos services offrent la régularité, la sécurité et l'économie nécessaires à la réussite de l'opération ;

Parce qu'enfin : 3° De Brest aux caps, la route est directe et la plus courte que nous puissions trouver ; que, de plus, elle passe sur le groupe des îles Madère, qui nous est nécessaire pour y établir notre point de bifurcation

J'ai placé la ligne des Antilles à Marseille,

Parce que : 1° C'est la ligne postale la plus importante; que je dois, autant que possible, lui faire éviter les mauvais temps ; qu'elle offrira à l'Europe l'avantage d'expédier sa correspondance d'Algésiras ou de Cadix, quand les chemins de fer espagnols seront terminés, et ils le seront demain ; et que ce sera un moyen d'accélérer encore ce service qui réclame une vitesse sans limites.

Parce que, 2° Partant de Gibraltar, nos steamers, en suivant une ligne droite jusqu'à Panama, passent sur le groupe des îles Madère, premier point de bifurcation, qui nous est nécessaire pour relier le service du sud de l'Europe à celui du nord.

Parce que, qu'ils passent encore à la Guadeloupe, colonie française que je désire enrichir de notre bifurcation aux Antilles.

Parce que, 4° pour les retours, il faudra que cette ligne des Antilles soit exclusivement à vapeur, et qu'elle exigera, par conséquent, une construction de navires spéciale, et une forte consommation de combustible, combustible que je ne veux pas aller demander à l'Angleterre, quand nous en avons d'excellent en France.

Parce que, 5° pour aller, nous aurons toujours vent arrière ; qu'il est encore bon de disposer notre matériel pour en profiter.

Parce qu'enfin, 6° Marseille, de tous les ports français, pris isolément, fournit le double, le triple en marchandises, telles que huiles, savon, fruits, etc.... marchandises encombrantes et de grande valeur pour nos exportations dans ces contrées. Le Havre, nous l'avons déjà démontré, ne fournit que la bière de Bobée ; à part cela, il n'exporte pas un tonneau par an ; les objets qui partent du Havre viennent de Paris (articles de Paris, etc), viennent de la Normandie, de la Bretagne et des autres ports de production, etc. Ces articles sont actuellement dirigés sur le Havre; mais ils l'abandonneront comme par enchantement le jour où les chemins de fer de Bretagne seront terminés.

Les vins, les fruits, les esprits de Bordeaux sont largement balancés par ceux de Marseille, qui a, en plus, ses huiles, ses savons, et tous les produits de la Méditerranée. Quant aux vins notamment, ceux du Midi, comme vins courants, sont plus appréciés à l'étranger que les vins de Bordeaux.

Je prierai mes lecteurs de se reporter aux chapitres 8 et 9, où j'ai consigné les raisons qui m'ont déterminé à cette division ou distribution des lignes, qui, par la bifurcation à Madère, équivaut à beaucoup plus qu'une concentration générale des services pour chaque port. Car, aux produits particuliers de chaque port, qui seraient ses seules ressources si la bifurcation n'avait pas lieu, il faut ajouter tous les produits qui de l'autre partie de la France viendront se réunir aux siens propres, aux îles Madère.

Si, par exemple, on compare quels seraient les revenus de la ligne des Antilles, établie à Nantes, avec bifurcation à Saint-Thomas (colonie danoise), aux revenus de la même ligne, établie à Marseille, avec première bifurcation à Madère, où elle recevra tous les voyageurs et la correspondance du Nord, beaucoup plus nombreux qu'ils ne le seraient à partir de Nantes; si l'on calcule qu'aux ressources du midi de la France viendront encore se joindre toutes celles de l'Espagne,

de l'Italie, de toute la Méditerranée. Qui donc sera assez ennemi des intérêts de son pays pour ne pas préférer cette seconde combinaison à la première !

Il y en aurait autant à dire de la ligne du Brésil,
partant de Bordeaux, cabotant sur toute la côte d'Espagne et de Portugal, et se soumettant à de nombreux
retards inutiles, comparée à la ligne que nous faisons
partir de Brest, bifurquant à Madère.

Que Bordeaux, d'ailleurs, ne se récrie pas contre
notre système ! Au lieu de cet unique départ mensuel
pour le Brésil, qui semble lui être attribué, nous lui
donnerons aussi, on le verra plus loin, une ligne
transatlantique directe, et une ligne très-productive.

Donc, les vœux du Gouvernement, les besoins du
commerce français, et les devoirs que nous imposent
la réussite de l'opération sont remplis.

Deux lignes étaient à établir .

La première, celle des Antilles, que nous avons placée à Marseille;

La deuxième, celle du Brésil, que nous avons placée à Brest.

Par la bifurcation, par la rencontre de ces deux lignes
à Madère (1) nous ramenons tout le commerce européen à nos deux lignes sans recourir à aucun embranchement.

Les deux ports, nous venons de les indiquer.

Deux départs doivent avoir lieu tous les mois. Nous
prévenons les négociants et les voyageurs que le 1 et

____

(1) J'ai discuté, chapitre 8, tous les avantages et désavantages de
cette bifurcation.

le 15 de chaque mois, à midi précis, il partira de Marseille un steamer, qui prendra les correspondances et les passagers pour tous les points du globe (New-Yorck et l'Amérique du Nord exceptés). 57 heures après son départ, ce steamer, en filant 12 nœuds (1), touchera à Algésiras ou à Gibraltar ; il y prendra les dépêches et passagers espagnols, et fera route pour Madère, où il arrivera 110 heures après son départ de Marseille. — Là, il rencontrera le steamer parti de Brest le 2 ou le 16 à huit heures du matin.

Quelques heures suffiront au transbordement des passagers et des correspondances du steamer du Nord dans celui du Sud, et réciproquement. Cette opération terminée, chaque steamer reprendra son erre, un instant arrêtée, et continuera sa route, l'un pour les Antilles, l'autre pour le Brésil.

408 heures après son départ de Brest, le steamer du Nord arrivera à Rio-Janeïro ; il aura séjourné 7 heures à Madère, pour prendre tous les passagers de l'Espagne, du Portugal et du Sud de l'Europe, que lui aura apportés le steamer parti de Marseille ; il aura franchi par conséquent un parcours de 1,607 lieues marines, en filant constamment 12 nœuds, en 408 heures ou 17 jours (2).

Semblable célérité n'a jamais encore été offerte au commerce par des lignes mal organisées qui, en relâ-

---

(1) Nos steamers fileront plus de 12 nœuds, sinon, nous mettrons le feu dedans à leur retour, et les constructeurs et capitaines supporteront une forte amende.

(2) En filant dix nœuds, s'arrêtant 21 heures à Madère, il mettrait 402 heures ou 21 jours ; en filant 11 nœuds, il mettrait 19 jours.

chant dans tous les ports, dépensent inutilement et leur temps et leurs capitaux, ou plutôt les subventions superflues de leurs Gouvernements.

Le steamer parti de Marseille arrivera à la Guadeloupe en 326 heures (13 jours 14 heures), après une relâche de 7 heures à Madère pour prendre les passagers et la correspondance que lui apportera le steamer de Brest. Il aura franchi 1,275 lieues marines avec une vitesse de 12 nœuds (1). Or, il devra filer au moins 12 nœuds, car *la Plata*, l'*Atrato*, etc., steamers anglais de la ligne des Antilles, fournissent depuis longtemps plus que cette moyenne, dans toutes leurs traversées; il faut que nous fassions aussi bien qu'eux, ou les correspondances et les voyageurs nous fuiront.

Il le faut encore si nous tenons à notre honneur national ! Or, pour réussir, que nous manque-t-il? Est-ce le bois, est-ce le fer? Seraient-ce les ouvriers, les mécaniciens, les ingénieurs, les constructeurs? Nous avons tout cela en France; et je connais beaucoup de nos ingénieurs, de nos constructeurs, de nos capitaines, qui n'attendent qu'un ordre pour construire ces admirables chefs-d'œuvre d'architecture navale que nous envions, bien à tort, à l'Angleterre, car nous pouvons faire aussi bien, si ce n'est mieux.

Il ne manque qu'une chose à la France, c'est la confiance en ses moyens: non pas qu'elle doive aller jusqu'à la témérité américaine, qui fait que les Américains ne doutent de rien; mais au moins qu'elle atteigne à cette confiance, à cette sûreté de coup-d'œil, à cette

---

(1) Il mettrait 406 heures (16 jours 22 heures) en filant dix nœuds en moyenne.

connaissance de sa valeur, de la force de la volonté humaine, qui fait que les Anglais marchent droit au but, et qu'ils y arrivent toujours. Avec de la confiance et de la tenacité, il n'est pas d'obstacles qu'on ne vienne à bout de surmonter. Voilà un sentiment dont je voudrais remplir le cœur français; il ne lui manque que de la confiance et de la tenacité pour être le premier peuple de l'humanité tout entière.

Mais, me dira-t-on, sur votre point de bifurcation de Madère, vous transborderez bien, en sept heures, vos passagers et votre correspondance, des paquebots du Brésil sur les paquebots des Antilles, et réciproquement; mais que ferez-vous des marchandises de Marseille pour le Brésil et des marchandises de Brest pour les Antilles?

A cela, je réponds que je viens d'organiser un service dans les vues du Gouvernement. Il est clair qu'en plaçant la ligne du Brésil à Bordeaux, le gouvernement n'avait pas en vue de lui procurer le transport des marchandises des ports de la Manche et des ports de la Méditerranée, mais bien seulement les marchandises locales. J'ai satisfait aux mêmes idées en plaçant mon service à Brest. Il y a plus, grâce à sa position centrale, Brest pourra profiter des marchandises des ports de la Manche qui ne seraient pas allées à Bordeaux.

Donc, je satisfais aux vues du Gouvernement, en faisant partir mes paquebots pour Madère, avec ce qu'ils auront de marchandises, pour leur destination. A Madère, ils prendront les correspondances et les passagers de l'autre ligne, qu'ils y rencontreront, plus quel-

ques colis ou échantillons, etc.... qu'on se dépêchera
de jeter d'un bord à l'autre, s'il y a lieu.

La bifurcation à Madère, est, sous ce rapport, l'unique avantage que présente mon service sur le service
proposé; mais cet avantage est immense, il équivaut à
dix fois la subvention ! Lui seul garantit la réussite de
l'opération transatlantique.

Ce que j'ai dit de la ligne du Brésil attribuée à Bordeaux, je le dirai également de la ligne des Antilles, attribuée à Nantes; — que transporterait-elle en marchandises ? Presque rien. — Les passagers, allant directement à Saint-Thomas ? — Presque personne. Part-
elle de Marseille, au contraire, toutes les marchandises de la Méditerranée et de Marseille, port d'attache le
premier, comme importance, de l'Europe méridionale
pour les Antilles, deviennent son profit. Elle prend encore toutes les correspondances et tous les passagers
de l'Europe méridionale à Marseille et à Algésiras, et
tous ceux de l'Europe septentrionale à Madère, par la
bifurcation.

Ainsi, avec deux départs mensuels, il n'y a pas
moyen de prendre de marchandises ailleurs que dans
le port de départ, si on veut faire un service à grande
vitesse. La bifurcation de Madère ne sera pas, au reste,
une cause de retard, car, en quelques minutes, les
passagers peuvent sauter d'un navire dans l'autre, surtout dans un endroit où la mer, toujours belle, per-
mettrait, si on le voulait, à deux navires à hélice de
s'accoster, l'un sur l'autre, pendant les quelques minutes suffisantes à cette opération. Les correspondances demanderont également peu de temps. Enfin, nos

steamers auront du charbon pour toute la traversée d'aller au moins.

Donc encore pas de retards à craindre, et ma combinaison est complètement justifiée.

Il ne nous reste plus qu'à chiffrer nos dépenses; c'est ce que nous ferons dans un chapitre suivant; mais, auparavant, nous allons indiquer l'organisation que nous préférerions.

Cette 2ᵉ organisation offre sur celle qui précède les avantages que voici :

1° De rendre la concurrrence anglaise impossible.

2° D'attirer d'une manière définitive tous les passagers, les correspondances et les marchandises en France, par la fréquence des départs.

3° De pouvoir exploiter la marchandise d'une manière convenable.

4° De diminuer la quantité de charbon nécessaire à l'exploitation.

L'organisation comprendrait :

Trois lignes principales ;
Trois ports d'attache différents ;
Quatre départs mensuels de chaque port.
Les trois lignes seraient :
La ligne du Brésil ou des caps, port d'attache, Brest.
La ligne des Antilles, port d'attache, Marseille.
Les navires de ces deux lignes seraient les mêmes que ceux du premier projet ; seulement, ils seraient plus nombreux, puisqu'il y aurait quatre départs mensuels.

La troisième ligne serait celle de la côte d'Afrique.
Elle partirait de Bordeaux.

Cette ligne serait desservie par des navires-trois-
mâts-goëlettes à hélice, solidement construits, de première marche, en fer, d'une moins grande capacité
que ceux de Brest et Marseille, afin qu'ils pussent remonter jusqu'à Bordeaux, franchir la barre de Lisbonne, entrer dans tous les ports de la côte nord d'Es-
page, du Portugal et les ports de la côte occidentale
d'Afrique.

Ces trois services partiraient, celui de Brest, tous les
samedis à midi précis.

Celui de Marseille, tous les vendredis à quatre heures
du soir.

Celui de Bordeaux, le lundi précédent, afin d'avoir
le temps de visiter alternativement deux ports : l'un au
nord de l'Espagne, et l'autre, Oporto ou Lisbonne, de
la côte du Portugal.

Les paquebots des trois services arriveraient ensemble à Madère et y trouveraient, prêts à recevoir leurs
passagers et leurs correspondances, trois autres steamers arrivés huit jours auparavant, et qui représente-
raient là comme un relai de poste. Tous les voyageurs
et les correspondances changeraient vivement de paquebots et seraient transportés immédiatement aux
Antilles, au Brésil et à la côte d'Afrique, sans aucun
retard.

Après le transbordement des dépêches et voyageurs,
les trois steamers arrivant n'auraient donc plus à bord
que leurs marchandises, pour le transbordement des-
quelles ils auraient huit jours devant eux ; puis, ils se

tiendraient encore prêts à recevoir les passagers et la correspondance de trois steamers suivants.

Disons maintenant comment chargeraient nos steamers en Europe.

Ceux devant partir de Brest chargeraient pour deux destinations à la fois ; dans la câle, pour les chargements qu'ils devraient conserver (1), et dans le premier entrepont pour les chargements qu'ils devraient transborder à Madère (2).

Le premier samedi du mois, ils emporteraient ainsi un chargement, partie pour Rio-Janeïro (Brésil), partie pour la Guadeloupe et la Martinique (Antilles).

Le deuxième samedi du mois, ils emporteraient un chargement, partie pour Montevideo et Buenos-Ayres (La Plata), partie pour la Havane (Antilles).

Le troisième samedi du mois, ils emporteraient un chargement, partie pour Valparaiso (Chili), partie pour la Nouvelle-Orléans (golfe du Mexique, Antilles).

Enfin, le quatrième samedi du mois, ils emporteraient un chargement, partie pour Lima (Pérou), partie pour Vera-Cruz et Tampico (golfe du Mexique, Antilles).

Les paquebots de Marseille chargeraient également pour deux destinations : dans le câle, pour les Antilles et le golfe du Mexique ; dans le premier entrepont, pour les destinations australes (3).

Chaque vendredi, ils emporteraient un chargement,

---

(1) C'est-à-dire les marchandises en destination du Brésil, de la Plata, du Chili et du Pérou.

(2) C'est-à-dire les marchandises en destination des Antilles.

(3) Du Sud : le Brésil, la Plata, le Chili et le Pérou.

mi-partie pour les Antilles et les destinations australes, composé pour correspondre avec la ligne de Brest quant aux ports de destination.

Le port de Nantes, celui du Havre et tous les ports du Nord auraient un service supplémentaire, comme ceux de Southampton et Liverpool au Havre, pour correspondre avec le départ de Brest.

Les ports du Midi de la France et de toute la Méditerranée correspondraient par les services des messageries impériales, Bazin, Arnaud Touache et Comp., avec le grand service de Marseille.

En un mot, l'Europe serait enveloppée par un service de cabotage, qui viendrait alimenter nos paquebots de Brest et Marseille.

De plus, tous nos steamers chargeraient encore quatre fois par mois pour la côte d'Afrique et particulièrement la ligne de Bordeaux.

Ainsi, nous ne laisserions échapper aucun colis du continent; nous fournirions à tous les expéditeurs les moyens de transports fréquents, rapides et économiques, qu'ils réclament depuis si longtemps.

On comprend facilement que cette combinaison fournira quatre départs mensuels pour toutes les destinations *atlantiques* à la correspondance et aux passagers, et deux aux passagers seulement pour l'*Océan pacifique* par Magellan (1), route qui serait préférée par eux à celle de Panama, à cause des maladies et des 5 bifurcations qu'elle occasionne, la première (du Pacifique en Europe), à Lima; la deuxième, à Panama;

____

(1) Les correspondances du Pacifique continueront à suivre par Panama.

pour prendre le chemin de fer (horriblement coûteux) ; la troisième, du chemin de fer à Aspinwall, dans le steamer qui va à Saint-Thomas, colonie pestilentielle, tombeau des Européens ; la quatrième, à Saint-Thomas, pour Southampton, où s'opère la cinquième bifurcation pour venir dans l'Europe continentale.

Notre service au contraire n'exigera qu'une seule bifurcation à Madère, et quelques heures d'arrêt à Rio-Janeïro, pour déposer les malles et voyageurs et repartir ensuite, sans changer de navire, pour Lima et Valparaiso (1).

Chaque steamer ayant cent hommes d'équipage, de nombreuses chaloupes et embarcations, indépendamment des bras et chalands que nous trouverions à terre, nous voyons déjà 300 hommes employés au transbordement de 1,200 tonneaux maximum, c'est-à-dire 4 tonneaux à chaque homme en huit jours. Celui qui dirait que cela est impossible ne prouverait qu'une chose, c'est qu'il ignore ce que c'est qu'un chargement ou un déchargement.

Nous procurerons donc encore aux expéditeurs de marchandises une occasion par mois à grande vitesse, pour tous nos ports de destination, car les marchandises ne mettront que huit jours de plus que la correspondance et les passagers ;

C'est-à-dire :

25 jours pour se rendre à Rio-Janeïro ;

---

(1) Depuis que la Cie Barbey a établi ses clippers demi-clippers, les passagers préfèrent la voie du cap à celle de Panama, autre tombeau des Européens.

21 jours pour la Guadeloupe ;

28 jours 21 heures pour Montevideo :

44 jours 4 heures pour Valparaiso ;

46 jours pour Lima ;

33 jours 11 heures pour la Havane ;

35 jours 7 heures pour Veracruz ;

35 jours 7 heures pour la Nouvelle-Orléans ;

Pour la côte d'Afrique, les traversées seraient également très-rapides ; mais, variant suivant les points d'où les marchandises seraient expédiées, il serait trop long ici d'en faire le détail. Ces marchandises jouiraient, de plus, de l'avantage d'avoir 4 départs mensuels.

A la Guadeloupe, la ligne des Antilles trouverait un service de petits bâtiments à vapeur, qui desserviraient toutes les Antilles.

Il en serait de même à Rio-Janeïro, pour le Brésil et la Plata, à l'égard de la ligne australe.

Nous avons fait de nombreux voyages dans le Pacifique. Il ne nous est donc pas permis d'oublier, non plus, le Chili, le Pérou, la Bolivie, l'Equateur, le Mexique et la Californie. Nous savons que la plus grande partie du produit des transports de la ligne *Royal-Mail*, anglaise, vient de ces riches provinces ; nous faisons la part des difficultés que rencontreraient nos passagers et nos correspondances, rendus à Panama, pour trouver passage sur les lignes étrangères, qui auront tout interêt à augmenter les difficultés ; nous n'ignorons pas ce qui se passe à l'égard des passagers venus d'Europe par les lignes anglaises pour attendre le packet américain qui doit les transporter en Californie ; c'est par centaines qu'ils meurent à Panama pendant l'hivernage, époque où la fièvre-jaune fait le plus de ravages (1). S'il est, d'ailleurs, une ligne qui doit produire des bénéfices, c'est celle de Panama à Valparaiso, chaque jour l'Amérique du Sud augmente ses relations commerciales ; et il n'existe aucune route terrestre qui mette en communication les différentes villes, provinces et nations du littoral. Nous aurons donc à établir un service de correspondance dans l'Océan-Pacifique.

Tel est le projet que nous voudrions faire prévaloir, il est facile de voir qu'il n'est qu'un développement du premier ; et il est assis, sur des bases telles, qu'il ne peut nous gêner en rien, le jour où nous voudrons développer encore notre réseau transatlantique.

Le jour, par exemple, où nous voudrons avoir des lignes pour l'Inde et pour l'Australie, la route étant la même que celle du Brésil jusqu'à Rio-Janeïro, nous ferons encore partir nos steamers de Brest, coïncidant avec ceux de Marseille, chargeant les uns et les autres pour deux destinations, — l'Inde et le golfe du Mexique, l'Australie et une autre destination du Pacifique — et ainsi de suite. Nous arriverions de la sorte à avoir des départs presque quotidiens pour les Antilles et le Brésil.

Notez, que ce développement, qui semble si extraordinaire aujourdhui, sera forcément atteint dans quelques années, alors, que la France aura remplacé, de force ou de gré, l'Angleterre, dans les services transatlantiques. Car, nous ne saurions trop le répéter, ces ser-

____

(1) Je suis parti de San-Francisco le 14 septembre 1856 ; le 11, était arrivé le steamer . . . . il avait perdu 87 passagers de la fièvre-jaune.

vices seront enlevés à l'Angleterre par nos chemins de
fer, devenus des fleuves qui charieront à grande vitesse
tout le transit européen vers l'Océan atlantique et réciproquement.

Notez encore que ce développement qui paraît si fabuleux, est déjà dépassé par l'Angleterre avec ses lignes transatlantiques actuelles, quoique fort mal organisées ; et qu'il ne faut qu'un transport de 400,000
tonnes de marchandises, à l'aller, et autant au retour,
pour arriver à ce brillant résultat. Or, chaque année le
commerce transatlantique de la France augmente de
150,000 tonnes, en moins de trois ou quatre ans, un
supplément de commerce suffisant serait donc promis
à la France.

En un mot, je n'ai fait que substituer la France à
l'Angleterre. Pour moi, la puissance commerciale de
l'Angleterre a été frappée d'un coup mortel, par l'établissement des chemins de fer européens ; et il me serait, ce me semble, facile de fixer, d'une manière pré-
cise, l'heure future de son agonie.

En substituant la France à l'Angleterre, j'ai été amené, naturellement, à étudier l'organisation des lignes
transatlantiques anglaises, et à rechercher les fautes
que les Anglais ont commises. Or, ces fautes consistent
principalement dans des doubles emplois, dans l'emploi de deux ou plusieurs navires sur la même ligne,
lorsqu'un seul eût suffi.

Ce sont les doubles emplois, qu'en organisant mes
services de chemin de fer maritimes, je me suis surtout
étudié à éviter.

Ceux qui ont été appelés à établir une voie ferrée de

Paris à Blois, se sont servis de la ligne d'Orléans ; ils ont évité une ligne directe de Paris à Blois, qui aurait fait double emploi avec la ligne d'Orléans. De même, au lieu de faire des chemins directs de Paris à Tours, à Poitiers, à Bordeaux et à Bayonne, on n'a fait que prolonger le chemin d'Orléans et Blois jusqu'à ces villes. Eh bien ! je n'ai pas voulu, non plus, que nos steamers se suivissent, de Brest à Madère et à Rio-Janeïro, en lignes parallèles ; c'eût été un double emploi ruineux.

Ainsi que de Paris à Orléans, à Blois, à Tours, à Bordeaux et Bayonne, il n'y a qu'un seul chemin, qu'on n'a construit qu'une seule voie ferrée desservant toutes ces villes importantes, ainsi d'Europe, il n'y a qu'une seule route pour aller dans le Sud ; cette route passe à Madère ; là il doit s'opérer une bifurcation pour les Antilles, comme il s'en opère une à Tours pour Nantes. Ensuite la route se prolonge jusqu'a Rio-Janeïro.

Que le navire aille au Brésil, qu'il aille dans l'Inde, qu'il aille en Australie, en Chine, qu'il aille au Chili, au Pérou ou en Californie, il faut qu'il coupe l'équateur entre le 28° et le 30° de longitude, et qu'il continue sa route tout le long de la côte du Brésil tant qu'il sera dans les vents alizés du Sud-Est.

Ceux qui ne tiennent pas compte de ces circonstances commettent une faute aussi grande que s'ils faisaient partir autant de voies ferrées de Paris qu'il y a de villes ou villages en France. C'est cette faute à elle seule qui absorbe la subvention anglaise ; c'est encore elle qui absorberait la subvention française, si nous ne faisions pas mieux.

Maintenant je vais chiffrer le coût du matériel qui nous est nécessaire. Mais, avant, qu'il me soit permis de dire que, quels que soient les capitaux qui nous seront nécessaires, nous aurons sur l'Angleterre les avantages suivants :

1° Des ports d'attache beaucoup mieux situés pour attirer les voyageurs et les marchandises.

2° Moins de parcours à faire. De là, économie de matériel et de combustible, qui nous permettra, en baissant nos prix de transport, de faire une concurrence mortelle à l'Angleterre.

3° Des navires conformes aux exigences des parages que nous devrons fréquenter.

4° Une organisation qui exigera moitié moins de matériel.

5° La faculté de procurer quarante-huit heures d'avance à la correspondance et aux passagers de l'Europe.

6° L'avantage d'offrir des départs très-fréquents.

7° Celui de profiter des ressources du nord et du sud de l'Europe, sans plus de frais, sans exiger des dépenses inutiles de tous nos clients, pour venir rejoindre nos lignes.

8° Celui d'exploiter aussi bien les marchandises que les voyageurs et la correspondance.

9° La possibilité de nous passer des charbons anglais pour notre ligne de Marseille.

Je ne crains pas de le dire, avec des avantages semblables, nous sommes certains de réussir ; il ne nous faut qu'une chose, de la confiance dans notre entreprise et de la loyauté dans nos administrateurs.

CHAPITRE XIX.

Calcul financier. — Ligne des Antilles. — Tableaux des parcours. — Coût du matériel. — Dépense d'établissement.

Pour nous rendre un compte exact du nombre de navires qui nous sont nécessaires pour la ligne des Antilles, il faut examiner les distances que nous avons à parcourir.

Le tableau suivant nous fera connaître la durée de nos traversées, et, par suite, le nombre de steamers nécessaires. Nous supposons la réalisation du projet du Gouvernement, relativement au nombre de départs, c'est-à-dire deux départs par mois.

Parcours de la ligne de Marseille aux Antilles.

PORTS, STATIONS ou escales.	NOMBRE DE		HEURES DE TRAVERSÉE en filant (1)			Points de départs, relâches et bifurcation.	OBSERVATIONS MÉTÉOROLOGIQUES.	Nombre d'heures pendant lesquelles il faudra chauffer. (2)
	lieues	milles.	12 nœuds	11 nœuds	10 nœuds			
Marseille. .	»	»	»	»	»	Départ.	De Marseille à Madère, zône des vents variables. — Dans la Méditerranée les vents généralement Est ou Ouest, sont rarement Sud ou Nord.	40
Algésiras. .	229	687	57	61	68			
	»	»	2	4	6	Relâche.		50
	206	61 8	51	57	62			
Madère. . .	435	1,505	110	122	156	1re bifurcation.		70

Ainsi, de Marseille à Madère 435 lieues marines, franchies en 4 jours 14 heures, ou 5 jours 2 heures, ou 5 jours 16 heures, relâches comprises, suivant celle des vitesses, 12, 11, ou 10 nœuds, qui sera adoptée.

PORTS, STATIONS ou escales.	lieues	milles.	12 nœuds	11 nœuds	10 nœuds	Points de départs, relâches et bifurcation.	OBSERVATIONS MÉTÉOROLOGIQUES.	Nombre d'heures
Madère. . .	»	»	6	12	18	Relâche.		
Madère. . .	»	»	»	»	»	Départ.		
	840	2,520	210	231	252		Toujours très-beau temps. — Vents alizés, jolie brise de N.-E. Il sera rarement utile de chauffer.	50
Guadeloupe.	1,275	5,825	526	365	406	2e bifurcation.		120

Ainsi, de Marseille à la Guadeloupe, 1275 lieues marines, franchies en 15 jours 14 heures ou 15 jours 5 heures, ou 16 jours 22 heures, relâches comprises, suivant celle des vitesses, 10, 11 ou 12 nœuds qui sera adoptée.

(1) J'indique trois vitesses différentes et trois durées pour les relâches. — Je calculerai nos dépenses sur la plus coûteuse.
(2) Dans cette colonne, j'indique le nombre d'heures à chauffer en moyenne ; cette moyenne est exacte ; cependant on embarquera trois fois la quantité de charbon nécessaire ; et je calcule sur cette quantité pour nos dépenses ; ainsi je ne pourrai avoir aucun mécompte en vitesses ou dépenses.

Ces parcours ainsi établis offrent :

1° Une vitesse inconnue jusqu'à ce jour ;

2 Des relâches très-rares et très-courtes ;

C'est le seul moyen de ne pas perdre, par elles, les avantages que nous retirerons de la marche supérieure de nos steamers.

Les relâches des steamers anglais, du reste, sont encore moins longues, dans les ports où ils ne bifurquent pas.

A Madère, comme je l'ai dit plus haut, nous n'aurons pas de marchandises à prendre ; les passagers et la correspondance ne demanderont donc pas plus de temps, que celui que nous leur accordons.

3° Des routes à vol d'oiseau ;

Nos steamers n'ont à craindre ni vent, ni calme ; et nous avons déjà fait remarquer que les vents alizés les accompagneront, presque, pendant tout leur parcours.

Maintenant, pour calculer le nombre de navires qui nous est nécessaire, il est clair, que si nous prenons la plus petite vitesse et les plus longues relâches, il nous faudra plus de navires. Mais les Américains, les Anglais, tous ceux qui le veulent, obtiennent des vitesses de 13 nœuds, et plus en moyenne. Quand la concurrence commencera, ils feront des prodiges ; leur honneur, leur existence (quant aux Anglais) en dépendent, et nous savons ce qu'ils ont l'habitude de faire en pareil cas. D'un autre côté, les passagers et la correspondance exigent cette vitesse.

Il faudra donc que nous filions 12 n. en moyenne, si, nous voulons employer un matériel et un personnel moins considérable, brûler moins de charbon, satisfaire nos clients, soutenir dignement la concurrence, si nous voulons profiter de notre admirable position topographique ; si nous voulons attirer le transit européen sur nos voies ferrées ; si nous voulons que la France soit le passage de tous les voyageurs européens ; si nous voulons rendre toutes les puissances européennes tributaires de nos services, arracher à tout jamais sa prépondérance à l'Angleterre.

Filant 12 nœuds, nos steamers emploieront :

13 j. 14 h. pour se rendre à la Guadeloupe ;

15   10   (1) pour décharger et charger à la Guadeloupe ;

15   »»   (2) pour revenir de la Guadeloupe (touchant à Fayal et Algésiras) à Marseille ;

16   »»   (3) pour décharger et charger à Marseille ;

60 j. »» h. d'un départ à l'autre de Marseille.

A deux départs par mois 4 navires suffiraient ; nous en prendrons 5 ; il y en aura donc un de réserve ; et

---

(1) Je mets beaucoup plus de temps qu'il n'en faut. Les Anglais prennent 3 jours à Saint-Thomas pour transborder ce qu'ils livrent aux lignes supplémentaires des Antilles, ou ce qu'ils en reçoivent.

Notez que le service a deux départs mensuels, proposé par le Gouvernement, n'est pas un service de marchandises, mais un service postal et pour les voyageurs ; donc il y aura peu de marchandises.

(2) On mettra un peu plus de temps au retour. J'ai gardé la même proportion que les Anglais, qui ont des parages beaucoup plus difficiles à traverser.

(3) Comme on le voit, si je ne veux pas entendre parler d'économie, relativement à la vitesse, dans les traversées, je charge les relâches, ce qui revient au même, mais, au moins, je conserve à notre pavillon tout son honneur.

nous seront montés comme les Anglais nos rivaux (1).

Cela posé :

Nos steamers seront de 2,500 tonneaux de jauge et de 650 chevaux de force ; chacun d'eux nous coûtera, par conséquent (2). . . . . 2,375,000 fr.

   Les cinq, coûteront donc 11,875,000

   Imprévu 125,000

            Total. . . . . 12,000,000 fr.

Rendus à la Guadeloupe, nos paquebots transborderont leurs passagers, correspondances et marchandises dans d'autres paquebots supplémentaires, qui feront le service des principales îles de l'archipel des Antilles, et des ports les plus importants du Golfe du Mexique.

Ce nouveau service demande un matériel important; nous allons le calculer.

Établissons, tout d'abord encore, nos tableaux de parcours.

---

(1) Les Anglais n'ont que 5 navires sur la ligne des Antilles, ce sont : l'*Atriato*, la *Plata*, l'*Orinoco*, la *Magdelena* et le *Parana*.

(2) Je compte chaque tonneau de jauge à 25 livres (625 fr.), et chaque cheval vapeur à 50 livres (1,250 fr.), comme le font les Anglais.

Parcours des services supplémentaires de la ligne des Antilles.

1° *Route de Panama.*

PORTS, STATIONS ou escales.	NOMBRE DE		HEURES de traversée en filant			POINTS de départ relâches et bifurcation	OBSERVATIONS Météorologiques.	Nombre d'heures pendant lesquelles il faudra chauffer.
	lieues.	milles.	12 nœuds	11 nœuds	10 nœuds			
Guadeloupe.	»	»	»	»	»	Départ.		
	270	810	67	74	81			
Ste-Marthe.			1	2	3	Relâche.	Pendant toute la traversée d'aller vent arrière, vents alizés N.-E. Brise très-fraiche.	10
	120	360	30	33	36			
Aspinwall .	390	1170	97	109	120	Arrivée.		

Ainsi, de la Guadeloupe à Aspinwall, 390 lieues franchies, relâches comprises (1), en....   4 jours 1 h.

D'Aspinwall à la Guadeloupe, 390 lieues franchies, relâches comprises, en.   4   1

Séjour à Aspinwall (2), pour décharger et charger.   3

Séjour à la Guadeloupe, pour décharger, charger et faire du charbon..   3   22

Voyage aller et retour de la Guadeloupe à Aspinwall...   Total.....   15 jours.

(1) J'indique la grande vitesse ; cette ligne la réclame à cause de son importance. D'ailleurs, si je prenais la petite vitesse, il me faudrait deux navires au lieu d'un.

(2) Nos steamers ne feront pas de charbon à Aspinwall : 1° le charbon coûterait plus cher qu'à la Guadeloupe ; 2° ils n'en auront presque pas consommé dans leur traversée d'aller, ayant presque toujours vent arrière.

Un seul navire suffira donc pour ce parcours.

Supposant que notre bifurcation à la Guadeloupe nous demande 24 heures pour le packet d'Aspinwall, qui sera cependant le premier expédié, nous ne mettrions encore que (13 j. 14 h. + 1 j. -+- 4 j. 1 h.) 18 jours 15 heures de Marseille à Aspinwall.

Et 17 jours 20 heures de Brest à Aspinwall.

2° *Route des Guyanes jusqu'à la Trinidad.*

PORTS, STATIONS ou escales.	NOMBRE de		HEURES DE TRAVERSÉES en filant						Points de départ, relâches et bifurcation.	OBSERVATIONS métérologiques.	Nombre d'heures pendant lesquelles il faudra chauffer.
	lieues.	Milles.	12 nœuds.		11 nœuds.		10 nœuds.				
GUADELOUPE Pointe-à-Pître.	»	»	»		»				Départ.	Les vents alizés N.-E. soufflent constamment dans cet archipel; près de terre, la nuit, on éprouve souvent des calmes.	
	30	90	7	30	8	»	9	»			
MARTINIQUE Saint-'Pierre.			1	»	2	»	3	»	Relâche (1)		
	16	48	4	»	4	30	5	»			
SAINTE-LUCIE Port Castries.				30	I	»	1	30	Relâche		
	18	54	4	30	5	»	5	30			
SAINT-VINCENT Kingstown.			»	30	1	»	1	30	Relâche		
	37	111	9	»	10	»	11	»			30
BARBADE.			1	»	2	»	3	»	Relâche		
	50	150	12	30	14	»	15	»			
GRENADE Port St-Georges.			»	30	1	»	1	30	Relâche		
	30	90	7	30	8	»	9	»			
TRINIDAD Port espana.	181	543	48 h, 30 m		56 h 30 m.		65	»	bifurc.		30

(1) La durée des relâches, que j'indique, est exactement la même que celle de la ligne anglaise.

— 215 —

Ainsi, de la Guadeloupe à la Trinidad, 181 lieues, franchies en deux jours avec la grande vitesse, en moins de trois jours avec la petite. Nous pourrions facilement prolonger encore le parcours du steamer destiné à ce service ; mais, afin de ne pas faire moins bien que les Anglais, nous l'arrêterons à la Trinidad ; là, il trouvera un autre steamer qui fera uniquement le service des Guyanes française, anglaise et hollandaise (1).

Nos steamers feront leur charbon à la Guadeloupe.

3° *Route de la Nouvelle-Orléans.*

PORTS, STATIONS ou escales.	NOMBRE de		HEURES DE TRAVERSÉE en filant						Points de départ, relâches et bifurcation.	OBSERVATIONS météorologiques.	Nombre d'heures pendant lesquelles il faudra chauffer.
	Lieues.	Milles	12 nœuds.		11 nœuds.		10 nœuds.				
GUADELOUPE Pointe-à-Pitre.	26	78	6	30	6	»	7	30	Départ	Dans ces parages et en suivant la route du vent, (celle-que j'indique) nous jouirons des vents alizés pour tour les traversées aller et retour; les vents seront traversiers	
ANTIGUE.	20	60	1 / 5	» / »	2 / 5	» / 30	3 / 6	» / »	Relâche		
St-CHRISTOPHE.	45	135	» / 11	30 / »	1 / 12	» / »	1 / 13	30 / 30	Relâche		80
St-THOMAS	20	60	2 / 5	» / »	4 / 5	» / 30	6 / 6	» / »	Relâche		
PORTO-RICO.	320	960	2 / 80	» / »	4 / 88	» / »	6 / 96	» / »	Relâche		
HAVANE.	200	600	6 / 50	» / »	12 / 55	» / »	18 / 60	» / »	Relâche		
NEW-ORLÉANS.	631	1893	169 h.	»	195 h	»	223 h	30m	Arrivée		80

(1) La distance de la Trinidad à Cayenne est de 230 lieues.

Ainsi, de la Guadeloupe à la Havane,
434 lieues franchies, relâches compri-
ses (1), en   4 j. 17 h.

De la Guadeloupe à la New-Orléans 634
lieues franchies, relâches comprises, en   7 . 1 h.
Autant pour revenir de la New-Orléans à
la Guadeloupe,   7 . 1
Séjour à la New-Orléans pour décharger
et décharger (2),   3 . »
Séjour à la Guadeloupe pour la bifurcation, 3 . »

Voyage, aller et retour de la Guadeloupe
à là New-Orléans,   20 . 02

Un seul navire ne suffirait pas, nous en mettrons
deux ; mais deux seront plus que suffisants, ils permettront d'allonger chaque relâche.

Supposant que la bifurcation du steamer parti de
Marseille avec celui de la Nouvelle-Orléans soit de
48 heures, à la Guadeloupe, nos correspondances ne
mettraient encore, ainsi que nos passagers, pour aller
de Marseille à la New-Orléans, que   22 j. 15 h.

De Brest   —   21 . 20

(1) Grande vitesse.

(2) Je répéterai encore que ces services ne sont pas des services
de marchandises ; par conséquent, il y en aura peu. Ces séjours
sont d'ailleurs égaux, en durée, aux séjours anglais à Saint-Thomas. Le charbon se fera aussi à la Guadeloupe.

4° Route de la Vera-Cruz et Tampico.

PORTS, STATIONS ou escales.	NOMBRE de		HEURES DE TRAVERSÉE en filant						Points de départ relâches et bifurcation.	OBSERVATIONS météorologiques.	Nombre d'heures pendant lesquelles il faudra chauffer.
	Lieues.	Milles.	12 nœuds.		11 nœuds.		10 nœuds.				
GUADELOUPE Pointe-à-Pître.	»	»	»		»		»		Départ		
	225	675	56	»	62	»	67	30			
St-DOMINGUE Jacmel	»	»	2	»	4	»	6	»	Relâche	Vents alizés N.-E. d'un bout de l'année à l'autre.	110
	82	246	20	30	22	30	24	30			
JAMAÏQUE. Kingstown.	»	»	3	»	6	»	9	»	Relâche		
	310	930	77	30	85	30	93	30			
VÉRA-CRUZ.	»	»	3	»	6	»	9	»	Relâche		
	70	210	17	30	19	30	21	»			
TAMPICO.	687	2061	179	30	205	30	230	30	Arrivée		110

Ainsi : de la Guadeloupe à Tampico,
687 lieues franchies, relâches compri-
ses, en .... 7 j. 11 h.
Autant pour revenir à la Guadeloupe, 7 . 11
Séjour à Tampico pour décharger et char-
ger, ... 3 . »
Séjour à la Guadeloupe pour la bifurca-
tion, ... 3 . »

D'un voyage à l'autre de la Guadeloupe, 20 j. 22 h.

Il nous faudra encore deux steamers pour cette ligne.

Supposant que le transbordement des passagers et correspondances, venus d'Europe, demande 2 jours

à la Guadeloupe, nos traversées, relâches comprises,
de Marseille à Tampico nous demande-
raient   23 j. 1 h.
    De Brest à Tampico   22 . 6

Si nous faisons la récapitulation des tableaux qui
précèdent, nous reconnaîtrons qu'il nous faut sur :

La ligne de la Guadeloupe à Panama	1 steamer sup.		
De la Guadeloupe aux Guyannes	2	—	—
De la Guadeloupe à la Nouv.-Orl.	2	—	—
De la Guadeloupe à Tampico	2	—	—
Total.........	7	—	—

Nous en ajouterons 1 de plus, ce sera le steamer
de réserve (1).

Donc, en tout, il nous faut 8 steamers pour faire le
service des Antilles et du golfe du Mexique.

Ces steamers, trois mâts goëlette, en fer et à hélice,
d'une force de chevaux et d'une capacité qui différeront
suivant les lignes qu'ils desserviront, nous obligeraient
à entrer dans trop de détails si nous voulions les établir et estimer l'un après l'autre ; nous nous contente-
rons de fixer une somme qui sera plus que suffisante
pour ce matériel, soit six millions.

Le service d'Europe à la Guadeloupe nous coûtera

---

(1) Il ne faut pas oublier, non plus, qu'en cas d'avaries à deux de
de nos steamers à la fois, il resterait encore le steamer venu d'Europe, qu'on pourrait utiliser. Nous savons également que la ligne
anglaise pourrait nous venir en aide en cas de besoin et réciproquement ; que les Gouvernements français et anglais ont toujours
plusieurs vapeurs dans leurs colonies; qu'ils les ont toujours prê-
tés avec plaisir lorsque des cas fortuits l'ont nécessité, et enfin que
le commerce a aussi des vapeurs qui font le cabotage de ces contrées. Donc rien à craindre de ce côté.

12 millions ; celui des Antilles et du golfe du Mexique
6 millions. La ligne transatlantique dite *des Antilles*
nécessitera donc pour la construction de son matériel
une mise de 18 millions de francs.

CHAPITRE XX.

Calcul financier. — Ligne du Brésil. — Tableau des parcours. — Coût du matériel nécessaire à l'exploitation de la ligne du Brésil. — Dépenses d'établissement. — Récapitulation des dépenses d'établissement des trois lignes des États-Unis, des Antilles et du Brésil.

Nous établissons, dans le tableau suivant, la durée des traversées et des relâches, toujours en supposant la réalisation du projet du Gouvernement, relativement au nombre de départs, c'est-à-dire deux départs par mois.

Il nous sera, ensuite, facile de déterminer le nombre de navires nécessaire.

Parcours de la ligne de Brest au Brésil.

PORTS, STATIONS ou escales.	Nombre de		HEURES DE TRAVERSÉE en filant (2).			Points de départ, relâches et bifurcation.	OBSERVATIONS MÉTÉOROLOGIQUES.	Nombre d'heures pendant lesquelles il faudra chauffer. (3).
	lieues.	milles.	12 nœuds	11 nœuds	10 nœuds			
Brest. ...						Départ.	De Brest à Madère, zône des vents variables. Dans l'Océan atlantique ils soufflent presque toujours d'aval.	
Madère. ...	367	1100	91	100	110	1re bifurcation.		24

Ainsi, de Brest à Madère 367 heures, franchies en 5 jours 19 heures, ou 4 jours 4 heures, ou 4 jours 14 heures, relâches comprises, suivant celles des vitesses 12, 11 ou 10 nœuds qui sera adoptée.

PORTS, STATIONS ou escales.	Nombre de		HEURES DE TRAVERSÉE en filant (2).			Points de départ, relâches et bifurcation.	OBSERVATIONS MÉTÉOROLOGIQUES.	Nombre d'heures pendant lesquelles il faudra chauffer. (3).
	lieues.	milles.	12 nœuds	11 nœuds	10 nœuds			
Madère. ..,	»	»	6	12	18	Relâche.	De Madère à Rio-Janeïro, toujours très-beau temps, vents alizés N.-E., dans l'hémisphère nord, et S.-E. dans l'hémisphère sud. On aura le Poteau-Noir à franchir, c'est environ 150 lieues à faire à toute vapeur. — Il y fait toujours calme.	
Madère. ...	»	»	»	»	»	Départ.		
Fernambouc [1]	895	2685	224	246	268	Relâche.		52
	»	»	»	»	»			
	345	1035	86	95	103			
Rio-Janeïro.	1607	4820	408	455	502	Arrivée.		76

Ainsi, de Brest à Rio-Janeïro, 1,607 lieues marines franchies en 17 jours, 19 jours, 21 jours, relâches comprises, suivant celle des vitesses 12, 11 ou 10 nœuds qu'on adoptera.

(1) Fernambouc est mathématiquement sur notre route ; nous y débarquerons, au passage, les correspondances et les voyageurs.
(2) On choisira celle des trois vitesses qui conviendra. — Les dépenses seront calculées sur la plus coûteuse.
(3) Moyenne des heures pendant lesquelles il faudra nécessairement chauffer. Nous calculerons les dépenses de charbon sur une quantité triple ; donc, aucun mécompte à attendre de ce côté.

Toutes les observations que j'ai faites dans le chapitre précédent, à l'égard de la ligne des Antilles, sont applicables à celle-ci.

Sur la ligne du Brésil, comme sur celle des Antilles, nous filerons constamment 12 nœuds. Nos steamers emploieront donc, relâches comprises :

17 jours pour se rendre de Brest à Rio-Janeïro;

12 (1) jours pour décharger et charger à Rio-Janeïro;

19 jours pour revenir de Rio à Brest, touchant à Fayal.

12 jours pour décharger et charger à Brest.

____

60 (2) jours d'un départ à l'autre de Brest.

____

(1) Je n'accorde que 12 jours à Rio; j'en ai accordé 15 à la Guadeloupe : c'était beaucoup trop. En 12 jours, on a le temps de remuer le monde. La rade de Rio-Janeïro se prête toujours aux travaux les plus actifs. Il y a mieux..... de temps immémorial, on a l'habitude, au Brésil, de ne travailler au déchargement que la nuit. A huit heures du matin, on ne doit plus rien envoyer à terre, l'administration des douanes ne le permet pas. Donc, de minuit à huit heures du matin, nous déchargerons; de huit heures du matin à midi, nous ferons du charbon; et de midi à minuit nous chargerons. Cent hommes d'équipage, cent autres de corvée, pris à terre, divisés en deux ou trois bordées, se succèderont à ces travaux. Ce ne sera donc plus 12 jours, mais 24 (eu égard aux nuits de travail), dont nos steamers pourront disposer. Le temps est de l'or, nous ne saurions trop l'économiser. En travaillant ainsi, je le répète, nous ne changerions rien aux habitudes du pays. J'ai fait plusieurs voyages à Rio-Janeïro; je n'étais pas capitaine alors. Aussi, il m'est impossible d'oublier cette magnifique rade, sur laquelle les équipages travaillent jour et nuit. Nous faisions vainement des vœux pour avoir un peu de mauvais temps pour nous reposer.

(2) Il pourra arriver, comme cela se présente trop souvent sur les lignes anglaises, qu'un paquebot ait un jour ou deux de retard amené par les mauvais temps; il les rattrapera sur ses relâches. Ainsi, 60 jours suffiront.

A deux départs par mois, quatre navires suffiraient nous en ajouterons un cinquième : il sera notre bâtiment de réserve. Établi ainsi, notre service marchera bien. Du reste, les services de Southampton n'ont également que cinq navires sur cette ligne.

Nos steamers seront de 2,500 tonneaux de jauge, et de 500 chevaux de force. Chacun d'eux nous coûtera par conséquent (1).............. 2,187,000
Les cinq coûteront donc.......... 10,935,000
J'ajoute pour l'imprévu........... 65,000

Total.... 11,000,000

A Rio-Janeïro, nos steamers trouveront un autre steamer, plus petit, qui fera le service entre Rio-Janeïro, Montevideo et Buenos-Ayres. Entre Rio et Montevideo, il n'y a que 350 lieues, qui se feront en 87 heures ou 3 jours 15 heures; autant pour revenir : 7 jours 6 heures, aller et retour. Il restera encore 8 jours à partager entre Rio-Janeïro et Montevideo. C'est plus qu'il ne faut.

Donc un seul steamer supplémentaire pour la ligne du Brésil suffira ; nous porterons un million pour ce steamer. On voit que nous comptons largement ; pour ce prix, en effet, on pourrait avoir deux steamers, qui répondraient parfaitement au service qu'on en attend. En somme la ligne du Brésil exige :

11,000,000 de Brest à Rio.

1,000,000 de Rio à Montevideo.

12,000,000 pour tout son matériel.

---

(1) Je compte chaque tonneau de jauge à 25 livr. sterl. (625 fr.), et chaque cheval vapeur à 50 livr. sterl. (1,250 fr.), comme le font les Anglais.

Ainsi, mes trois lignes réunies, concentrées à Brest et Marseille, avec bifurcation à Madère, avec le service supplémentaire des Antilles, et le service supplémentaires de la Plata, ne coûteraient à établir, que :

La ligne des États-Unis........... 12,000,000 fr.

La ligne des Antilles,............... 18,000,000

La ligne du Brésil................ 12,000,000

Total............. 42,000,000 fr.

Avec cette somme j'aurais le plus beau matériel qui se soit encore vu appartenant à la même compagnie :

Etats-Unis....	3 steamers de	4,000 t.	et	1,200 ch
Antilles......	5	id.	2,500	—	650
Antilles (suppl.)	8	id.	»	·	»
Brésil.......	5	id.	2,500	—	500
Plata.......	1	id.	1,100	—	250

Total..... 22 steamers.

Avec ces 22 navires, de la valeur de 42m illions, je serai en mesure de servir toute l'Europe, du Nord et du Sud, à grande vitesse.

CHAPITRE XXI.

Dépenses d'exploitation de la ligne des Antilles et de la ligne du Brésil. — Appréciation de la subvention accordée par le Gouvernement.

Le Gouvernement accorde pour faire les services des Antilles, du Brésil et de la Plata une subvention de 11 millions.

Voyons encore, comme nous l'avons fait pour la ligne des Etats-Unis, quelle part des dépenses couvre cette subvention. Pour ce faire, nous allons chiffrer les dépenses de chaque ligne en particulier.

Dépenses d'exploitation des lignes principale et supplémentaire des Antilles,

Intérêt du capital, 5 p. 100, sur 18,000,000 fr. capital engagé ,   900,000

Assurances du même capital (5 p. 100),   900,000

100 hommes sur chaque steamer de la ligne princi-

pale, soit : 500 hommes à 5 fr. par jour, l'un dans l'autre, par an, 912,500 fr.

50 hommes sur chaque steamer de la ligne supplémentaire, soit, pour 8 navires, 400 hommes, au même prix, par an, 730,000 fr.

Dépréciation, amortissement, fonds de réserve à cet effet, réparations ou entretien, etc. 15 p. 100 (1), sur le capital engagé (18,000,000), ci, 2,700,000 fr.

Consommation de combustible : nos steamers brûleront de 2 à 3 tonneaux à l'heure, quand ils auront vent contraire, ou petite brise ; nous compterons sur trois tonneaux ; afin de ne pas rester au-dessous des dépenses, nous admettons, en outre que l'on chauffera pendant les 3/4 du temps des traversées de Marseille à Madère, la moitié du temps des traversées de Madère à la Guadeloupe, et les 3/4 de toutes les traversées de retour. Il est impossible de moins accorder aux effets et au bénéfice des vents (2).

Ainsi, nous aurons à chauffer :

De Marseille à Madère (110 heures de traversée) 83 heures.
De Madère à la Guadeloupe 210 Id.) 105
De la Guadeloupe à Marseille (360 Id.) 270

Total par voyage (aller et retour) — 458 heures.
Quatre cent cinquante-huit heures de chauffage.

C'est énorme ! Et, bien certainement, dans l'exploitation on en économisera beaucoup.

---

(1) Les Anglais ne comptent que 13 p 100 sur cette ligne.

(2) N'oublions pas que nos navires sont aussi bien voilés que s'ils n'étaient pas à vapeur.

A 3 tonneaux à l'heure , nous consommerons 1,374 tonneaux par voyage (1).

Notre combustible, pour la traversée d'aller au moins, sera pris à Marseille, à raison de 25 fr. par tonneau. A la Guadeloupe, il nous reviendra à 35 fr.; faisant une moyenne de ces deux prix, notre combustible nous coûtera 30 fr. par tonneau. 1,374 tonneaux consommation d'un voyage, multipliés par 24 voyages annuels 32,976 tonnes, à 30 fr., ci   989,280 fr.

Reste à calculer la consommation des lignes supplémentaires ; nous compterons qu'elles chaufferont pendant les 3/4 du temps et qu'elles brûleront un tonneau 1/2 à l'heure (1).

Ligne de Panama, aller et retour compr.	192 h. de navig.	
des Guyanes,	id.	220
de la New.-Orléans,	id.	338
de Veracruz,	id.	358
Total. . .	1,108 heures	
Pour 24 voyages annuels . . .	26,592 heures	
Dont le 1/4 (navig. à voiles) à retrancher	6,648	
On chauffera annuellement.	19,944 heures	
A raison de 1 t. 1/2 par heure . .	29,916 tonneaux.	
Prenons un chiffre rond.	30,000	
A 35 fr. par tonneau.	1,050,000 fr.	
D'Europe à la Guadeloupe. . . .	989,280	

(1)Cela fait 50 tonneaux par jour, si l'on déduit les relâches.

(1) Les navires seront très-bien voilés, ils jouiront des vents alizés ; 1 tonneau 1/2 à l'heure, c'est, d'ailleurs, beaucoup.

Total de la consommation de charbon,
ligne des Antilles et service supplémentaire . . . . 2,039,280 fr.
Matières grasses. 50,982

Combustible et matières grasses. . . 2,090,262 fr.

Nous avons compté 25,000 fr. par voyage, sur la ligne des États-Unis, pour les frais de port, pilotes,
agences, chargement et déchargement, d'administra
tion, etc.; nous compterons 30,000 fr. par voyage, pour
la ligne d'Europe aux Antilles et ses annexes, nous aurons donc à payer pour ces frais, par an . 720,000 fr.

*Récapitulation des dépenses d'exploitation de la ligne
de Marseille aux Antilles et de ses annexes.*

1° Intérêt du capital 900,000
2° Assurance du capital 900,000
3° Frais d'équipages. 1,642,500
4° Dépréciation, amortissement, etc. 2,700,000
5° Combustible et matières grasses . 2,090,262
6° Frais de port, administration, etc. 720,000

                Total. 8,952,762
Imprévu 47,238

            Total général. . . . . 9,000,000 fr.

Dépenses d'exploitation de la ligne du Brésil.

Intérêt à 5 p. 100 sur 12,000,000,
capital engagé, ci. . . . . 600,000 fr.

Assurances 5 p. 100 du capital . . .   600,000

550 hommes (1) d'équipage à 5 fr.

l'un. 1,003,750

Dépréciation, amortissement, etc . . 1,800,000

Combustible et matières grasses. . . 1,000,000

Administration, frais de port, déchar-

gement . . . . , ... 480,000

                  Total. . . . . 5,483,750 fr.

Cette ligne est, comme on sait, desservie par des clippers à hélice ; elle traverse les deux zônes de vents alizés ; chaque machine ne consommera que deux tonneaux de charbon à l'heure, à raison de 30 fr. pour la traversée d'aller, de 40 f. pour les retours, moyenne 35 f.

De Brest à Rio-Janeïro.	408 heures de navigation.
De Rio-Janeïro à Brest.	456 —
Aller et retour, ou par	—
voyage.	864 —
24 voyages annuels. . .	20,636 —

Malgré tous les avantages dont jouiront nos steamers, et pour charger les dépenses, je compte que l'on chauffera pendant la moitié de la traversée, c'est-à-dire, 10,318 heures ; à 2 tonneaux par heure, 20,636 tonneaux ; à 35 francs par tonneau,   722,260 francs.

La ligne supplémentaire (2) de Montevideo à Rio-Ja-

____

(1) Je comprends dans ces 550 hommes, 50 hommes pour le bateau de correspondance de Rio à Montevideo.

(2) Je calcule les dépenses de la ligne supplémentaire, comme si chaque voyage du steamer de Brest devait avoir pour point d'arrivée Rio-Janeïro ; mais on a vu plus haut, lorsque j'ai organisé cette ligne, que, pour me procurer plus de marchandises, je chargerai une fois par mois pour Rio, et la deuxième fois pour Monte-

neïro donnera de navigation........   87 heures.
De Rio-Janeïro à Montevideo....   87   —

Soit, par voyage, aller et retour...   174   —
24 voyages annuels.............   4,176 heures.

Bien que cela puisse ne pas être nécessaire, je compterai comme si l'on devait chauffer pendant toute la traversée.

Le steamer employé à cette navigation brûlera 1 tonneau et demi à l'heure. Nous consommerons donc, pour le service supplémentaire de Buenos-Ayres et Montevideo, 6,264 tonneaux de charbon à raison de 40 francs par tonneau......................   250,560 fr.

La dépense de charbon, sur la grande
ligne, montera donc à.............   722,260
Sur la ligne de Montevideo à.......   250,560

TOTAL....   972,820
Matières grasses.................   24,320

Combustible et matières grasses....   997,140
Imprévu.......................   2,860

Chiffre rond....................   1,000,000 fr.

video. Donc, cette deuxième fois, après avoir, en quelques heures, déposé ses passagers et ses correspondances, notre steamer continuera jusqu'à Montevideo pour porter son chargement. Alors le steamer supplémentaire deviendra inutile. Ce petit parcours n'exigera pas sur la ligne entière un navire de plus, ni une consommation de combustible dont il soit nécessaire de faire mention, et les bénéfices en marchandises seront doublés.

J'ai évalué les frais d'administration, de port, de déchargement, de chargement, pilotes, etc., à 25,000 francs par voyage pour la ligne des États-Unis ; à 30,000 francs pour la ligne des Antilles : je ne compterai que 20,000 francs pour la ligne du Brésil, soit, pour 24 voyages, 480,000 francs.

Les dépenses d'exploitation de la ligne du Brésil et de la Plata ne monteront donc annuellement qu'à 5,483,750 francs.

Les dépenses annuelles de la ligne des Antilles devant être de.................... 9,000,000 fr.

Celles de la ligne du Brésil de.... 5,483,750

Celles des deux lignes monteront à.. 14,483,750
Ajoutant pour imprévu.......... 516,250

Nous aurons chiffre rond .... 15,000,000 fr.

La subvention, pour ces deux lignes, étant de 11,000,000 de francs, il ne reste donc à la charge de la compagnie que la somme de 4,000,000 de francs à réclamer aux passagers, aux marchandises, aux valeurs et à la correspondance, etc.

CHAPITRE XXII.

Produits des lignes des Antilles et du Brésil.— Bénéfices énormes, même en cas d'exploitation sans subvention, moyennant conéentration à Brest et à Marseille.

Dans ce chapitre, je prétends faire voir que, même sans subvention, les lignes des Antilles et du Brésil produiraient de magnifiques résultats.

Établissons d'abord ce que produiront les passagers :

Chacun de nos paquebots enlèvera au moins 200 passagers par voyage, au nord de l'Europe, et autant au Sud ; ou nos lignes seront inférieures aux lignes anglaises, car celles-ci, bien que très-mal situées en Europe pour attirer les voyageurs du continent, ont toujours une moyenne de 300 passagers ; et malgré les prix exorbitants qu'ils demandent, les Anglais sont obligés d'augmenter les dimensions de leurs navires, et de créer, chaque jour, de nouvelles lignes.

Nons pouvons donc compter sur 200 passagers du nord de l'Europe, partant de Brest, et 200 passagers du Sud, partant de Marseille, soit 400 passagers qui, à chaque voyage, bifurqueront à Madère pour se rendre, de là, sur tous les points des Amériques.

Si nos services sont ce qu'ils doivent être, tels que je les ai indiqués, à Fayal, bifurqueront également, au retour, 400 autres passagers destinés, 200 pour le nord de l'Europe par Brest, qui en est la porte, et 200 pour le Sud, par Algésiras, Cadix, Marseille, etc...

Voilà donc 800 passagers par voyage, soit à 24 voyages par an, 19,200 voyageurs, c'est-à-dire seulement 9,600 pour le Nord, 9,600 pour le sud de l'Europe.

J'ignore quel est le nombre des voyageurs qui traversent annuellement l'Atlantique ; mais je n'hésite pas à dire que notre nombre adopté de 19,200, est bien petit eu égard à l'admirable position géographique de notre pays, à ses nombreux chemins de fer qui en font le pont, la passerelle, sur laquelle tous les passagers devront circuler, le jour où nous leur offrirons des chemins de fer maritimes (des paquebots transatlantiques) bien organisés.

Chaque passager laissera 500 fr. de bénéfice, minimum. Plus loin, on verra que ce prix de leur passage n'est pas plus élevé que ceux que demandent les navires à voiles aujourd'hui, et qu'il n'est que moitié de ce que l'on paie aux lignes anglaises.

19,200 passagers du Nord et du Sud, pour les deux

lignes à 500 fr. chacun, donneront . . . 9,600,000 fr.

A ce produit nous pouvons hardiment ajouter . . . 1,400,000

Que nous fourniront les passagers d'une île ou d'une ville à l'autre des Antilles, du Brésil et de la Plata, ce qui portera nos recettes pour les passagers à 11,000,000 fr.

Chiffre égal au montant de la subvention pour les deux lignes.

Il nous reste encore 4,000,000 fr. de dépenses à couvrir : la marchandise les couvrira et au-delà.

Pouvons nous admettre, en effet, que nos paquebots de Brest enlèveront moins de 1,000 tonneaux par voyage, quand nous savons que la ligne de paquebots à voiles du Havre expédie tous les 20 jours plus de 1,000 tonneaux articles de Paris, pour Rio-Janeïro. Et je ne parle pas des lignes bordelaises, etc. et de ce que nous enlèvent les lignes étrangères.

Nous transporterons donc 1,000 tonneaux, chaque voyage, de Brest et de Marseille pour Rio-Janeïro et pour Montevideo, soit 2,000 tonneaux par mois, et autant pour les Antilles.

Pour revenir, nous serons chargés à morte charge. Les steamers anglais, hambourgeois et gênois le sont, pourquoi ne le serions nous pas ?... Ajoutons que nous aurons au moins 2,000 tonneaux (1,000 aller, 1,000 retour), par voyage, pour 48 voyages, soit par an 96,000 tonnes (1).

____

(1) Tout le monde sait que, trois fois la semaine, un bateau part,

Si nous comptons seulement 100 fr. de frêt par tonneau, pour ces destinations lointaines ,
cela nous fera . . . . 9,600,000 fr.
Retranchant l'excédant des dépenses
ci-dessus de. . . . . : . . 4,000,000

Il restera encore , bénéfices. . . . . 5,600,000 fr.

Nos lignes réunies du Brésil et des Antilles exigeant
un matériel de 30,000,000 fr., nous aurons donc près
de 20 p. 100 de bénéfices, à ajouter à 5 p. 100, déjà
compris dans les dépenses.

C'est-à-dire que nos capitaux nous rapporteraient
ainsi, sans subvention aucune, *près de vingt-cinq pour
cent ;* et cependant je n'ai rien porté pour la correspondance (1), pour les valeurs telles que l'or, l'argent,
etc..., que transportent par centaines de millions les
lignes étrangères. Nous en aurions notre part , sans
doute, et ces valeurs donnent de beaux frêts.

Et les frêts qui se feraient sur la côte du Brésil et la
Plata ! Et ceux des Antilles d'une île à l'autre, ne vien-
draient-ils pas encore augmenter nos recettes !

En résumé disons : qu'avec cette organisation simple, économique et intelligente, sans subvention aucune, l'opération laissera des bénéfices énormes.

---

du Havre , chargé pour Southampton, et, trois fois également, un
autre bateau part pour Liverpool. Ces navires viennent chercher
les marchandises précieuses françaises, pour les transborder ensuite
dans les transatlantiques anglais. Nous profiterons donc de tous
ces transports.

(1) La correspondance a produit, en 1853, pour les lignes anglaises 9,897,175 fr. Ce produit s'est beaucoup augmenté depuis,

Donc, le moins que nous puissions faire, si la subvention nous est accordée, c'est de la compter, toute entière, comme bénéfices. Nos capitaux nous rapporteraient ainsi plus de 36 p. 100, en tenant compte des 5 p. 100 qui sont, déjà, compris dans les dépenses.

Mais, hâtons-nous de le dire, tous ces brillants résultats, fruits d'un service réellement marin, réellement commercial et national, basé sur une connaissance pratique de la géographie, de la configuration de notre terre, de la mer et du commerce général du monde, tous ces brillants résultats échapperont à un service mal organisé, installé par des gens qui ne connaissent des océans que ce que leur a appris une carte géographique, toujours imparfaite, ou leur professeur au collége.

Certes jamais la ligne des Antilles établie à Nantes, n'enlèvera deux cents passagers par voyage, puisqu'elle ira seulement aux Antilles, tandis que ma ligne établie à Brest va aux Antilles, dans la Plata, au Brésil, etc.... partout enfin.

Il en sera de même de la ligne du Brésil, partagée entre Bordeaux et Marseille; ses navires partiront à moitié vides. Mon unique paquebot de Brest profite des passagers et du chargement, répartis entre les trois paquebots des services de Nantes, de Bordeaux et de Marseille.

Avant tout, j'ai voulu que mon port d'attache fut à la convenance de toute l'Europe septentrionale. Pour établir mon service, je me suis donc mis à la place des passagers que je désire attirer. Me supposant, tour-à-

tour, havrais, lyonnais, russe, autrichien, belge, etc..,
j'ai cherché le service qui me conviendrait; je me suis
posé cette question :

Une affaire urgente t'appelle à New-Yorck, aux Antilles, au Brésil..... quelle voie prendras-tu ?

Havrais, ou habitant du nord de l'Europe, je vois
un service à Southampton pour tous les points du globe, pourquoi n'en profiterais-je pas? — Qu'irais-je faire
à Nantes? à Marseille? Allonger, retarder mon voyage,
quelquefois d'un mois, par Marseille, qui n'a qu'un
départ mensuel et qui est au bout du monde pour moi,
habitant de l'extrême nord, belge, hollandais, etc....
Non, il m'est impossible de sacrifier ainsi mes intérêts,
mes aises et mon temps, pour favoriser plutôt les lignes
françaises que les lignes anglaises. — Telle était l'unique réponse que je pouvais me faire.

Ce qu'il faut, aujourd'hui, aux voyageurs et au commerce, ce sont des moyens de transport qui les prennent à leur porte, et qui les mènent vite et sûrement à
leur destination. — Le commerce ne veut plus se plier
aux convenances de tels ou tels services ; les concurrences l'ont rendu exigeant ; soumettons-nous donc
à ses caprices, si nous voulons en profiter.

Il ne s'agit donc plus d'établir des paquebots à Nantes, à Bordeaux, au Havre, dans telle ou telle ville,
pour flatter l'amour-propre de ces villes, et envoyer,
ensuite, des bâtiments se promener à vide sur l'Atlantique. Il faut aller trouver le commerce, les voyageurs, etc., et leur dire ; Où voulez-vous passer ?

Ils seront unanimes dans leur réponse : Par le che-

min le plus court, le moins coûteux, le moins dangereux et le plus agréable.

C'est cette pensée qui a présidé à tous mes travaux ;
elle a été la base du projet que j'ai préparé, j'ai fait
tous mes efforts pour rester, constamment, l'homme
de mes clients.

Donc, pas de comparaison à établir entre les produits de services transatlantiques mal compris et mal
établis, qui ne rapporteraient que honte et pertes, fus-
sent-ils richement subventionnés, et les services que
je viens d'indiquer, alors même qu'ils ne seraient
qu'une concurrence, qu'ils ne seraient pas subventionnés.

Car, nous ne cesserons de le répéter, les lignes divisées n'attireront pas en France le transit européen.
Tons ces petits ports du passé sont pleins, comme un
vase prêt à déborder. Que feraient-ils, si le transit européen, frappant à leur porte, venait leur demander de
recevoir 1,000 navires de 1,000 tonneaux, de plus ?
Cela ne fait pourtant qu'un million de tonnes ! Et ne
voyons-nous pas notre commerce extérieur augmenter
de 150 mille tonnes par année. Donc ce million de
tonnes de plus sera dépassé dans sept ans, et s'il ne
peut entrer en France par tel ou tel port, que fera-t-il,
si ce port ne peut le recevoir ? Ce qu'il a fait jusqu'à
présent, il entrera et sortira par l'Angleterre.

Reconnaissons donc que nos ports du passé, non-
seulement ne nous attireront pas le transit européen,
mais qu'ils le repousseront.

Quel est celui de nos ports qui pourrait recevoir,
sans lui faire perdre du chemin et beaucoup de temps,

l'escale des lignes anglaises des Antilles, du Brésil, de la côte d'Afrique, de l'Inde, de l'Australie, etc.? Est-ce que, si nous avions eu un port convenable, nous ne serions pas depuis longtemps en possession de cette escale, que l'Angleterre s'empresse de fournir au plus petit coin du globe, quand elle espère y trouver quelques voyageurs ou quelques marchandises?

Non, je l'ai déjà dit cent fois, je le répèterai mille fois encore, nous n'avons que Brest sur la route des transatlantiques anglais. Ce n'est que là qu'ils peuvent faire escale. Nous n'avons au nord et à l'ouest de la France que ce port qui ait assez d'eau pour recevoir leurs grands et magnifiques paquebots. *C'est là qu'ils viendront avant nous.* Ce sera aux Anglais et aux Américains que la France devra l'ouverture de la rade de Brest au commerce, au grand commerce! Ce sont eux qui feront rouler le transit européen sur nos chemins de fer, malgré nous, oui, malgré nous; car, aussitôt que les chemins de fer seront terminés, ils seront là pour recevoir cette avalanche de voyageurs et de marchandises que les chemins de fer amèneront là, presqu'à moitié route de Moscou aux États-Unis, là où des milliers de navires du plus fort tonnage pourront se trouver réunis.

Alors le transit européen appartiendra pour toujours à la France; il aura abandonné pour jamais l'Angleterre, *cette exilée du continent.* Les Anglais le savent; mais ne craignez pas qu'ils retardent pour cela le moment de leur venue à Brest : ils ont trop de bon sens, et ils ne se laisseront pas devancer par les Américains.

Ils comprendront que c'est une nécessité qu'ils ne sauraient éviter.

Alors seulement le commerce européen sera servi comme il le réclame; il n'aura plus besoin de s'inquiéter des jours de départ pour tel ou tel point du nouveau monde.

Un jour ce sera l'escale de la ligne anglaise qui partira pour le Brésil, lequel continuant à se peupler, augmentera ses rapports commerciaux avec l'Europe.

Le lendemain se sera l'escale hambourgeoise (cette ligne existe déjà depuis plusieurs années ; aujourd'hui elle relâche à Southampton. Pourquoi ne vient-elle pas en France ? Nous ne pouvons la recevoir), le surlendemain ce sera l'escale russe.

Car ne croyez pas que les chemins de fer russes laissent longtemps cette puissance inactive.

Viendront à leur tour des lignes hollandaises, belges, etc... des compagnies américaines.

Peut-être, alors, la France ouvrira-t-elle enfin les yeux, et finira-t-elle par établir ses paquebots à Brest, seule rade en Europe qui puisse recevoir pareille affluence de navires.

Peut-être alors me dira-t-on : « Vous aviez raison ; « Brest est le point culminant de la gloire, de la fortune et de la puissance française; Brest ouvert au « commerce est un des plus grands faits politiques de « notre siècle, » car tout le transit européen, le commerce du monde entier se fera sur cette rade, passera par ce port.

Et quelque fantastique que paraisse ce tableau de notre fortune, il est à deux doigts de sa réalisation. Il ne faudra pas dix ans d'existence aux chemins de fer bretons pour accomplir ma prophétie.

Mettez donc tous vos soins à bien établir ces voies de fer, messieurs les administrateurs des lignes dont elles font partie, car vous y trouverez sur-le-champ un trafic énorme. Les chemins de fer de Brest changeront la face de la France ; ils bouleverseront complètement tous les courants commerciaux ; ils seront le levier avec lequel la France soulèvera le monde.

Voilà pourquoi j'ai tout fait pour attirer les transatlantiques français à Brest ; pourquoi je demandais qu'au moins la concession ne fut pas faite, *pour vingt ans*, à des soumissionnaires que je voyais si ignorants de la valeur, de l'importance de cette concession et de la position commerciale, topographique et maritime de notre belle France.

CHAPITRE XXIII.

Développement des services transatlantiques.

Le projet que je viens d'exposer n'est que la base des services transatlantiques ; il nous présente ce que seront nos lignes, quinze jours après leur mise en activité

Mais ces quinze jours passés, mais une année d'exploitation terminée, la question transatlantique, que personne ne connait aujourd'hui, deviendra aussi simple que celle de nos chemins de fer; les capitaux, alléchés par des intérêts magnifiques, se tourneront de ce côté, comme ils le font aujourd'hui vers les chemins de fer. On spéculera sur les chemins maritimes comme on spécule, aujourd'hui, sur les chemins terrestres. Chacun comprendra que j'avais raison de vanter l'admirable position géographique de la France, relative-

ment aux transatlantiques ; et chacun, à son tour, dira :
« Mais si l'Angleterre, si mal située en Europe, envoie
« des paquebots transatlantiques dans le Pacifique,
« dans l'Inde, en Australie, soutenus uniquement par
« le transit et les voyageurs européens, pourquoi ne
« ferions-nous pas comme elle ? »

Ce sera alors à qui poussera de sa fortune et de son
intelligence au développement de nos lignes transatlantiques *sur toutes les mers.*

J'ai donc agi sagement en donnant, dès le principe,
une bonne base à nos services, afin qu'il nous soit facile, plus tard, de satisfaire aux besoins et aux vœux
du commerce et de la spéculation.

Je n'ai plus, maintenant, pour établir mon second
projet, qu'à développer le premier.

Je l'ai dit, dans un chapitre précédent, au lieu de
deux départs par mois, la ligne australe ou du Brésil
en aura quatre :

Le premier chargera pour Rio-Janeïro ;

Le deuxième pour Montevideo ;

Le troisième pour Valparaiso ;

Le quatrième pour Lima.

Ces navires bifurqueront à Madère avec quatre autres,
partis de Marseille, chargés :

Le premier pour nos colonies des Antilles ;

Le deuxième pour la Havanne ;

Le troisième pour la Nouvelle-Orléans ;

Le quatrième pour la Vera-Cruz.

J'ai expliqué comment deux navires, partis d'avance
pour commencer l'opération, auront le temps de faire
le transbordement de leurs marchandises à Madère, et

seront prêts à servir de relais aux deux paquebots qui arriveront, huit jours après, avec des correspondances et des passagers, pour la même destination que les deux premiers navires, et des marchandises pour une autre destination.

Cette combinaison procure quatre occasions mensuelles, à grande vitesse pour Madère, pour les Antilles et le Brésil, aux correspondances et aux voyageurs européens.

J'ai parlé aussi d'une ligne qui, partant de Bordeaux, desservira la côte d'Espagne et celle du Portugal, et, après avoir aussi transbordé à Madère, continuera sur la côte d'Afrique.

Enfin, d'une autre ligne pour le Pacifique.

Somme toute, ce projet, ainsi développé, permettra de prendre, à des intervalles très-rapprochés, les voyageurs à leur porte (1).

Et, nonobstant, la fréquence de nos départs, nous chargerons en plein de marchandises, car c'est bien peu demander au nord de l'Europe que 750 tonneaux par mois et autant au Midi, pour chacune des destinations suivantes :

Rio-Janeïro	—	Guadeloupe et Martinique,
Montevideo	—	Havanne,
Valparaiso	—	New-Orléans,
Lima	—	Véra-Crux.

---

(1) Puisque trois ports merveilleusement situés forment la tête des lignes qui se rencontrent à Madère, devenu la gare européenne, où tout le monde trouvera un relais direct pour sa destination.

Je pense ne rencontrer personne qui me conteste la facilité de ces chargements (1).

Comme nous l'avons dit encore, cette fréquence de départs coupera court à toute concurrence étrangère. Il n'y aura plus aucune nation qui servira aussi bien que nous les intérêts du commerce, des voyageurs et de la correspondance.

Il s'agit maintenant de voir quel sera le coût du matériel qui nous sera nécessaire. Nous allons encore construire nos tableaux de parcours, comme pour le premier projet.

---

(1) 'Il n'est pas un grand port en Europe, qui n'ait une ligne de paquebots à voiles pour toutes ces destinations; or, il est clair que nos prix réduits et notre vitesse leur enlèveront une partie de leur transit.

Parcours de la ligne australe du Brésil et des caps.

(Projet Keraniou).

PORTS, STATIONS OU RELACHES.	NOMBRE de		HEURES de traversée en filant			OBSERVATIONS météorologiques.	Heures pendant lesquelles il faudra chauffer.
	lieues.	milles.	12 nœuds.	11 nœuds.	10 nœuds.		
De Brest à — Madère.	367	1101	91	100	110	Voir les tableaux précédents. — Nos navires sont des clippers à hélice. — Nous estimons que l'on chauffera la moitié du parcours ; c'est beaucoup.	
Relâche. . . .			6	12	18		
Rio-Janeïro. . . .	1607	4821	408	455	502		204
Relâche. . . .			6	12	18		
Montevideo. . . .	1957	5871	501	563	625		250
Relâche. . . .			6	12	18		
Détroit de Magellan.	2374	7122	611	689	768		
Son passage. . . .			80	80	80		
Valparaiso. . . .	2929	878	796	885	974		398
Relâche. : . .			12	24	36		
Arica.	3219	9657	880	989	1097		
Relâche. . . .			6	12	18		
Lima.	3349	10047	913	1024	1136		456
Traversée d'aller; total des heures pendant lesquelles on chauffera.							1308 h

Tels sont les parcours que suivront nos paquebots de la ligne australe ; trois vitesses sont encore indiquées ; par économie, comme nous l'avons dit plus haut, nous n'emploierons que la grande vitesse.

Voici quel sera le nombre d'heures de traversée,
d'aller et retour, pour les quatre départs par mois à
destination de Rio-Janeïro, ou de Montevideo, ou de
Valparaiso, ou de Lima.

1° De Brest à Rio-Janeïro, traversée
    d'aller,   408 heures.

A Rio-Janeïro pour décharger et char-
    ger, 15 jours,   360

De Rio-Janeïro à Brest, traversée de
    retour, 48 heures de plus que pour
    aller,   456

A Brest, pour décharger et charger,   360

2° De Brest à Montevideo,   501

Déchargements et chargements à
    Montevideo et à Brest,   720

Traversée de retour, 48 heures de
    plus que pour aller,   549

3° De Brest à Valparaiso,   796

Déchargements et chargements au
    Chili et à Brest,   720

Traversée de retour, 72 heures de
    plus que pour aller,   868

4° De Brest à Lima,   913

Déchargements et chargements au
    Pérou et à Brest,   720

Traversée de retour, 72 heures de
    plus que pour aller,   985

Nombre total d'heures que nécessi-
    teront ces 4 voyages,   8,356

En moyenne, chaque voyage exigera 2,089
ou 87 jours ; ajoutons à cette moyenne 8 jours pour

le transbordement des marchandises à Madère, la moyenne sera alors de 95 jours.

Il faudra que notre matériel soit assez nombreux pour permettre d'attendre trois mois cinq jours avant de réexpédier les premiers navires. Or, nous avons 4 départs par mois ; il nous faudra donc 13 steamers ; ajoutons en un de réserve, en tout, 14 steamers, pour la ligne australe ; à 2,187,000 fr. chacun, notre matériel coûtera   30,618,000 fr.

Ligne supplémentaire de Rio à Montevideo (1),   2,382,000

Coût du matériel de la ligne australe,   33,000,000 fr.

Parcours de la ligne des Antilles.

(Projet Keraniou.)

PORTS, ESCALES OU STATIONS.	NOMBRE de		HEURES DE TRAVERSÉE en filant			OBSERVATIONS météorologiques.	Nombre d'heures pendant lesquelles on chauffera.
	Lieues.	Milles.	12 nœuds	11 nœuds	10 nœuds		
DE MARSEILLE à LA GUADELOUPE (2).	1275	3825	326	365	406	Voir les tableaux précédents. J'estime que l'on chauffera les 3/4 du temps, c'est beaucoup.	163
Relâche. . .			6	12	18		
la N.-ORLÉANS (3).	1906	5718	501	572	647		250
la HAVANNE (4) . .	1706	5118	451	517	587		225
VERA-CRUZ ET TAMPICO (5)	1962	5886	511	582	654		255

Traversées, d'aller total des heures pendant lesquelles on chauffera. . . . 893

(1) Avec cette somme, nous aurions trois petits steamers, qui se-

Par économie, nous prendrons encore la plus grande vitesse, celle de 12 nœuds.

1° Nous mettrons de Marseille à la Guadeloupe. . . . . 326 heures.

Déchargements et chargements à la Guadeloupe et à Marseille. 720

Traversée de retour, 48 heures de plus que pour aller. 374

2° De Marseille à la Nouvelle-Orléans, traversée d'aller. 501

Déchargements et chargements à la Nouvelle-Orléans et à Marseille. . . . 720

Traversée de retour, 48 heures de plus que pour aller. 549

3° De Marseille à la Havanne, traversée d'aller. 451

Déchargements et chargements à la Havanne et à Marseille. 720

Traversée de retour, 48 heures de plus que pour aller. 499

4° De Marseille à la Vera-Cruz ou Tampico, traversée d'aller. 511

Déchargements et chargements à

---

raient plus que suffisants pour faire le service de Rio-Janeïro à Montevideo. Ou, si nous le préférions, nous en aurions deux plus grands, pour le même prix.

(2) J'indique la Guadeloupe comme le port pour lequel nous chargerons en Europe ; la Martinique ne se trouvant qu'à 30 lieues, chacun de nos steamers pourra charger pour les deux colonies à la fois.

(3-4-5) Dans ce nombre d'heures, se trouvent comprises toutes les relâches, comme elles sont indiquées au tableau des parcours de cette ligne au premier projet.

Tampico et Marseille. 720

    Traversée de retour, 48 heures de
plus que pour aller. 559

Nombre total d'heures nécessitées
par ces 4 voyages. 6,650

    En moyenne, chaque voyage exi-
gera. . . . . 1,662 heures.

Ou 69 jours 6 heures.

Ajoutons à cette moyenne 7 jours 18 heures pour le transbordement à Madère, il viendra alors 77 jours, ou 2 mois et 17 jours, pendant lesquels il faudra que la ligne soit entretenue par des navires nouveaux. A 4 départs par mois, cela nous fait 11 steamers, plus 1 de réserve , 12 steamers à 2,375,000 fr. chacun, soit 28,500,000 fr. pour tout le matériel de la ligne des Antilles.

Quant au service des lignes supplémentaires des Antilles, j'ajouterai 3,500,000 fr. à la somme de 6 millions, qui m'était nécessaire pour le premier projet, ce qui portera l'établissement de ces lignes supplémentaires à 9,500,000 fr. Ne perdons pas de vue, dans ce second projet, que les steamers de la ligne principale desserviront les escales qui seront sur leur route, en se rendant à la destination de leur chargement?

Après avoir établi les dépenses d'établissement de ces deux grandes lignes, passons maintenant à la ligne bordelaise, qui sera aussi une ligne de première importance.

Parcours suivis par la ligne Bordelaise.

(Projet Keraniou).

PORTS, STATIONS ou escales.	NOMBRE de		HEURES DE TRAVERSÉE en filant			DÉPARTS RELACHES EL bifurcation.	OBBERVATIONS météorologiques.	Nombre d'heures pendant lesquelles il faudra chauffer.
	Lieues.	Milles.	12 nœuds.	11 nœuds.	10 nœuds.			
BORDEAUX.						départ		
	80	240	20	22	24			15
SANTANDER.			12	18	36	relâche		
	93	279	24	26	28			18
LA COROGNE			12	18	36	relâche		
	65	195	17	19	20		Zône des vents variables. Nous estimons devoir chauffer les 3[4 de la traversée.	12
PORTO.			12	18	36	relâche		
	65	195	17	19	20			12
LISBONNE.			12	18	36	relâche		
	180	540	45	50	54			36
MADÈRE.	483	1449	171	208	290	bifurcation		93

Ainsi : de Bordeaux à Madère, 483 lieues, franchies
en 171 heures, ou 7 jours 3 heures, relâches comprises. — Je n'ai accordé que 12 heures de relâche
dans chaque port sur ce tableau ; mais il sera facul-
tatif à cette ligne de ne faire que deux ports chaque
voyage, c'est-à-dire d'alterner ; alors il lui restera du
temps, qu'elle pourra reporter sur les relâches.

Suite du parcours de la ligne Bordelaise (côte d'Afrique).

PORTS, STATIONS ou escales.	NOMBRE de		HEURES DE TRAVERSÉE en filant			DÉPARTS, RELACHES ET bifurcation.	OBSERVATIONS météorologiques.	Nombre d'heures pendant lesquelles il faudra chauffer.
	Lieues.	Milles.	12 nœuds.	11 nœuds.	10 nœuds.			
suite report	483	1449	171	208	290			93
MADÈRE.			6	12	18	bifurcation		
	335	1005	84	92	100			42
St-Louis.			12	18	24	relâche		
	50	150	13	14	15			7
Gorée.			12	18	24	relâche		
	160	480	40	44	48			20
Sierra Léone	1028	3084	338	406	519	arrivée		162

Cette colonne « OBSERVATIONS météorologiques » porte : *Vents alizés. Nous chaufferons la moitié du temps.*

Ainsi : de Bordeaux à Sierra-Leone, 1,028 lieues, franchies en 338 heures ou 14 jours 2 heures, relâches comprises. — Le service pourra également alterner sur la côte d'Afrique ; deux courriers par mois suffiront pour ces points commerciaux ; alors, les relâches pourront être plus longues de plus de moitié, si on tient compte des coudes qu'oblige à faire chaque relâche.

Nous aurons donc :

De Bordeaux à Sierra-Leone, traversée d'aller	338 heures.
Déchargements et chargements en Afrique et à Bordeaux (1).	480
De Sierra-Leone à Bordeaux, traversée de retour (2).	338
Bifurcation à Madère (3).	192
D'un départ à l'autre de Bordeaux. .	1,348 heures

(1) Les navires, rendus à Sierra-Leone, se seront débarrassés d'une partie de leur chargement ; le temps que je leur accorde sera donc plus que suffisant.

(2) Pour les traversées de retour, rendus à Madère, les steamers se dirigeront sur Fayal ; le vent les y portera. Il y aura là encore échange de voyageurs et de correspondance, comme à Madère, mais non de marchandises. La ligne bordelaise ne reviendra pas toucher sur les côtes du Portugal et de l'Espagne ; elle ne pourrait y prendre que des passagers pour France. Or, nous n'avons pas l'intention de faire le cabotage européen, avec nos lignes maîtresses. Il ne faut pas, d'ailleurs, perdre de vue que, dans quelques jours, toute la côte ouest du Portugal et toute la côte nord d'Espagne seront reliées à la France par un chemin de fer, et qu'aussitôt son inauguration, nous n'aurons ni voyageurs ni marchandises à attendre, au retour de ces contrées, pour nos steamers.

(3) Ces navires bifurqueront à Madère, comme ceux des deux grandes lignes ; ils échangeront, avec ces derniers, les marchandises et voyageurs qu'ils auront pris, à cet effet, en Espagne et en Portugal. Ils recevront également les marchandises que leur donneront, à Madère pour la côte d'Afrique, le steamer du Nord et celui du Sud. Il serait à désirer que les expéditeurs bordelais, pour toute autre destination que celles de la côte d'Afrique, expédiassent directement à Brest ; cela simplifierait beaucoup les travaux de cette troisième ligne.

Ou 56 jours, nous calculerons sur 60 jours.

A 4 départs par mois, il nous faudra 8 steamers ; nous en ajouterons un de plus pour steamer de réserve. Cette ligne sera donc composée de 9 steamers.

Chacun d'eux sera de 1,500 tonneaux de capacité, de 300 chevaux de force, construit à fond plat, à hélice, trois-mâts goëlettes, en fer, etc....

Chaque steamer nous coûtera .	1,312,500 fr.
Par conséquent, les 9 ensemble . .	11,812,500
Dépenses imprévues.	187,500
Total. . . .	12,000,000

Capital nécessaire pour la construction du matériel de la ligne de la côte d'Afrique : douze millions.

Passons maintenant à la ligne du Pacifique, de Panama à Valparaiso, et réciproquement.

PORTS, STATIONS ou escales.	NOMBRE DE		HEURES de traversée en filant			POINTS de départ relâches et bifurcation	OBSERVATIONS météorologiques	Nombre d'heures pendant lesquelles il faudra chauffer.
	lieues.	milles.	12 nœuds	11 nœuds.	10 nœuds.			
PANAMA.	»	»	»	»	»	Départ		
	275	825	69	76	83			52
GUAYAQUIL.	»	»	6	12	18	Relâche.	Vents alizés pendant tout le parcours ; cependant nous compterons chauffer pendant les trois-quarts des traversées.	
	75	225	19	21	23			15
PAYTA.	»	»	1	2	3	Relâche.		
	165	495	41	45	49			30
CALLAO.	515	1545	136	156	176	bifurcat.		97

Ainsi, de Panama au Callao (Lima) 515 lieues franchies en 136 h. ou 5 j. 16 h.

De Brest à Lima 2,112 lieues 24 jours 12 heures.

Nous n'employons encore sur cette ligne que la grande vitesse ; l'économie qu'elle nous procurera est incalculable.

PORTS, STATIONS ou escales.	NOMBRE de		Heures de traversée en filant			PORTS de départ relâches et bifurcation.	OBSERVATIONS météorologiques.	Heures pendant lesquelles il faudra chauffer.
	lieues.	milles.	12 nœuds.	11 nœuds.	10 nœuds.			
Suite report.	515	1545	136	156	176			97
CALLAO.	»	«	12	24	36	relâche		
CALLAO.	»	»	»	»	»	départ		
	3 8	114	9 30	10 30	11 30		Vents alizés pendant tout le parcours ; cependant nous comptons chauffer pendant les 3/4 des traversées.	8
PISCO.	»	»	1	2	3	relâche		
	115	345	29	32	34 30			22
ISLAY.	»	»	1	2	3	relâche		
	44	132	11	12	13			8
ARICA.	»	»	2	4	6	relâche		
	36	108	9	10	11			8
IQUIQUE.	»	»	1	2	3	relâche		
	45	135	10	11	13			8
COBIJA.	»	»	1	2	3	relâche		
	100	300	25	28	30			19
COPIAPO.	»	»	2	4	6	relâche		
	55	165	14	15	16			11
COQUIMBO.	»	»	1	2	3	relâche		
	65	195	16	18	19			12
VALPARAISO.	1013	3039	280 30	334 30	386 »	arrivée		193

De Panama à Valparaiso 1,013 lieues, franchies en 280 heures ou 11 jours 16 lieures, relâches comprises.

De Brest à Valparaiso 2,610 lieues franchies en trente jours 12 heures, relâches comprises (1).

De Marseille à Valparaiso 2,655 lieues franchies en trente-et-un jours six heures, relâches comprises (2).

Les lignes anglaises mettent 45 jours pour faire le trajet de Southampton à Valparaiso. Mes relâches dans le Pacifique sont exactement les mêmes que celles de la ligne anglaise, par laquelle j'ai fait tout dernièrement la traversée.

Cette ligne ne sera jamais une ligne de marchandises; on en prendra, quand il s'en présentera, mais cela arrivera fort rarement. En revanche, les passagers y sont excessivement nombreux. Ils réclament un service très-rapide; nous devons les satisfaire; le temps et la mer nous le permettront toujours; nous éviterons ainsi des frais de matériel et de nourriture considérables. N'oublions pas, non plus, qu'aux dépenses occasionnées par un matériel plus considérable, viennent se joindre les dépenses d'un personnel plus nombreux.

Nous aurons ainsi :

De Panama à Valparaiso. , . . , . . . 280 heures.
Séjours à Panama et Valparaiso. . . 144
De Valparaiso à Panama. 280
D'un départ à l'autre de Panama. . . 704 heures,
Ou 29 jours 8 heures.

A quatre départs par mois, ce service exigerait 4 na-

____

(1-2) J'ai ajouté 24 heures pour le passage de l'isthme; le parcours sur le chemin de fer dure 4 heures.

vires ; nous en mettrons six sur la ligne. Enfin, pour favoriser les chargements de marchandises, nous établirons une bifurcation à Lima.

Nous aurons donc sur la ligne de Lima à Panama : 3 steamers, et 3 sur celle de Valparaiso à Lima : c'est ainsi que procèdent les Anglais.

Nous affecterons 6 millions à ce matériel ; avec cette somme, on pourrait, à la rigueur, avoir 8 steamers ; ce serait le double de ce qui nous est nécessaire.

Récapitulation générale du coût du matériel de la ligne totale des Antilles ; de la ligne australe et de la ligne de la côte occidentale d'Afrique suivant le projet Keraniou

Grande ligne de Marseille aux Antilles, 12 steamers 28,500,000

Service supplémentaire des Antilles, 12 steamers 9,500,000

Service supplémentaire du Pacifique, 6 steamers 6,000,000

Total de la ligne des Antilles, 30s teamers 44,000,000

Grande ligne du Brésil, du Chili, du Pérou et de la Plata, 14 steamers . . . . . 30,618,000 ⎫
Service supplémentaire, ⎬ 33,000,000
3 steamers. . . . . 2,382,000 ⎭

Grande ligne de Bordeaux à la côte d'Afrique, 9 steamers 12,000,000

Total général, 56 steamers. . . . 89,000,000

Imprévu 1,000,000

Total définitif. 90,000,000

CHAPITRE XXIV.

Dépenses d'exploitation des lignes transatlantiques, suivant le projet Keraniou.

Nous allons calculer maintenant les dépenses d'exploitation de chaque ligne.

Ligne des Antilles.

Intérêt du capital, (5 0/0 sur 28 millions 500,000 fr.)...................... 1,425,000

Assurances, 5 0/0...................... 1,425,000

Amortissement, dépréciation, etc., 15 0/0......................... 4,275,000

Solde de l'équipage, sa nourriture, etc. (1,200 hommes à 5 fr. par jour)......... 2,190,000

Combustible et matières grasses (1).. 2,204,119

Frais d'administration, de port, de déchargement, chargement, etc., 20,000 f. par voyage, 48 voyages par an.......... 960,000

Total, fr..... 12,479,119

____

(1) Le tableau qui précède (page 249) indique qu'on devra

Ligne supplémentaire des Antilles.

Intérêt du capital, (5 0/0 sur 9 millions 500,000 fr.)......................	475,000
Assurances, id......................	475,000
Dépréciation, amortissement, etc., 15 0/0	1,225,000
Solde et nourriture des équipages, (600 hommes à 5 fr. par jour)..........	1,095,000
Combustible et matières grasses (1)..	1,614,375
Frais d'administration, de port, de dé-	

chauffer pour les traversées d'aller, pendant...	893	heures
— de retour........	893	
— d'aller et retour....	1,786	heures
12 voyages par an —	21,432	
A 3 tonneaux de combustible par heure.....	64,296	tonnes
Coutant 25 fr. pour aller, 45 fr. pour revenir, 35 fr. en moyenne	2,150,360	francs
Matières grasses......................	53,759	
Combustible et matières grasses.........	2,204,119	francs

(1) Lorsque nous avons établi les comptes de dépenses en combustible des lignes supplémentaires des Antilles dans le premier projet d'établissement (p. 227), nous avons trouvé que ce service exigeait 1,944 heures de chauffage, à un tonneau 1|2 à l'heure, cela nous faisait 29,916 tonneaux pour notre service annuel. Ce premier service était bi-mensuel. Celui-ci doit avoir lieu quatre fois par mois, mais une fois, sur les quatre, le service sera fait par les grands steamers de la ligne principale. Nous ne devons donc ajouter qne 1|2 en sus pour notre consommation de charbon par les lignes supplémentaires. Alors notre dépense annuelle en combustible sera de 44,874 tonnes, mettons : 45,000 t. à 35 fr.

Combustible..................	1,575,000 fr.
Matières grasses.............	39,375
Combustible et matières grasses.	1,614,375 fr.

chargement, chargement , etc. 10,000 f.
par voyage, 48 voyages par an (1)·······   480,000

Total, fr..... ~ 5,364,375

Ligne du Pacifique.

Intérêt du capital , (5 pour cent sur 6,000,000 fr.)··························	300,000
Assurances Id·············	300,000
Dépréciation , amortissement , etc. , 15 p. 0/0······························	900,000
Solde , nourriture des équipages, (300 hommes à 5 fr. par jour)···············	347,500
Combustible et matières grasses (2)..	1,139,472
Frais d'administration, de port, de déchargement, chargement, etc., 10,000 f. par voyage , 48 voyages par an (3) ······	480,000
Total.....	3,466,972

(1) 10,000 fr. par voyage pour ces frais sont beaucoup trop.

(2) Le tableau qui précède (p. 254) nous indique que nous devrons

chauffer pour nos traversées d'aller··········	193 heures
— de retour········	193
— d'aller et de retour.	386 heures
48 voyages par an.·······················	18,528
à un tonneau et demi par heure·············	27,792 tonnes
Nous brûlerons sur cette ligne du charbon du Chili à 40 fr. par tonneau....................	1,111,680 francs
Matières grasses..........................	27,792
Combustible et matières grasses..........	1,139.472 francs

(3) 10,000 fr. par voyage, pour ces frais, sont beaucoup trop

Ligne australe ou du Brésil.

Intérêt du capital (5 pour cent sur 30,618,000 fr.)································	1,530,900
Assurances Id··············	1,530,900
Amortissement, dépréciation, etc., 15 p. 0/0·······························	4,592,700
Solde et nourriture des équipages, 1,400 hommes à 5 fr. par jour)·········	2,555,000
Combustible et matières grasses (1)..	2,895,912
Frais d'administration, de port, de déchargement, chargement, etc., 20,000 f. voyage, par 48 voyages par an········	960,000
Total.....	14,065,412

Ligne supplémentaire de la Plata.

Intérêt du capital, (5 pour cent. sur 2,382,000 fr.) ·····················	119,100 fr.
Assurances Id··············	119,100

---

(1) Le tableau qui précède (p. 246) nous indique que nous devrons chauffer pour nos traversées d'aller············ 1,308 heures

—   de retour······· 1,308

—   d'aller et retour.. 2,616

12 voyages par an························ 31,392

à 2 tonneaux de combustible par heure.... 62,784 tonnes

Coutant 30 fr. pour la traversée d'aller, 60 fr. pour celle de retour, 45 fr. en moyenne...... 2,825,280 francs

Matières grasses........................ 70,632

Combustible et matières grasses........ 2,895,912 francs

Dépréciation , amortissement, etc. ,
15 pour cent······························· 357,300 fr.

Solde et nourriture des équipages
(150 hommes à 5 fr. par jour)··········· 273,750

Combustible et matières grasses (1)... 431,730

Frais d'administration , de port, de
déchargement , de chargement , etc. ,
10,000 fr. par voyage, 48 par an (2).... 480,000

Total..... 1,780,980 fr.

Ligne d'Afrique.

Intérêt du capital (5 p. cent sur
12,000,000 fr.)..................... 600,000

Assurances   Id.   600,000

Amortissement, dépréciation, etc, 15
pour cent......................... 1,800,000

Solde et nourriture des équipages (3)
(900 h. à 5 fr. p. jour)............... 1,642,000

---

(1) De Rio-Janeïro à Montevideo , il y a 350 lieues, franchies
en 87 heures. Nous compterons chauffer les trois-quarts du temps,
nous aurons donc :

Traversée d'aller..................... 65 heures.
  — de retour................... 65

Par voyage aller et retour.............. 130 heures.
48 voyages par an................... 6,240 heures.
A 1 tonneau et demi par heure............ 9,360 tonn.
A 45 fr. par tonneau................. 421,200 francs.
Matières grasses................... 10,530

Combustible et matières grasses........... 431,730 francs.

(2) 10,000 francs, pour ces frais, sont beaucoup trop.

(3) Je compte cent hommes par navire, c'est beaucoup trop.

Combustible et matières grasses (1).   836,851

Frais d'agence, de port, de déchargement, chargement, etc., 10,000 fr. par
voyage, 48 par an (2)..............   480,000

         Total.............. 5,958,851

Récapitulation des dépenses annuelles des différentes lignes établies suivant le projet Keraniou.

Ligne principale des Antilles.....   12,479,119 fr.
Ligne supplémentaire des Antilles.   5,364,375
Ligne supplémentaire du Pacifique.   3,466,972
Ligne australe principale du Brésil,
du Chili, du Pérou...............   14,065,412
Ligne supplémentaire de la Plata..   1,780,980
Ligne de la côte occidentale d'A-
frique.........................   5,958,851

    Total des dépenses annuelles 43,115,709

---

(2) Le tableau qui précède (p. 251) nous indique que nous devrons
chauffer pour nos traversées d'aller..,.......   162 heures.
   — pour   —   de retour........   162   —
   — pour   —   d'aller et de retour..   324 heures.
48 voyages par an...........,...........15,552 heures.
A 1 tonneau 1/2 par heure................23,328 tonnes.
Coûtant 30 fr. pour aller, 40 pour revenir, 35 fr.
en moyenne...........................   816,440 francs
Matières grasses.....................   20,411
Combustible et matières grasses............836,851 francs.
(2) 10,000 fr. par voyage pour ces frais sont beaucoup trop.

CHAPITRE XXV.

Nous avons calculé le coût du matériel de notre ligne australe, de la ligne des Antilles prolongées dans le Pacifique, et de la ligne de la côte d'Afrique. Nous avons vu également quelles seraient nos dépenses, il ne nous reste plus qu'à estimer approximativement quelles seront nos recettes.

Disons, avant d'entamer ce chapitre, que si, dans notre projet développé, nous n'avons pas parlé de la ligne des États-Unis, c'est que notre intention est de ne rien changer, ni au matériel, ni au nombre de départs, ni aux dépenses, ni aux recettes, ni à l'organisation que nous avons indiquée dans le premier projet. Si nous établissions 4 départs mensuels, les Américains, les Anglais, etc..., ne pourraient venir exploiter cette ligne à Brest, force leur serait de chercher du travail ailleurs. Cela pourrait arrêter ou retarder la révolution qu'amèneront indubitablement dans les courants commerciaux européens les chemins de fer de l'ouest. Somme toute, mon opinion est qu'avec deux départs mensuels de Brest nous ferons plus, pour attirer en France le transit européen, qu'avec quatre.

Les recettes seront fournies par les *passagers,* par la *correspondance,* par les *valeurs,* par la *marchandise.*

Et d'abord, les *passagers :*

Combien se délivre-t-il annuellement de passeports en Europe (je parle du continent) pour les deux Amériques et pour l'Afrique ? Le nombre en est immense, si l'on pense à tous ces passagers que nous voyons partir par les lignes anglaises, américaines, hambourgeoises, espagnoles, génoises, etc., à tous ceux que nous voyons s'embarquer, chaque jour, sur nos navires à voiles ou sur navires étrangers ; à tous ceux qui partent des autres ports d'Europe, et que nous ne voyons ni partir ni arriver.

Si grand que soit ce mouvement d'*émigration* européenne, ou plutôt, si nombreux que soient ces voyageurs, le nombre des *immigrants* est à peu près égal ; c'est par centaines de mille qu'il faut les compter ; et cependant, dans dix ans, ce nombre aura encore doublé.

Le service que je viens d'organiser d'une manière si commode pour tout le monde, si économique et surtout si rapide, m'autorise à dire que plus de la moitié de ces passagers nous appartiendra. Notez que cette moitié d'aujourd'hui équivaut à plus de la totalité de ce qu'ils étaient il y a dix ans ; au double de ce qu'ils étaient il y a vingt ans, quand les anglais ont commencé leurs services transatlantiques, avec de petits bâtiments, bientôt jetés au rebut ; et que, par conséquent, cette moitié, que nous nous attribuons, sera devenue égale, dans dix ans, à la totalité des voyageurs qui circulent aujourd'hui entre les deux mondes.

Ici, il faut que j'établisse le tableau des prix de passage que je compte demander ; leur modicité prouvera combien nos espérances sont modérées, et comment à tous ces passagers, qui voyagent actuellement par les steamers étrangers, viendront encore se joindre ceux qui, jusqu'à présent, ont été condamnés à s'embarquer sur des navires à voiles dans tous les ports d'Europe, ne pouvant pas payer les prix exorbitants qu'exigent les paquebots anglais pour les transporter. Mes prix de passage seront beaucoup moins élevés que ceux que demandent les navires à voiles, aujourd'hui (1) ; on va le voir :

Nous ne formerons que deux classes de passagers. — Première classe logés et nourris *derrière*, à la table du capitaine. — Deuxième classe, logés *devant*, nourriture saine, mais moins variée.

Pour tous ces passagers le prix de passage sera divisé en deux parties : 1° le prix de passage proprement dit ; 2° les frais de nourriture, logement, etc,

---

(1) Ces navires gardent quelquefois des passagers 3, 4 et 5 mois ; nécessairement, les frais de nourriture deviennent considérables.

Le prix de passage proprement dit sera de 500 fr. par passager de chambre , et de 200 par passager d'entrepont.

Les frais de nourriture, etc., seront de dix francs par jour de traversée pour les passagers de chambre et de 5 fr. pour les passagers d'entrepont.

Disons encore que, quel que soit le point de départ du voyageur, Brest, Bordeaux, Santander , Lisbonne, Algésiras, Marseille, etc., le prix du passage sera le même ; les frais de nourriture, etc., varieront seuls. Il n'y aura donc qu'une différence de quelques francs, pour chaque voyageur, pris sur n'importe quel point de l'Europe.

Cela posé , le tableau des prix de passage se dressera ainsi :

Tableau des prix de passage d'Europe aux destinations suivantes :

DESTINATIONS.	DURÉE des traversées.	NOURRITURE à 10 fr. par jour	PRIX du passage.	Montant total du passage.
La Guadeloupe.	13 jours	130 fr.	500 f.	630 f.
La Martinique.	14 —	140	id.	640
Cayenne.	20 —	200	id.	700
Porto-Rico.	16 —	160	id.	660
Saint-Domingue.	17 —	170	id.	670
Saint-Thomas.	16 —	160	id.	660
Jamaïque.	18 —	180	id.	680
Havanne.	20 —	200	id.	700
New-Orléans.	22 —	220	id.	720
Vera-Cruz.	21 —	210	id.	710
Tampico.	22 —	220	id.	720
Sainte-Marthe.	18 —	180	id.	680
Rio-Janeïro.	17 —	170	id.	670
Montevidéo.	20 —	200	id.	700

Pour les destinations du Pacifique le prix du passage sera de 750 fr, les frais de nourriture resteront les mêmes, 10 fr. par jour. Ainsi d'Europe à

Valparaiso { par l'isthme. .	30 jours 12 h.	310	plus 750 f.	1,060
par le cap Horn.	33 —	330	id.	1,080
Lima . . { par l'isthme. .	24 —	250	id.	1,000
par le cap Horn.	38 —	380	id.	1,130

Pour les destinations de la côte d'Afrique le prix du passage sera de 350 fr. Les frais de nourriture resteront les mêmes 10 fr. par jour. Ainsi d'Europe à

Saint-Louis.	11 jours	110	350 f.	460 f.
Gorée.	12 —	120	id.	470
Sierra-Leone.	14 —	140	id.	490

Examen fait du tableau qui précède, qui peut douter que les passagers ne nous viendront pas en foule? C'est par centaines de mille que je devrais les compter : car nos paquebots, à part l'Océan indien ou Grand-Océan, desserviront tous les points du globe, oui, par centaines de mille! Cependant, je n'en ferai rien, on m'accuserait d'exagération ; je compterai seulement transporter annuellement, pour tous les points du globe, (les États-Unis et l'Océan indien exceptés) :

De Brest (provenant de tout le nord de l'Europe) (1)	6,000 passagers
De Bordeaux (par le grand central).	4,000
De Lisbonne et Porto (du Portugal).	2,000
D'Algésiras (provenant de Cadix et d'Espagne).	2,000
De Marseille (provenant du sud de l'Europe).	6,000
Traversées d'aller.	20,000
Traversées de retour.	20,000
TOTAL. . . .	40,000 passagers

40,000 passagers! Ce nombre est bien peu de chose, comparé au mouvement de migration qui existe entre

---

(1) Le Havre seul expédie annuellement 36 à 40,000 passagers; et, nous l'avons dit plus haut, à l'avenir pas un seul passager ne s'embarquera sur les navires à voiles, à moins que ce soit pour son agrément; car les prix de passage, par navires à voiles, coûteront *beaucoup* plus cher.

les deux mondes ; mais, si petit qu'il soit, il nous fournirait encore à 500 francs, prix de passage, une somme de 20,000,000 de francs au bout de l'année.

Soit donc :

20,000,000 de francs fournis par les grands parcours.

1,000,000 (1) de francs fournis par le service intercolonial aux Antilles.

500,000 (2) francs fournis par le service international de la côte du Brésil.

100,000 (3) francs fournis par le service international de la côté d'Afrique.

1,400,000 (4) francs fournis par le service international du Pacifique.

———————

23,000,000 de francs, minimum des recettes que devra faire en passagers un bon service transatlantique français, suivant l'organisation que j'ai indiquée.

Passons maintenant aux recettes en marchandises ; le tableau suivant nous les indiqnera :

———————

(1, 2, 3, 4). Il faut avoir fait ces navigations pour juger de la quantité de voyageurs qui circulent d'une île, d'une ville, d'une province à l'autre, dans ces contrées qui n'ont pas d'autre voie de communication que la mer. Il faut réfléchir à l'importance commerciale de ces ports qui expédient au monde entier, et ont un mouvement aussi grand que celui de nos ports d'Europe de première classe, pour se rendre compte de la multiplicité des rapports que le commerce colonial occasionne. Mes chiffres de bénéfices sur les passagers sont bien au-dessous de ce qu'ils seront ; mais je ne peux pas indiquer le produit exact ; on ne me croirait pas.

DESTINATIONS.	PROVENANCES.		Chargements mensuels fournis par l'Europe.	Chargements annuels.	PRIX du fret. (1)	FRETS mensuels	FRETS annuels.
	DU NORD de l'Europe	DU SUD de l'Europe					
Rio-Janeïro.	750 T.	750 T.	1500 T.	18000 T.	75 f.	112,500 f	1,350,000 f.
Montevideo.	750	750	1500	18000	80	120,000	1,440,000
Valparaiso.	750	750	1500	18000	110	165,000	1,980,000
Lima.	750	750	1500	18000	120	180,000	2,160,000
Havanne.	750	750	1500	18000	55	82,500	990,000
Guadeloupe.	750	750	1500	18000	40	60,000	720,000
New-Orléans.	750	750	1500	18000	75	112,500	1,350,000
Vera-Cruz.	750	750	1500	18000	75	112,500	1,350,000
Gorée.	250	250	500	6000	25	12,500	150,000
St-Louis.	250	250	500	6000	25	12,500	150,000
Sierra-Leone.	250	250	500	6000	50	25,000	300,000
Traversées d'aller.	6750	6750	13500	162000		995,000	11,940,000
Id. de retour.	6750	6750	13500	162000		995,000	11,940,000
	13500 T.	13500	27000	324000		1,990,000	23,880,000 f.

Fret intercolonial aux Antilles.. 1,500,000 f.
international entre le Brésil et la Plata........................ 600,000
— sur la côte d'Afrique............................ 200,000
— entre les puissances européennes................ 500,000
— entre les nations du Pacifique.................... 1,000,000
Recettes annuelles en marchandises......................... 27,680,000 f.

(1) Les prix de fret que j'indique dans cette colonne sont les moyennes entre les prix de fret de sortie et d'entrée pris par les navires à voiles en temps ordinaire.

Passons maintenant aux *valeurs :*

Chaque steamer anglais et américain transporte des quantités considérables de valeurs, or, argent, métaux, pierres précieuses, etc... C'est ce que l'on nomme en langage de commerce, *soldes* ou *retours.*

Nous venons tout dernièrement, d'apprendre la perte du steamer américain *Central america ;* il avait à son bord plus de 10 millions de francs en poudre d'or. Ce steamer faisait partie d'une ligne qui dessert, deux fois par mois, la ligne de Panama à New-Yorck... Pouvons-nous admettre que nos services français n'inspireront pas la même confiance aux expéditeurs ?....

Je ne compterai, cependant, qu'un million pour notre part de primes sur ces transports si précieux.

La *correspondance* produira aussi des sommes considérables :

En 1853, les lignes transatlantiques anglaises ont perçu, 9,897,175 fr. sur la correspondance, quoique mal situées en Europe, mal organisées pour recueillir cette correspondance, et n'ayant que 2 départs mensuels. Pouvons-nous croire que mieux situés, avec 4 départs mensuels, nous ne ferons pas de plus fortes recettes. Si on veut tenir compte, de l'importance qu'a acquise la correspondance depuis 1853, du mouvement de migration qui augmente chaque jour et multiplie la correspondance internationale, de l'insuffisance de ces deux courriers mensuels pour le commerce, qui ne manque jamais une seule occasion, quand elle lui est offerte, de l'augmentation énorme qui s'est produite dans la correspondance depuis 1853, même pour les lignes anglaises; on comprendra tout ce que cette branche des recettes offrira de ressources aux transatlantiques français.

Cependant, encore, nous adopterons le chiffre le plus bas. Nous ne compterons que 10 millions pour la correspondance.

Récapitulant les recettes annuelles des services transatlantiques français suivant notre projet (1re extension du projet du Gouvernement), nous trouvons, sans y comprendre aucune subvention :

1° Passagers.	23,000,000	fr.
2° Marchandises	27,680,000	
3° Valeurs . . . . , ...	1,000,000	
4° Correspondances.	10,000,000	
Total des recettes annuelles.	61,680,000	fr.

Les voilà donc chiffrées, toutes les dépenses de construction, d'exploitation, toutes les recettes de ce projet, que nos détracteurs qualifiaient si injustement de chimérique, d'irréalisable (1) !

Pour tout notre matériel de la ligne du Brésil, *de la ligne totale des* Antilles *et celui de la ligne de la côte d'*Afrique *réunis, il faudra* . . . 90,000,000 fr.

Nous dépenserons annuellement . 43,115,709
Nous recevrons annuellement . . . 61,680,000

Nos bénéfices annuels seront de. 18,564,291 fr.

(1) Il nous semble vraiment voir toutes ces pochades, entendre tous ces lazzis qui accueillirent, il y a de cela cinq ou six ans, l'immersion du câble électrique de Douvres à Calais, opération, qui, à cette époque (on pourrait dire avant-hier), paraissait le *nec plus*

C'est-à-dire 20 1/2 pour cent de notre capital, plus les 5 pour cent compris dans les dépenses : 25 1/2 pour cent du capital, et cela sans subvention. Que serait-ce si l'on ajoutait une subvention à ces bénéfices ?

Cependant, il ne faudrait pas qu'en donnant une subvention le Gouvernement retînt les recettes postales en échange, car nous nous trouverions en perte, attendu que les correspondances produiront beaucoup plus de 11 millions, très-peu de temps après la mise en activité d'un service aussi fréquent et aussi régulier.

Aussi, nous le déclarons, la subvention, selon nous, ne peut servir, qu'à couvrir les vices d'une organisation mauvaise ou d'une administration avide ; qu'à éblouir, par des promesses de dividendes fabuleux, des actionnaires, assez crédules, pour placer leurs capitaux dans une opération, qu'ils n'auront pas sérieusement étudiée.

Qu'on le sache bien, d'ailleurs, une compagnie subventionnée, fondée sur de mauvaises bases, par des spéculateurs qui ne connaissent pas le premier mot de l'opération qu'ils veulent monter, succombera toujours sous les efforts intelligents d'une compagnie concurrente non subventionnée, qui, ne pouvant compter que sur les ressources que lui assurera sa supériorité, épuisera son intelligence pour arriver à procurer à ses clients des avantages supérieurs, des ports mieux choisis, des

---

ultrà de la démence, à ces gens qui, dépourvus de toute valeur, ne veulent pas admettre qu'il y en ait d'autres aussi supérieurs qu'ils sont inférieurs. Nous les laissons dire et faire, convaincus que, tôt ou tard, ce qui est bien triomphe toujours de ce qui est mal. C'est seulement une question de patience et de temps, et nous sommes encore assez jeune pour attendre.

parcours moins longs par mer, une vitesse plus grande, des navires supérieurs, des officiers commandants plus capables (car tout dépendra d'eux), comme officiers et comme commerçants.

Voici le sort qui attend ces entreprises mal établies :

Elles verront passer le transit et les voyageurs sous leurs yeux, et aller s'embarquer dans un port voisin du leur, mieux situé, et où le commerce trouvera des administrateurs qui n'auront d'autre pensée que d'aller au-devant de ses désirs et de ses besoins.

TABLEAU RÉCAPITULATIF DES QUATRE LIGNES TRANSATLANTIQUES FRANÇAISES, D'APRÈS LE SYSTÈME KERANIOU.

NOMS des différentes lignes.	Nombre de lieues.	DURÉE des traversées.	DURÉE des séjours.	Nombre de steamers.	TONNAGE de chaque steamer.	FORCE de chevaux.	TONNAGE TOTAL de la ligne.	FORCE TOTALE de chevaux de la ligne.	COUT du MATÉRIEL.	CONSOMMATION ANNUELLE de charbon. (tonnes.)	DÉPENSES annuelles.	RECETTES annuelles.	SUBVENTIONS annuelles.	BÉNÉFICES annuels — Sommes.	BÉNÉFICES annuels — Pour cent du capital.	ESPÈCE des bâtiments.
Ligne des États-Unis	974	10	10	3	4,000	1200	12,000	3,600	12,000,000	52,000	5,737,500	4,040,0 00	3,000,000	1,282,500	15 1/2 p. 0/0	Steamers en bois à roues.
Ligne des Antilles — Guadeloupe	1275	13	15													Steamers en fer à hélice.
Havanne	1706	19		12	2,500	650	30,000	7,800	28,500,000	64,296	12,479,119					id.
New-Orléans	1906	22														id.
Vera-Cruz et Tampico	1962	23														id.
supprᵉ desAntilles	»	»	»	12	»	»		»	9,500,000	45,000	5,864,375					id.
— du Pacifique	1013	12	3	6	»	»		»	6,000,000	27,792	3,466,972					id.
Ligne australe — Rio-Janeïro	1607	17	15									61,680,000	11,000,000	18,564,291	25 1/2 p. 0/0	Clippers à hélice.
Montevideo	1957	21	15													id.
Valparaiso par Magellan	2929	33	15	14	2,500	500	30,000	6,000	30,618,000	62,784	14,065,412					id.
ou par l'isthme	2610	30	13													id.
Lima par Magellan	3349	38	15													id.
ou par l'isthme	2112	24	12													id.
supprᵉ de la Plata	»	»	»	3	»	»	»	»	2,382,000	9,360	1,780,980					steam. à hé.
Ligne de la côte occidentale d'Afrique	»	»	»	9	»	»	»	»	12,000,000	23,328	5,958,851					id.
	»	»	»	59	»	»	«	«	101,000,000	284,560	48,873,209	65,720,000	14,000,000	19,846,791		

CHAPITRE XXVI.

Deuxième développement des services transatlantiques suivant le projet Keraniou. — Services de l'Inde, de l'Australie, de la Californie.

Le jour où nos services transatlantiques auront atteint le développement qui précède, il nous en coûte de l'avouer, la France ne sera pas encore arrivée au niveau commercial et maritime de l'Angleterre, qui, depuis de longues années, a étendu ses lignes transatlantiques jusque dans l'Inde, en Chine, en Australie, etc. C'est que plus elle en a créé, comme de chemins de fer, plus elle en a apprécié les avantages.

L'Inde et l'Australie lui appartiennent, me dira-t-on : ce ne fut pas cette raison qui détermina le Gouvernement anglais à subventionner ces dernières lignes : les États-Unis, les Antilles, le Brésil, le Chili, le Pérou, etc., ne lui appartiennent pas ; Alexandrie, Marseille, non plus. Si elle a établi des services, l'un après l'autre, sur ces différents points , c'est qu'elle y a été conduite par le succès de ses premières épreuves.

Il en sera de même pour la France. Les services transatlantiques dont je viens d'établir l'organisation seront, à ceux qui existeront, dans vingt ans, ce que fut, et est encore aujourd'hui, la ligne Cunard au réseau immense, à l'aide duquel l'Angleterre enveloppe le monde entier ; ce que sont les chemins de fer de Saint-Germain et d'Orléans , comparés à l'ensemble de toutes nos voies ferrées.

L'Angleterre a mis vingt ans pour compléter son réseau transatlantique. En transatlantiques, comme en chemins de fer , comme en toutes choses , quand nous nous y mettrons sérieusement, quand nous comprendrons, quand nous ne raillerons plus, nous marcherons rapidement. Si nos premiers services sont bien établis, si nos transatlantiques prospèrent, nous les compléterons en moins de dix ans.

Dans dix ans, il n'existera pas un français qui ne connaisse les bienfaits de cette nouvelle marine , tous seront jaloux de surpasser, dans cette voie, l'Angleterre ; tous comprendront les immenses avantages que nous donne notre position géographique en Europe sur notre rivale ; il sera bien constaté alors, que ces magnifiques paquebots , expédiés par l'Angleterre dans ces contrées lointaines, ne sont chargés que par le transit et les voyageurs européens, qui, désormais, préféreront les voies françaises.

Tout le monde , en France, réclamera donc de nouvelles lignes pour l'Inde, correspondant avec nos services du Levant ; pour l'Australie, pour la Californie, pour la Chine, etc.

Alors le projet que j'ai eu l'honneur de déposer entre les mains du Gouvernement se réalisera dans toute son extension.

De Brest partiront, encore chargés moitié pour San-Francisco, moitié pour Calcutta, de nouveaux steamers, qui viendront bifurquer à Madère avec la ligne correspondante de Marseille, chargée également pour ces deux destinations. Même rencontre, même transbordement à Madère, et nouvelles occasions pour les voyageurs et la correspondance que nos paquebots laisseront, à leur passage ; au Brésil, et ainsi de suite, à Maurice, à la Réunion, à Melbourne, etc...

Notre bifurcation à Madère continuera ainsi, à nous faire profiter des ressources du Sud et du Nord de l'Europe, à nous fournir des départs fréquents et commodes pour toutes les destinations.

Nous attirerons par ces moyens tous les voyageurs européens, toute la correspondance, toutes les marchandises, et nous ferons de la France, de Paris la gare universelle du globe.

Ce développement transatlantique obtenu : notre commerce général sera doublé, nos revenus des douanes considérablement augmentés, notre industrie et nos bras ne pourront suffire aux commandes qui leur seront faites ; les causes principales de la dépopulation disparaîtront. La France, riche d'habitants, riche de toute espèce de ressources, n'aura plus un centimètre de terrain en friche.

Les lignes de l'Inde, de l'Australie, de la Californie, etc..., je viens de le dire, compléteront le réseau transatlantique français, rendront le monde entier tributaire de nos services ; la France sera la première puissance du monde, l'arbitre des destinées universelles, mes vœux seront remplis.

Maintenant, je le demande à mes lecteurs, ce projet a-t-il rien de chimérique, de si impraticable que semblent le dire certains détracteurs-nés de tout ce qui paraît un peu au-dessus de leur intelligence !

Je crois entièrement superflû d'entretenir mes lecteurs de l'organisation de ces nouveaux services. Ceux qui auront bien suivi les détails des premiers, s'en rendront facilement compte.

CHAPITRE XXVII.

Composition du rôle d'équipage, grades, solde, traitement de table de chaque homme sur les paquebots transatlantiques. — Service des quarts à la mer.

J'ai, dans le cours de cet ouvrage, souvent eu occasion de parler des frais de nourriture et appointements des équipages ; j'ai estimé ces dépenses à 5 francs, en moyenne, par jour. Par le tableau qui va suivre on verra qu'une administration bien entendue pourrait encore réaliser une économie notable sur ce chapitre des dépenses.

ROLE D'ÉQUIPAGE

D'un des clippers à hélice des lignes transatlantiques du système Keraniou.

Nombre d'hommes.	GRADES.	FONCTIONS à bord.	SOLDE PAR			TRAITEMENT DE TABLE PAR		
			Jour.	Mois.	Année.	Jour.	Mois.	Année.
			f.	fr.	fr.	fr.	fr.	fr.
1	Cap. au l. cours.	Commandant.	32 879	1,000	12,000	3	91 250	1,095 »
1	—	Second.	16 439	500	6,000	3 »	91 250	1,095 »
1	Docteur.	Médecin.	9 863	300	3,600	3 »	91 250	1,095 »
1	Empl. de la poste	Comptable.	6 575	200	2,400	3 »	91 250	1,095 »
1	Cap. au l. cours.	1er Lieutenant.	9 863	300	3,600	3 »	91 250	1,095 »
1	Maître au cabot.	2e —	4 932	150	1,800	3 »	91 250	1,095 »
1	Mécanicien.	Maître mécanic.	6 575	200	2,400	3 »	91 250	1,095 »
1	Ecrivain.	Secr. du détail.	3 283	100	1,200	3 c	91 250	1,095 »
1	Maître au cabot.	Maître de manœuvre.	4 109	125	1,500	1 75	53 229	638 75
1	—	—	4 109	125	1,500	1 75	53 229	638 75
1	Homme de confiance.	Cambusier.	3 287	100	1,200	1 75	53 229	638 75
1	Bon ouvrier.	Maître charpentier.	4 109	125	1,500	1 75	53 229	638 75
1	—	Maître voilier.	4 109	125	1,500	1 75	53 229	638 75
1	—	2e mécanicien.	4 109	125	1,500	1 75	53 229	638 75
1	—	—	4 109	125	1,500	1 75	53 229	638 75
1	Cuisinier.	Chef de cuisine.	3 945	120	1,440	1 75	53 229	638 75
1	—	2e chef de cuisine	2 958	90	1,080	1 75	53 229	638 75
1	—	1er m. d'hôtel.	3 287	100	1,200	1 75	53 229	638 75
1	Pâtissier.	2e —	1 643	50	600	1 75	53 229	638 75
1	Boulanger.	3e —	1 643	50	600	1 75	53 229	638 75
1	Tonnelier.	Aide de cambuse	2 466	75	900	1 75	53 229	638 75
1	Infirmier.	—	1 973	60	720	1 75	53 229	638 75
1	Boucher.	—	1 643	50	600	1 75	53 229	638 75
23	Officiers, sous-officiers et autres. TOTAL A REPORTER............		fr. 137 912	fr. 4,195	fr. 50,340	fr. 50,250	fr. 1,528 335	fr. 18,341 »

Nombre d'hommes.	GRADES.	FONCTIONS à bord.	SOLDE PAR			TRAITEMENT DE TABLE PAR		
			Jour.	Mois.	Année.	Jour.	Mois.	Année.
			fr.	fr.	fr.	fr.	fr.	fr.
23		REPORT............	137 912	4195	50 340	50 250	1528 335	18341 »
4	Chauffeurs	Chauffeurs.	2 465	75	900	1 50	45 62	547 50
			2 465	75	900	1 50	45 62	547 50
			2 465	75	900	1 50	45 62	547 50
			2 465	75	900	1 50	45 62	547 50
3	Matelots.	Voiliers.	2 465	75	900	1 50	45 62	547 50
			2 465	75	900	1 50	45 62	547 50
			2 465	75	900	1 50	45 62	547 50
3	Matelots.	Charpentiers.	2 465	75	900	1 50	45 62	547 50
			2 465	75	900	1 50	45 62	547 50
			2 465	75	900	1 50	45 62	547 50
4	Matelots.	Aides-chauffeurs	2 137	65	780	1 50	45 62	547 50
			2 137	65	780	1 50	45 62	547 50
			2 137	65	780	1 50	45 62	547 50
			2 137	65	780	1 50	45 62	547 50
4	Novices.	Aides-chauffeurs	1 479	45	540	1 50	45 62	547 50
			1 479	45	540	1 50	45 62	547 50
			1 479	45	540	1 50	45 62	547 50
			1 479	45	540	1 50	45 62	547 50
2	Mousses.	Aides-chauffeurs	0 822	25	300	1 50	45 62	547 50
			0 822	25	300	1 50	45 62	547 50
4	Novices.	Marmitons.	1 315	40	480	1 50	45 62	547 50
	Novices.		1 315	40	480	1 50	45 62	547 50
	Mousses.		0 822	25	300	1 50	45 62	547 50
	Mousses.		0 657	20	240	1 50	45 62	547 50
47		A REPORTER............	182 779	5560 »	66 720	86 250	2623 21	31481 00

Nombre d'hommes.	GRADES.	FONCTIONS à bord.	SOLDE PAR Jour.	SOLDE PAR Mois.	SOLDE PAR Année.	TRAITEMENT DE TABLE PAR Jour.	TRAITEMENT DE TABLE PAR Mois.	TRAITEMENT DE TABLE PAR Année.
			fr.	fr.	fr.	fr.	fr.	fr.
47		REPORT..............	182 779	5560 »	6 720	86 250	2623 21	31481 »
2	Novices.	Aides de cambuse	1 315	40	480	1 50	45 62	547 50
	Mousses.		0 657	20	240	1 50	45 62	547 50
4	Novices.	Aides maîtres d'hôtel.	1 »	30 50	365	1 50	45 62	547 50
	Novices.		1 »	30 50	365	1 50	45 62	547 50
	Mousses.		0 657	20	240	1 50	45 62	547 50
	Mousses.		0 657	20	40	1 50	45 62	547 50
53			188 066	5721 »	68650	95 25	2897 02	34766 »
40	Marins.	Matelots.	65 753	2000 »	24000	60 »	1825 »	21900 »
4	Novices.	Novices.	5 260	160 »	1920	6 »	182 50	2190 »
3	Mousses.	Mousses.	2 465	75 »	900	4 50	136 87	1 642 50
100	SOLDE.....	TOTAUX....	261 544	7956 »	95470	165 75	5041 39	60498 50
	REPORT DES TRAITEMENTS DE TABLE.......		165 75	5041 39	60498			
	Totaux généraux.......		427 294	129 97	155968	Pour cent hommes.		
			4 27	129 97	1559 68	Id. — Un seul.		

On voit que les frais d'équipage ne monteront qu'à
4 fr. 27 c. en moyenne par chaque homme ; dans tous
nos comptes, j'ai calculé sur 5 fr., c'est-à-dire que j'ai
augmenté de près du cinquième : que mes contradic-
teurs, s'il s'en trouve, prennent ce cinquième pour
corriger les imperfections qu'ils pourraient trouver dans
mes tableaux, et nous serons encore d'accord.

Pour les paquebots de la ligne des Etats-Unis, uniquement à vapeur, nécessitant moins de marins, on remplacera ces marins par des chauffeurs; et, enfin de compte, on trouvera le même résultat.

Pour la ligne des Antilles, on aura un peu plus de marins que pour la ligne des États-Unis, et un peu moins de chauffeurs.

Composition des quarts à la mer.

TRIBORD (1er QUART).

1	....	1er lieutenant, *chef de quart.*
1	....	Maître de manœuvre, 2e *chef.*
1	....	Aide mécanicien, *chef dans la mach.*
2	Chauffeurs.	Ouvriers.
2	Voiliers.	
2	Chauffeurs.	matelots.
1	Charpentiers.	
2	Chauffeurs.	Novices.
1	—	Mousse.
1	Aide de cuisine.	Novice.
1	—	Mousse.
1	Aide de cambuse.	Novice.
20	Marins.	Matelots.
2	—	Novices.
2	—	Mousses.

40 Dont : 30 hommes. — 6 novices. — 4 mousses.

Nota. Cette bordée aura toujours huit hommes dans la machine, et trente-deux sur le pont pour la manœuvre. — Son poste est sur l'arrière quand tout le monde sera sur le pont, Elle est spécialement chargée de l'entretien du grand mât et du mât d'artimon; de la propreté intérieure et extérieure du navire et des embarcations à tribord.

BABORD (2e QUART).

1	....	2e lieutenant, *chef de quart.*
1	....	Maître de manœuvre, 2e *chef.*
1	....	Aide-mécanicien, *chef dans la machine.*
2	Chauffeurs.	Ouvriers.
1	Voilier.	
2	Chauffeurs.	Matelots.
2	Charpentiers.	
2	Chauffeurs.	Novices.
1	—	Mousse.
1	Aide de cuisine.	Novice.
1	—	Mousse.
1	Aide de cambuse.	—
20	Marins.	Matelots.
2	Marins.	Novices.
1	—	—
39	Dont : 30 hommes. — 5 novices. — 4 mousses	

Nota. Cette bordée aura toujours huit hommes dans la machine et trente-et-un sur le pont pour la manœuvre. — Son poste est sur l'avant quand tout le monde est sur le pont. — Elle est spécialement chargée de l'entretien du mât de misaine et du beaupré, de la propreté intérieure et extérieure du navire et des embarcations à babord.

QUART DE JOUR (3e QUART, POUR LES OFFICIERS SEULEMENT).

Le SECOND . . . ., chef de quart.

Le MAITRE MÉCANICIEN . , chef dans la machine.

Le MAITRE CHARPENTIER, 2e chef de quart

Le MAITRE VOILIER. . , 3e chef —

Les autres hommes, de ce quart de nuit, seront fournis alternativement par l'une ou l'autre bordée de tribord ou babord.

CHAPITRE XXVIII.

Jusqu'à présent, nous n'avons entretenu nos lecteurs que des traversées d'aller ; nous allons dire quelques mots de celles de retour.

1° Retour des États-Unis.

Notre port de départ est New-Yorck. Là, nous prendrons, en concurrence avec les lignes anglaises, américaines, brémoises et hambourgeoises :

1° Les correspondances.

Les dépêches les plus pressées et les plus importantes prendront la voie du télégraphe électrique ; mais elles seront suivies de lettres, qui, avec la correspondance toute entière, seront remises aux steamers, qui pourront les porter le plus promptement sur tous les points de l'Europe, Londres, Paris, Lyon, Anvers, Hambourg, etc....

Notez qu'aux États-Unis, on ne fera nullement attention si une ligne est subventionnée ou si elle ne l'est pas ; si elle est française, anglaise, etc....., celle qui ira le plus vite sera la préférée. Le transport des correspondances est libre aux États-Unis ; celui qui le veut peut ouvrir un bureau, prendre le prix qui lui convient, faire un ballot des correspondances, le porter lui-même, ou le confier à un agent. Par tel moyen, le succès de toutes les entreprises est dans la promptitude ; l'essentiel est de gagner un ou deux jours sur le service postal ordinaire. J'ai eu plusieurs fois recours à San-Francisco, à ces bureaux, et je m'en suis très-bien trouvé.

Voilà l'état des choses. Cinq concurrents se disputeront les correspondances à New-Yorck ! Quelle sera la compagnie qui l'emportera ? Celle qui aura eu le bon sens de choisir la route la plus courte, et qui sera pourvue des meilleurs navires.

Nous avons indiqué au chapitre VIII dans quel esprit devra être construit notre matériel de la ligne des États-Unis, pour qu'il soit supérieur à tout ce qui a paru jusqu'à présent, au chapitre XVII, l'organisation qu'il convenait de donner à cette ligne, et nous avons choisi Brest comme point de départ (1). Qu'on prenne, en effet, un compas ; qu'on fixe une de ses pointes sur New-Yorck, et qu'on décrive avec l'autre, sur une carte, un arc de cercle, on trouvera, comme point d'Europe le plus rapproché de New-Yorck, Brest. Brest gagne

____

(1) Au chapitre XVI, on trouvera toutes les raisons qui m'ont déterminé à faire ce choix.

100 lieues de traversée sur le Havre et Southampton, c'est-à-dire, le neuvième de la distance entière. Quant à Londres, à Liverpool, à Brême, à Hambourg, etc., la différence devient presque égale au quart de la distance qui sépare les deux continents. Qui peut douter encore que ce ne sera pas le chemin de fer de Brest qui transportera les correspondances européennes, quelle que soit, d'ailleurs, la nationalité des steamers par lesquels il sera relié aux chemins de fer américains.

J'ai rencontré des gens qui m'ont dit : « Après tout, que nous importe les correspondances ? le Gouvernement en fait son profit !!! — Ces braves gens ne savent pas que si un négociant a, pendant dix ou vingt ans, écrit sur l'enveloppe de ses lettres *viâ Brest*, parce qu'il aura reconnu que c'était la voie la plus sûre, la plus rapide, la plus avantageuse, lorsqu'il aura à faire un voyage en Europe où à embarquer ses enfants, ses parents, ses amis, lorsqu'il sera consulté sur la meilleure voie à prendre ; il se servira de la ligne de Brest, il conseillera la ligne de Brest. Ainsi, la correspondance entraînera les valeurs, les passagers, les marchandises.

Mais là ne se borneront pas les avantages que des lignes bien établies procureront à la France :

Quand l'Espagne, le Chili, le Pérou, bien d'autres puissances, la Prusse, la Russie, la France même, ont voulu de beaux et majestueux steamers, des frégates à vapeur de guerre et autres bâtiments, à qui ont-elles été les demander ? Jusqu'à présent, à l'Angleterre. Il fallait une ligne transatlantique de Cadix à la Havanne, l'Espagne est allée dire au grand maître des construc-

tions navales : Construis-moi mon matériel. Et les bras
et les intelligences anglaises ont travaillé pour attirer
sur le sol britannique l'or espagnol, l'or de la compagnie franco-américaine, l'or du gouvernement Péru-
vien, etc... Oh ! le travail ne manque pas à Londres et
à Liverpool. Désormais, je le demande, quel sera le
Français qui, comme moi, ne dira pas « Il faut qu'avec
« des navires construits chez nous, nous filions douze
« nœuds, en moyenne, il faut que nous en filions treize,
« il faut que nous filions plus que le meilleur bateau qui
« ait encore paru. »

Je regrette de ne pouvoir signaler ici les noms des
constructeurs et ingénieurs français qui, lorsqu'on leur
commandera un bâtiment, devant filer douze nœuds,
en construiront un, qui en filera quatorze; si, abandon-
nant les vieux et les faux errements d'autrefois, nous
ne débattons plus les prix avec ces hommes qui sont
aussi désintéressés qu'amoureux de leur art, avec ces
artistes à ranger à côté des Visconti, des David, des
Nieuwerkerque, des Vernet, des Rossini, des Chateaubriand, etc... à côté de tous ceux qui par leur génie
font la gloire de la France. Mais qui sait, en France,
que l'homme qui lance sur l'Océan un chef-d'œuvre
d'architecture navale, a dépensé autant de génie, pour
l'accomplir, que Visconti pour dresser ses plans du
Louvre, que Chateaubriand pour écrire ses plus belles
pages ?

Nous aurons donc, pour revenir des Etats-Unis, toute
la correspondance, tous les passagers européens, si
nous prenons Brest, comme port d'arrivée, si nos paquebots sont ce qu'ils doivent être.

Les cotons, les tabacs, les viandes salées, etc.., composeront nos chargements de retour. Ouvrons le tableau général des douanes ; il nous rendra compte des échanges qui existent entre les deux continents. Je l'ai souvent répété dans le cours de cet ouvrage, le jour où le port de Brest sera ouvert au commerce transatlantique, il n'y aura plus de marchandises *communes ;* les grands steamers prendront tout ; les marchandises de toute nature réclameront aux voies maritimes la même vitesse que leur procurent nos voies ferrées.

En revenant de New-Yorck à Brest, nous aurons, comme pour aller, 974 lieues à faire, à vol d'oiseau, dans la zône des vents variables ; seulement, presque toujours, les vents seront de l'arrière, et nous économiserons du combustible.

2° *Retours des Antilles.*

Même concurrence avec les lignes anglaises et américaines ; même supériorité nécessaire si nous voulons avoir la préférence.

Il nous faut si peu de chargements de retour 18,000 tonneaux par an de : la Nouvelle-Orléans, la Havanne, la Vera-Cruz, de nos colonies, que nous sommes certains de les avoir (1).

Les Anglais, quoiqu'ils ne restent que trois jours à Saint-Thomas pour transborder leurs marchandises ; quoique Saint-Thomas ne soit pas un lieu de production ; quoiqu'ils demandent des prix exorbitants, trasportent, chaque voyage, des quantités qui augmentent tous les jours.

______

(1) Consulter encore le tableau général des douanes.

Nos paquebots, qui resteront quinze jours dans chacun des ports qu'ils desserviront, seront exactement,
dans les mêmes conditions que les navires de commerce ordinaires, et ils trouveront autant de marchandises qu'ils en pourront prendre, puisque, surtout, ils
ne prendront pas un fret plus élevé que les navires à
voiles (voir le tableau, p. 271).

Les traversées de retour des Antilles seront plus pé-
nibles que celles d'aller (voir les détails que nous avons
donnés aux chapitres IX et XVIII).

Le point de bifurcation de la ligne des Antilles et de
la ligne australe sera Fayal (Açores). Là, nos paquebots trouveront, dans un pays magnifique, très-sain,
sur une belle rade, toutes les ressources dont ils pourront avoir besoin (1). Cela ne retardera pas d'une minute
nos traversées, Fayal, se trouvant directement sur nos
deux routes de retour des Antilles et du Brésil (2).

Nos paquebots pour le retour n'auront pas de marchandises à transborder ; la correspondance, à la rigueur, pourrait aussi n'être pas transbordée. Les pas-
gers seuls, suivant qu'ils désireront débarquer en Europe, par le Nord ou par le Sud, resteront sur le paquebot qui les aura amenés, ou passeront sur l'autre.
Cette opération se fera en quelques heures, et ensuite
nos steamers continueront leur route.

On pourrait éprouver quelque difficulté à faire coïn-
cider l'arrivée des clippers à hélice de la ligne australe,
qui, souvent, atteindront des vitesses prodigieuses, avec

---

(1) Tous les mois les steamers anglais y passent.

(2) Faire attention que j'entends parler de la route imposée par
es vents régnants.

l'arrivée de nos steamers de la ligne des Antilles, qui auront une marche plus régulière. Pour éviter ces retards, les steamers des deux lignes ne s'attendront pas, cela aurait l'inconvénient de faire perdre au meilleur marcheur l'avance qu'il aurait gagnée, pendant toute sa traversée. Les passagers qui voudront débarquer seront mis à terre dans un hôtel appartenant à la compagnie et aux frais de la compagnie. Ils n'y resteront pas longtemps, car quatre fois par mois passeront à Fayal les steamers de la ligne des Antilles; quatre fois, également, ceux de la ligne Australe, et enfin quatre fois, aussi, ceux de la ligne Bordelaise de la côte d'Afrique. Notez que lorsque nous aurons, comme l'Angleterre, établi nos lignes dans l'Inde, en Australie, en Californie, etc... ces lignes toucheront encore, au retour, à Fayal, et doubleront les occasions, qui seront offertes aux voyageurs, pour se rendre en Europe; notez encore, que nous avons déjà 12 départs par mois de Fayal pour l'Europe; et que, pour peu que nous ajoutions deux ou trois départs de plus, les départs de Fayal seront de deux jours, l'un.

Enfin, à côté de ces steamers français, se trouveront les steamers anglais, hambourgeois, et bien d'autres (1), quand ces deux points de l'Océan, Madère et Fayal, seront devenus nos points de bifurcation....

Les passagers pourront profiter de tous ces stea-

---

(1) Les lignes piémontaises semblent abandonner la partie; mais elles reprendront bien vite, si nous ne nous montrons pas supérieurs : car si, aujourd'hui, elles n'ont pas assez de commerce pour les entretenir, dans quelques années, le commerce se sera suffisamment développé pour cela.

mers; et alors, je le demande, le commerce européen sera-t-il satisfait?

3° Retours de la ligne australe de Rio-Janeïro et Montevideo.

Concurrences anglaise, hambourgeoise, génoise, à vaincre, pour la correspondance et les passagers. Quant aux marchandises, il y en a pour tout le monde : les cafés, les sucres, les tabacs, les cacaos, etc.... ne nous manqueront pas. Il ne nous faut que 18,000 tonneaux par an, du Brésil, pour être toujours entièrement chargés. Les passagers et la correspondance sont donc seuls à acquérir. L'émigration européenne augmente, chaque année, pour ces contrées ; en diminuant les prix de passage, comme nous le faisons; en prenant et en portant les passagers, à leur convenance, soit au nord, soit au sud, soit à l'ouest de l'Europe, Brest, Bordeaux, Lisbonne, Algésiras et Marseille, nous sommes certains d'en attirer beaucoup.

Quant à Valparaiso et Lima ; nous n'aurons à supporter que la concurrence des lignes Anglaises et notre propre concurrence par l'Isthme de Panama. Encore, cette concurrence n'agira-t-elle que sur les passagers ; car aucune ligne ne passe encore par Magellan. Or, le nombre des passagers qui s'exposeront aux fièvres de Panama, aux frais qu'il faut faire pour traverser l'isthme, diminuera chaque jour, quand notre service par le détroit de Magellan sera installé. Nous sommes donc certains de remplir toutes nos cabines.

Quant aux marchandises, nos steamers chargeront, au prix que prennent aujourd'hui les navires à voiles,

de cuivres, de salpètres, de laines, de cacaos, etc. (1)
il ne nous faut encore que 18,000 tonnes par an de
Valparaiso et autant de Lima.

Les relâches, pour le retour, seront les mêmes que
celles des traversées d'aller, excepté celle de Madère
qui sera remplacée par celle de Fayal.

La ligne australe sera, sans contredit, la ligne la
plus avantageuse, sous le rapport des recettes en marchandises. Les distances à parcourir sont très-longues,
les marchandises à transporter de grande valeur,
elles réclament depuis longtemps des moyens de transport plus rapides. Déjà plusieurs expéditeurs, non con-
tents de la vitesse fournie par nos clippers, ont essayé
de faire venir des cuivres en Europe par l'isthme de
Panama; et l'on finirait par là, si les transports maritimes n'étaient pas encore perfectionnés.

Supposons le kilogramme de cuivre à 2 fr. (il vaut
toujours plus que cela), 1,000 kilog. (un tonneau) vaudrait 2,000 fr.; et 1,500 tonneaux, 3,000,000 fr.
L'intérêt de trois millions à 5 pour cent est de 12,500 f.
par mois. Les assurances, en les supposant à 5 pour
cent, sont aussi de 12,500 fr. par mois, c'est-à-dire

---

(1) Une seule maison de Bordeaux, la maison Lequellec et Bordes,
occupe 12 ou 15 navires de 1,500 à 3,000 tonneaux, pour le transport
des cuivres de Valparaiso à Liverpool. Et la compagnie Barbey, et
la compagnie générale maritime, etc…! Nos steamers pourraient,
après avoir mis à terre, à Brest, leurs passagers et la correspondance,
aller livrer leur chargement à Liverpooll, et prendre du charbon en
retour. — Quelqu'un, à qui je faisais part de cette combinaison,
me disait: « oh ! des charbons sur ces magnifiques paquebots !!!.»
Il oubliait que ces magnifiques paquebots seront, constamment,
occupés à embarquer du charbon et à le brûler, pour faire fonctionner leur machine.

qu'un chargement de cuivre perd 25,000 fr. par mois de retard.

Or, jusqu'à présent, la moyenne des traversées de retour, du Chili ou du Pérou en Europe, a été au-dessus de trois mois. Nos steamers mettront, pour revenir de Valparaiso, 36 jours maximum, et de Lima 41 jours; ils gagneront donc, bien près de deux mois sur les navires à voiles, c'est-à-dire 50,000 fr. ; c'est-à-dire encore, près du tiers du fret que paie ce chargement à un navire à voiles pour son transport en Europe. Offrant des avantages semblables, il est impossible que nos paquebots ne soient pas préférés par les expéditeurs à tout autre moyen de transport plus lent, car tous tiendront compte de la possibilité qu'ils auront d'employer deux et trois fois leurs capitaux dans la même année. C'est-à-dire, qu'avec les transatlantiques, ceux qui le voudront ne feront plus d'affaires à long terme; rentrant promptement dans leurs capitaux, ils multiplieront leurs affaires, ils réduiront leurs bénéfices sur chacune d'elles, ils fourniront à meilleur marché à la consommation; celle-ci deviendra beaucoup plus grande; et, par suite, le commerce maritime en général se développera.

CHAPITRE XXIX.

Résultats de l'établissement des lignes transatlantiques, suivant le système Keraniou. — Développement de la richesse de la France et de sa puissance maritime et commerciale. — Satisfaction donnée à tous les ports. — Transports énormes sur les chemins de fer.

Les lignes transatlantiques, telles que je viens de les installer, auraient pour effet immédiat de donner à la France :

1° Un port de commerce digne d'elle, qui, grâce à son admirable position topographique, aura bientôt surpassé, en importance, Liverpool le premier port de commerce du monde.

2° Un personnel de 25,000 excellents marins de plus, dans fort peu d'années (1).

3° Soixante magnifiques steamers, susceptibles,en cas de guerre, d'être suffisamment armés pour se passer d'être accompagnés.

---

(1) Dès leurs débuts nos paquebots emploieront au moins 4,625 hommes, dont : Sur la ligne des États-Unis .... 300 homm.

—	principale des Antilles........	1,200
—	supplém^{re} —	600
—	du Pacifique................	300
—	australe...............	1,400
—	supplém^{re} de Montevideo......	150
—	de la côte d'Afrique.........	675

Total............ 4,625 homm.

Nous voyons au tableau récapitulatif (page 277) que notre consommation annuelle en combustible est de 284,000 tonneaux dont la moitié, 142,000 tonneaux pour les traversées de retour, seront transportés sur les différents points des Amériques, par des navires de 500 tonneaux en moyenne. Admettons qu'ils feront deux voyages par an chacun, il faudra encore 140 navires à 18 hommes d'équipage, l'un dans l'autre, soit, ensemble : 2,520. Les autres 142,000 tonneaux, pour nos traversées d'aller, donneront lieu à un cabotage qui occupera au moins 1,000 hommes à l'année;

Nous aurons ainsi : 3,520 marins employés au transport des charbons.

4,625 marins employés par nos steamers.

Total........ 8,145
Soit, de plus,.. 1,855 marins occupés par le service des annexes, qui correspondront de tous les ports d'Europe, avec nos steamers.

Il viendra..... 10,000 hommes.

Mais quand nous aurons étendu notre réseau transatlantique jusque dans l'Inde, en Australie, en Californie, ce nombre aura plus que doublé, et il sera encore augmenté par le développement que prendra le commerce général.

4° Un cabotage immense fourni par tousles ports d'Europe, qu'il mettra en communication avecles ports d'attache de nos paquebots, et aussi par le transport du combustible qui nous sera nécessaire.

5° Un service transatlantique, qui abattra promptement la concurrence anglaise.

6° Une grande facilité pour transporter, à peu de frais, une nombreuse armée de débarquement ; si cela était nécessaire.

7° Des frets de sortie (par le transport des charbons) abondants pour tous nos navires de commerce , auxquels il ne manque que cela pour aller chercher les magnifiques frets de retour du Pacifique, fournis par les guanos, les cuivres, les salpètres , etc... que l'Angleterre introduit , presque seule , en Europe , parce qu'ayant ses charbons, qui lui procurent de bons frets de sortie, elle peut demander, pour ses frets de retour, un prix si bas, qu'il ne couvrirait pas les frais que nous ferions pour aller les chercher, sur lest, faute de chargements de sortie (1).

8° Un supplément d'impôts considérable , fourni par l'administration des douanes, par les contributions directes, par la plus value qu'acquerront toutes les propriétés bretonnes , par le développement du commerce de tous nos ports et du commerce général de la France.

9° L'avantage de couper court à tous ces sinistres, à toutes ces avaries, qui désolent de nombreuses familles , chaque année ; qui engloutissent , depuis des

---

(1) Voilà une des raisons qui privent notre agriculture des guanos du Pérou.

siècles, dans la Manche, dans le Golfe et les mers du Nord, des richesses incalculables. — L'avantage, au moins, de les diminuer de plus des 19/20ᵉˢ, en ouvrant au commerce un port, qu'on peut atteindre de jour, de nuit, de beau, de vilain temps, sans pilotes et sans l'ombre d'un danger.

10° La presque totalité de tous les chargements en destination de la Russie, de l'Allemagne septentrionale, des villes anséatiques qui, ne peuvent s'y rendre *qu'en été, après la fonte des glaces.*

11° Le passage de toutes les correspondances, de tous les voyageurs et du transit européen.

12° Les escales de toutes les lignes transatlantiques européennes du Nord et du Sud, si, dans l'avenir, on ose nous faire concurrence.

13° Par l'ouverture de Brest au commerce, la certitude de se procurer toutes les importations à un prix inférieur à celles des autres ports d'Europe. La diminution amenée dans les frais de transport par des traversées plus courtes, par des frais de port moins considérables, par des primes d'assurance beaucoup moins élevées, assurent ce résultat.

14° L'économie de 14 millions par an de subvention, dépense entièrement absorbée par la division des services entre quatre ports, qui *sont tous mécontents* de la part qui leur est échue, dans le partage, par la division que tout le monde condamne.

Dépense entièrement absorbée, par les frais énormes qu'exigent ces ports, plus éloignés du douzième environ de toutes les contrées transatlantiques, que ne le sont nos ports de Brest, de Marseille et de Bordeaux.

Dépense entièrement perdue, puisqu'elle n'a pour effet que de sacrifier l'intérêt général du pays à deux ou trois ports dont les proportions, fatalement limitées, et la fâcheuse situation géographique, commerciale et maritime, repousseront toujours le développement commercial, que la France a le droit d'attendre de son admirable position géographique.

Dépense inutile, subvention mangée en combustible brûlé inutilement pour faire franchir aux paquebots des mers affreuses, où plus d'un périra ; en combustible, dont le transport au Havre, à Bordeaux et à Nantes coûtera plus cher que les transports à Brest et à Marseille.

Subvention perdue pour couvrir les fautes administratives de compagnies qui ne savent ce qu'elles doivent faire.

15.° Notre projet bien exécuté assure à la France la prépondérance sur toutes les mers, et une paix forcée avec tout le continent européen, qui, à l'avenir, ne pourra recevoir ses denrées et produits coloniaux que par Brest et nos chemins de fer de l'Ouest.

16° Notre projet permet au Gouvernement de rester juste, impartial, envers tous ses ports et départements, en établissant les paquebots à Brest, point central de nos côtes Nord et Ouest de France, et à Marseille, point central de nos côtes de la Méditerranée.

Les lignes transatlantiques établies suivant notre système ouvrent un nouveau débouché :

1° Aux Compagnies des chemins de fer du *Nord*, de l'*Ouest*, et de l'*Est*, par la concentration des lignes à Brest.

2° Aux compagnies des chemins de fer d'*Orléans*, de l'*Est*, du *Grand-Central*, du *Victor-Emmanuel*, de *Bordeaux à Bayonne*, par la concentration des lignes à Bordeaux.

3° Aux compagnies des chemins de fer de *Lyon à Paris*, de *Paris à Marseille*, à toutes les compagnies du *Midi*, par la concentration des lignes à Marseille.

Enfin à toutes les compagnies de chemins de fer de *l'Europe continentale*, qui, quelle que soit leur direction, trouveront des paquebots pour toutes les destinations transatlantiques.

Quant aux ports Français,

Je viens de dire que Brest, Bordeaux et Marseille jouiront de la concentration de *toutes* les lignes transatlantiques, au moyen d'une bifurcation à Madère. Mais Le Havre et Nantes profiteront des mêmes avantages, au moyen d'une bifurcation à Brest. Il est clair que pour Bordeaux, Nantes et Le Havre, petits ports qui ont eu, comme Saint-Malo, Boulogne, Rouen, La Rochelle, Lorient et Bayonne, une certaine importance commerciale au temps où la France n'était pas une puissance commerciale de premier ordre, nous ne ferons pás la folie de construire ces gigantesques steamers de la deuxième ère impériale Française. Nous avons déjà indiqué la force et la capacité de nos paquebots Bordelais. Au Havre, nous mesurerons la largeur des portes du bassin de l'Eure, (cette petite mer Noire); nous sonderons sa profondeur. Nous en ferons autant à Saint-Nazaire ; et nous construirons un matériel qui ne sera pas condamné à rester échoué sur les vases d'un avant-port trop petit, ou à la mer pour attendre une grande marée. Nous tiendrons compte des ressources que nous fourniront ces places de commerce ; et nous concentrerons aussi chez elles nos lignes transatlantiques, en les mettant en correspondance avec nos paquebots Brestois.

Tous les ports Français sont donc satisfaits. Remarquons, même, que ceux qui paraissent le mieux partagés, sont, justement, nos ports d'avenir : ainsi rien à ajouter de ce côté.

Un mot quant aux expéditeurs, c'est-à-dire, à ces gros fabricants ou négociants, qui envoient à l'étranger les produits Français.

D'abord, où sont-ils ? où habitent-ils ? où sont leurs fabriques, leurs ateliers, leurs manufactures ?...

Est-ce au Havre ? Non je l'ai dit : on n'y brasse que de la bière de Bobée ; mais elle est aussi bonne qu'en Allemagne.

Est-ce à Nantes ? Non plus, on n'y fait que quelques conserves de bœuf et porc salés, des beurres et des sardines.

Est-ce à Brest ? non, il n'y a encore rien que des carotes, des choux et des beurres de Bretagne, ou des boulets à envoyer à l'ennemi.

Est-ce à Bordeaux, à Marseille ? — Ici adoucissons la négation. A Bordeaux et à Marseille, il y a plus que *quelques* produits à expédier ; on pourrait même dire qu'il y en a *beaucoup*, si dans la recherche que nous faisons, nous n'étions pas en quête de ceux qui principalement, chargeront nos steamers.

Les vins, les esprits, les huiles, les savons, les farines, les sucres rafinés, les fruits conservés ou secs, etc., sont des exportations Bordelaises et Marseillaises. Mais inutile de nous appesantir sur les expéditeurs de Bordeaux et de Marseille ils sont servis à souhait ; nous leur avons justement donné nos transatlantiques.

Où sont donc nos expéditeurs Français ? nous savons maintenant qu'ils ne sont ni sur nos côtes , ni dans nos ports; ils ne peuvent ʳdonc être que dans l'intérieur, à Paris, à Lyon, à Strasbourg, à Nancy, etc., au centre de la France, aux alentours des gares de nos chemins de fer.

C'est à leur portée, c'est à leur convenance qu'il faut que j'installe mes paquebots transatlantiques. Or, j'ai remarqué que toutes leurs expéditions sont dirigées un peu plus vers le Sud que vers l'Ouest franc du monde, c'est-à-dire vers l'Ouest-Sud-Ouest pour les États-Unis ; vers le Sud-Ouest pour les Antilles ; vers le Sud-Sud-Ouest pour le Brésil et les caps. Ainsi, dans leur route, rien que du Sud et de l'Ouest. — Pourquoi, dès-lors, les obliger à faire de l'est quand il n'y a pas d'eau de ce côté ? —Pourquoi leur faire faire du nord, pour le défaire ensuite ? — Pourquoi augmenter leurs frais de chemins de fer? — Pourquoi les forcer au trajet d'une mer aussi dangereuse que la Manche, qui est en dehors de leur route ? — Pourquoi les obliger à trente-six transbordements de gare en gare, de gare en navires ? etc. — Pourquoi enfin les retarder, ces marchandises qui, pour obtenir un jour ou deux d'avance, pour partir aujourd'hui par les steamers anglais, paient des prix fous.

Après avoir satisfait à tous les intérêts généraux de la nation— à tous ceux de nos chemins de fer,— à tous les intérêts de nos ports, sans exception ; nous avons également satisfait aux intérêts de nos expéditeurs, en leur offrant Brest, Bordeaux et Marseille, ports qui n'imposent ni Nord, ni Est à aucun des expéditeurs français et européens. C'est donc encore sagement que nous avons rejeté le port, au Nord, du Havre.

Nantes est moins mal placé que le Havre ; mais il ferait encore faire fausse route à tout le golfe de Gascogne. A Nantes, d'ailleurs, qui, depuis quelques années, ne trouvait pas le moyen de rester Nantes, qui, comme un noyé, s'est accroché à toutes les branches à sa portée ; qui s'est fait Paimbeuf, qui, maintenant, se résigne à se faire St-Nazaire, qui s'éclipse à mesure que la France grandit ; qui bientôt, à force de reculer, aurait disparu tout-à-fait, notre combinaison lui rend la vie ; par son chemin de fer et son canal de Châteaulin, il devient un des nombreux docks, une nouvelle crique de Brest ; et, par la ligne de paquebots supplémentaires que nous lui attribuons, il a une troisième voie rapide pour écouler ses produits.

Du reste, le jour où il n'y aurait plus que Nantes à repousser notre projet, nous conservons par devers nous un moyen *certain* de le faire renoncer, pour le moment, à toute concession transatlantique. *Port du passé*, nous pouvons en faire un *brillant port d'avenir*. Mais nous le verrons périr sans pitié, tant que nous

trouverons en lui un égoïste, qui, à ses intérêts particuliers, qu'il ne comprend pas (nous le lui affirmons),
sacrifiera les intérêts généraux du pays.

Reste-t-il encore des intérêts français à satisfaire?
Oui, j'oubliais *nos colonies*.

Passager sur les steamers anglais, j'airelâché deux
fois à Saint-Thomas ; j'ai cherché la place, l'endroit où
viendrait mouiller notre petite escadre transatlantique
française, sans déranger la ligne anglaise première établie.

Les Anglais ne sont pas des niais, ils n'ont pas laissé la bonne place pour prendre la mauvaise. — J'ai
pensé, en outre, à l'effet que produirait à la Guadeloupe
ou la Martinique une Bifurcation française, autrement importante que celle des lignes anglaises bi- mensuelles, et qui ne font pas les marchandises. — Et je
me suis dit : pour le plaisir de nous gêner mutuellement, les Anglais, et nous, pour le plaisir de déranger
nos steamers de leur route — pour les faire dépenser
d'avantage — pour les retarder — pour choisir la colonie la plus malsaine — pour faire une organisation
de parcours aussi vicieuse que celle de la ligne naza-
réenne — pour me priver, à plaisir, de la bifurcation
à Madère, qui en me procurant la correspondance, les
passagers et les marchandises des deux parties de
l'Europe, assure les bénéfices de l'opération transatlantique française, etc., dois-je enlever à nos colonies,
cette fortune commerciale ? Non ! et j'ai donné à nos
colonies, à la France, une nouvelle source de richesse,
puisque toutes les dépenses faites sur ce point par
les passagers, par les marchandises, etc... pendant

leur séjour, à mon point de bifurcation, aux Antilles, resteront à nos colonies, resteront à la France. Notez que l'or étranger, laissé par les voyageurs étrangers, sera beaucoup plus pesant que celui qu'y laisseront les Français, qui seront en minorité, au milieu de tous ces passagers des deux continents.

Nous parlons d'or, cela nous fait penser aux valeurs, aux retours en espèces, en or, argent, etc... aux passagers, à la correspondance, qui, pour obtenir cette célérité, cette régularité, cette sûreté, qui leur sont si nécessaires, ont été obligés, soit qu'ils appartinssent à la France, soit qu'ils appartinssent à l'Espagne, à l'Allemagne, à l'Italie, à la Turquie, etc..., de remonter jusqu'à Southampton et Liverpool, pour se procurer ces avantages, bien petits, si on tient compte du temps et des frais, qu'il leur fallait faire pour se rendre dans ces ports éloignés, ou en revenir.

Partout où les valeurs, où les voyageurs passent, ils sèment de belles commissions, ils font des dépenses dont profitait seule l'Angleterre. Aujourd'hui la France en aura sa large part et cela au grand avantage de l'Europe continentale entière, qui n'aura plus ces longs déplacements et retards à supporter, car nos paquebots transatlantiques lui offriront au lieu d'une occasion bi-mensuelle éloignée, des départs fréquents, et à la portée de ceux qui en auront besoin.

Plus je sonde ce projet, plus j'y trouve d'avantages. C'est une inspiration que Dieu m'a donnée pour le bien de mon pays !

Qui niera maintenant, que la compagnie concessionnaire de paquebots fondés sur ces bases ne sera pas certaine de réussir, de fournir des dividendes magnifiques à ses actionnaires !

Mon projet :

Diminue les distances à parcourir, les dépenses en matériel, en combustible, en personnel, les frais de toute espéce.

Il exclut tout double emploi inutile.

Il fait bénéficier la compagnie de toutes les ressources du Nord et du Sud de l'Europe, sans embranchements coûteux.

Il concentre les lignes dans des ports excellents. — Qui exigent peu de frais. — Qui n'ont pas de marée à attendre. — Qui sont tout près des autres d'où s'extraient les houilles. — Qui sont merveilleusement situés, géographiquement parlant, en Europe. — Qui sont les points de France où convergent le plus grand nombre de voies ferrées.

Algésiras et Brest donneront plusieurs jours d'avance à la correspondance, qui partira par nos paquebots, sur les correspondances anglaises.

Que peut demander la compagnie de plus? que je lui donne un directeur capable de diriger une si belle et si simple opération? — Il est à sa disposition.

CHAPITRE XXX.

Maintenant il m'est facile de répondre à l'attente de
ceux de mes lecteurs, que le titre de mon ouvrage, aura
frappés.

1° Tous nos ports de la Manche qui ont fourni une
si brillante carrière, malgré les écueils et les difficultés
qui environnaient leurs attérages, pendant la période de
barbarie, de guerres, d'établissement de notre puissance, pendant la période où les transports maritimes
ont eu l'avantage sur les voies terrestres, tous ces ports
continueront à prospérer, à s'agrandir, à s'améliorer ;
mais, ils descendront du rang commercial élevé qu'ils
occupent, pour devenir des ports de troisième rang,
dans un avenir très-rapproché. Notre commerce Outre-
Manche se bornera à celui que nous ferons avec les îles
britanniques. Par suite, les ports les plus voisins du

Pas-de-Calais verront se concentrer ce commerce chez eux ; et il est certain, pour moi, qu'ils ne tarderont pas à surpasser le Havre, port qui s'ensable tous les jours davantage. Le même avenir de prospérité attend les ports bretons ; ils profiteront de leur voisinage du port de Brest, qui sera, avant cinquante ans, le premier port du monde.

2° Tous les ports du golfe continueront à se développer dans une proportion plus grande encore. Cependant ils resteront ports de deuxième rang. Ils verront naître, au milieu d'eux, dans une des criques qui existent dans cette magnifique rade des Pertuis, un port qui les surpassera tous en peu de temps, parce que le courant commercial, qui va se précipiter vers l'Ouest, n'aura pas assez du port de Brest ; qu'il lui en faudra un autre, susceptible de recevoir des navires d'un tonnage qu'il paraîtrait ridicule de citer aujourd'hui, mais qui remplaceront, aussi naturellement, nos navires de 3,000 tonneaux, que ceux-ci ont remplacé en peu de temps nos bâtiments de 3 et 400 tonneaux.

Or, jamais Bordeaux ne pourra recevoir ces navires de l'avenir ; Nantes non plus ; et son voisinage d'un port comme Brest, si supérieur, quoi qu'aidant au développement commercial de Nantes, l'empêchera de lui disputer la préséance. Ce port des Pertuis, sera-t-il Rochefort, au bas de la Charente, ou La Rochelle, déjà célèbre dans l'antiquité, à l'époque où le Havre n'existait pas? Je ne saurais le dire, je n'ai pas visité ces ports, criques, anses et hâvres. Si je les connaissais, il me serait facile de prédire à qui la Providence réserve un si brillant avenir.

3° Dans la Méditerranée, il arrivera un moment, qui est encore très-éloigné, où Toulon, comme port de commerce, après avoir renversé ses murailles, etc., disputera à Marseille sa prépondérance. Ce qui fera l'avantage de Marseille sera sa situation dans un pays plat; sa population atteindra un million d'âmes; Toulon sera arrêté, gêné par ses montagnes, mais les chances de prospérité de ces deux ports sont incalculables : elles dépendent de l'augmentation de population et d'importance de l'Algérie.

Ce sont là des positions maritimes hors ligne, surtout la rade de Toulon, que Dieu a faite pour abriter des milliers de navires. Toulon et Marseille seront donc des ports de première classe.

Port-Vendres se développera : il deviendra port de deuxième classe. Sa position maritime est excellente : il pourra recevoir les plus grands navires.

Pour résumer notre prophétie, disons :

1° Brest, port en dehors de toute comparaison.

2° Trois ports de première classe, Marseille, Toulon et un port à désigner dans les Pertuis.

3° Nantes, Bordeaux, La Rochelle, Rochefort, Lorient, Port-Vendres, ports de deuxième classe.

4° Tous les ports de la Manche, ports de troisième classe.

Tel est l'avenir des ports français.

CHAPITRE XXXI.

Paris.

La tâche que nous nous étions imposée touche à sa fin, et nous nous apercevons qu'après avoir parlé de presque toutes les places de commerce importantes d'Europe, nous n'avons pas dit un mot sur Paris. — Cependant, à plus d'un titre il se recommande à notre attention ; c'est le siége du Gouvernement ; c'est le foyer de l'industrie française ; c'est la résidence de presque tous nos expéditeurs.

Les articles de Paris composeront la majeure partie de nos chargements de sortie ; c'est, pour ainsi dire, pour eux seuls, que nous nous sommes décidés à organiser un service de marchandises.

Paris, c'est, avec ses faubourgs, la 18e partie de l'Empire ; c'est à Paris que nous trouverons réunis les capitaux nécessaires à notre opération.

Paris, du reste, est presque un port de mer, car, donnant ce titre à Calcutta, à Lisbonne, à Bordeaux, à Nantes, à Rouen, à Londres, à Southampton, à Liverpool, etc., je ne vois pas pourquoi nous le lui refuserions. Serait-ce parce qu'il a 1 m. 50 de profondeur d'eau de moins que Rouen, 3 mètres de moins que le Havre? etc. On n'ignore pas, en outre, que Paris serait, depuis quelques années, réellement devenu un port de mer si les chemins de fer n'avaient démontré l'inutilité des dépenses qu'il aurait fallu faire pour rendre la Seine navigable, dépenses qui, comparées à celles que nous faisons couramment pour nos chemins de fer, paraîtraient fort peu de chose aujourd'hui.

Le jour où nos paquebots transatlantiques seront installés sur les bases que nous venons de décrire, Paris deviendra, comme une magnifique hôtellerie, un immense caravansérail où tous les voyageurs du monde entier se donneront rendez-vous, où tous ces étrangers viendront échanger leur or contre le confortable, le luxe et les jouissances de toutes sortes, au départ et à l'arrivée.

Quand Brest sera ouvert au commerce, Paris deviendra le vaste entrepôt où s'accumuleront toutes les denrées, tous les produits d'outre mer nécessaires à l'Europe continentale, au moins dans sa partie nord.

Paris enlèvera cette fourniture à Londres, qui en a conservé le monopole, pendant tout le temps que les voies de communications terrestres ont été inférieures en célérité, commodité et sûreté, aux voies maritimes. C'était, c'est encore à Londres que la Russie, l'Allemagne, etc., vont s'approvisionner, aussitôt après la fonte des glaces ; car ces nations ne peuvent pas expédier des navires dans l'Inde, en Chine, au Pérou, au Chili, aux Antilles, même ; leurs navires, partant l'été, ne pourraient rentrer que l'été suivant , arrêtés qu'ils seraient par les glaces pendant les deux tiers de l'année.

Les chemins de fer vont donner une nouvelle existence à toutes ces nations qui ne pouvaient entretenir de relations commerciales avec l'Europe occidentale, que pendant les mois de dégel.

Bientôt elles jouiront des mêmes avantages que nous, et cela, au grand profit de nos voies ferrées, qui remplaceront chez elles une marine inutile et un cabotage le plus souvent impossible. Où en seraient nos armateurs s'ils ne pouvaient utiliser, que pendant quelques mois , les capitaux représentés par leurs navires ? Quelle surélévation de prix n'aurait pas à supporter notre consommation des produits étrangers?

On comprend, maintenant, l'avidité avec laquelle ces pauvres provinces, si longtemps bloquées, se jetaient au premier dégel sur le lieu le plus rapproché d'elles, qui leur fournissait les produits dont elles avaient besoin.

Voilà les véritables sources de la prospérité commerciale de l'Angleterre, de Londres en particulier, qui, par sa position géographique, était le bazar où s'alimentait l'Europe septentrionale.

Les îles britanniques, pendant des siècles , se sont gorgées , au sein de l'opulence, des richesses et immenses ressources que leur fournissait la misère des peuples qui les environnaient. Les chemins de fer vont procurer à tous ces peuples les bienfaits de la civilisation et des zônes tempérées, leur apporter l'abondance ; et les causes de la prospérité et de la prépondérance de notre voisine d'outre-mer, disparaîtront.

Et Paris, si longtemps séparé par des barrières infranchissables, de la Russie et des villes anséatiques, va se trouver leur plus proche voisin ; va remplacer Londres, qui n'a profité que de leur pauvreté, tandis que lui, Paris, profitera de leur richesse. Les glaces, pendant huit mois de l'année pourront, désormais, bloquer les marines de l'Europe septentrionale : ce sera au grand détriment de l'Angleterre, mais au plus grand avantage de Paris, de Brest, disons de la France. Nous n'aurons donc plus rien à envier à notre rivale ; Si elle s'est aussi haut élevée, profitant d'une ère de misère commerciale, que ne pouvons-nous attendre de l'ère fortunée dans laquelle nous entrons !

Quel brillant avenir pour la France, pour Paris !

Et cependant, cet avenir, je ne l'ai pas encore montré sous son plus bel aspect. Souvent j'ai dit dans le cours de cet ouvrage : *Le transit européen nous est assuré, si*, etc....., etc.... Vous me croyez, maintenant, lecteurs ! Vous les voyez passer ces wagons chargés de marchandises, courant à toute vapeur vers le nord-est et vers l'est de l'Europe..... c'est le transit. Oui, mais n'allez pas croire que tous ces colis, toutes ces caisses, ces monceaux de marchandises se contenteront de débarquer dans un de nos ports de l'Ouest, de traverser ensuite Paris et notre belle France, laissant seulement quelques francs sur leur rapide passage, profitant seulement au camionnage français. Cela arrivera quelquefois, mais ce sera bien rare (1). Les négociants, Russes, Allemands, Suisses, etc..., n'iront pas acheter à Rio-Janeïro, à la Nouvelle-Orléans, à New-Yorck, à Calcutta, à Sidney, à Batavia, etc.... les cafés, les sucres, les cotons, les poivres, les indigos, etc..., ils ne se les feront pas expédier directement non plus; il faudrait que leurs marchandises, passant par tant de mains et de nations, payassent trop de commissions; ces opérations exigeraient trop d'intermédiaires, seraient soumises à trop d'éventualités. Ce n'est pas comme cela que l'Angleterre fournissait l'Europe, ce n'est pas comme cela non plus que nous ferons.

Voici ce qui se passe chez nos voisins : les négociants anglais achètent, pour leur propre compte, sur les lieux de production, des cafés, des sucres, des riz, des thés, des poivres, des cotons, des cuivres, des laines, des indigos, etc..., qu'ils expédient, ou se font expédier à Londres; là, ils les mettent en magasin et attendent que la fonte des glaces leur amène leurs acheteurs. La débacle des glaces s'opère : par milliers arrivent alors les caboteurs du Nord, dans les ports anglais; ils déchargent et vendent leurs grains, chanvres, goudrons, etc.., et vîte rechargent des produits coloniaux, qu'ils vont porter dans leur pays. Le plus que puissent faire ces navires, c'est deux voyages dans la saison; mais cela suffit pour approvisionner ces contrées.

Ainsi, vous le voyez, ceci n'est plus du transit proprement dit, c'est un grand et immense négoce qui consiste à acheter les produits du sol et de l'industrie de

---

(1) Quelques articles de l'industrie, voilà tout.

cent millions d'hommes en échange des produits d'autres peuples, dont ils manquent. Notez que ce négoce de l'Angleterre avec l'Europe, dans l'Est, a pour contre-poids celui qu'elle fait avec les Amériques à l'Ouest et avec les autres parties du monde.

Ainsi étayée, elle peut tenir la tête haute et fière, car elle est indispensable à tous.

Voilà, cependant, ce que vont enlever à l'Angleterre les chemins de fer européens, un bon établissement de paquebots transatlantiques, l'ouverture de la rade de Brest au commerce et la connaissance de la valeur de notre position géographique en Europe.

Voilà le torrent d'affaires et de commerce qui, par nos ports de l'Ouest va envahir la France, au milieu duquel, 36 millions de Français, n'ayant qu'une seule pensée, l'union et l'intérêt général, trouveront le bien-être, la fortune, la gloire, la puissance et une paix européenne, que l'intérêt de tous rendra inébran_ lable.

Mais, c'est surtout Paris, le foyer de notre industrie, qui profitera de ce grand avenir de prospérité. Paris cessera d'être une ville, ce sera un royaume au milieu du plus florissant empire.

Une magnifique voie ferrée prendra, là, sur place tous les précieux articles de Paris; et, sans frais d'assurance, les transportera en dehors de la Manche. L'ex_ péditeur saura le jour et l'heure du départ de ses marchandises. Il n'aura plus à s'occuper de consignation, de camionnage, de chemin de fer même, de magasinage, etc... Il passera au bureau de la compagnie tran-

satlantique : « J'ai tant de caisses, tant de colis, tant
« de tonneaux pour Valparaiso, pour Tampico, pour
« Rio-Janeïro, pour Sierra-Leone (1), etc... Veuillez
« faire prendre telle rue, tel n° » ; et, une heure après,
un employé passera chez ce négociant, prendra ses expéditions en lui remettant un reçu en triplicata, qua-
triplicata, qui tiendra lieu de connaissement. Le soir
même le chemin de fer emportera ces marchandises
qu'il déchargera le lendemain dans la cale de nos steamers. Ainsi la Manche aura été franchie sans aucun
péril. Où serait, dans le même temps, rendu ce charge_
ment, par les voies actuelles? En gare du Havre !

La différence du prix de transport sur le chemin de
fer de Brest sera-t-elle assez forte pour faire préférer
la voie du Havre et la navigation de la Manche? non,
mille fois non. Chacun sait que sur les chemins de fer,
les frais de transports diminuent en raison de l'augmen_
tation des objets transportés (2).

---

(1) Quand les lignes françaises seront entièrement développées, il
pourra ajouter : pour Calcutta, pour la Réunion, pour Sidney, etc.

(2) Soit A représentant le nombre de tonneaux transportés par la
voie ferrée.

A paiera à la compagnie ;

B, l'intérêt à 5 0/0 du capital employé à l'établissement des chemins de fer ;

C les frais d'exploitation ;

D les bénéfices des actionnaires ;

A paiera donc $B + C + D$;

X représentant un seul tonneau paiera par conséquent : $\dfrac{B + C + D}{A}$

Mais quel que soit le nombre de tonneaux transporté, B restera inva-

C'est-à-dire, que la ligne de Brest, dont nous avons fait connaître l'heureuse position, au point de vue des expéditions européennes, transportant dix fois plus de marchandises que la ligne havraise (désormais si mal située), pourra réduire ses tarifs dans des proportions infiniment inférieures.

Et quel homme sérieux, comparant la route qu'auront à suivre les produits consommés par l'Europe continentale, débarqués à Brest, et arrivant, en quelques heures, par les chemins de fer, sur les lieux de consommation, à la route qu'ils faisaient autrefois pour gagner Londres, y être débarqués, attendre la belle saison pour être réembarqués et dirigés sur un autre port du nord, où ils subissaient un nouveau transbordement sur de lourds chariots, avant d'arriver, souvent avariés, sur les mêmes points de consommation, quel homme sérieux ne dira pas avec moi : Le jour où l'Angleterre posa le premier mètre de ses voies ferrées, promoteur de cette grande révolution, elle s'est suicidée; elle a laissé son héritage à la France; elle a fermé ses ports de Londres et de Liverpool; elle a ouvert notre magnifique rade de Brest à un commerce, qui, augmentant chaque année, ne tardera pas à dépasser celui

---

riable, D aussi, à très-peu près (1),et C diminuera relativement (2)
Par suite, plus le nombre de tonneaux transportés augmentera, plus les frais de transport, par chaque tonneau, diminueront.

(1) Les bénéfices des actionnaires seront toujours à peu près z p. 100 en sus de l'intérêt du capital, A engagé.

(2) Les frais d'administration seront à peu près les mêmes; le matériel d'exploitation et les dépenses n'augmenteront pas en raison directe du nombre de tonneaux transportés.

de ses devanciers; elle a fait de Paris le carrefour de toutes les routes du globe, l'entrepôt, le dock où toutes les nations viendront s'approvisionner; de la banque de France une caisse universelle; et de la France, l'arbitre des destinées du monde entier.

CHAPITRE XXXII.

Résultats définitifs d'un bon établissement des paquebots transatlantiques en France, de l'ouverture de la rade de Brest au commerce, de l'achèvement des chemins defer de Brest. —La France élevée au-dessus de toutes les autres nations. — Appel. — Tout ce qui vient de Dieu est bien.

Développement incalculable du commerce, de l'industrie et du travail,— gloire, fortune et crédit publics, portés jusqu'aux dernières limites du possible, — propagation de la religion et de la civilisation françaises, sur tous les points du globe, — prépondérance universelle. — la France arbitre des destinées du monde entier, etc..... — Tels sont les résultats d'un bon établissement des paquebots transatlantiques en France, de l'ouverture au commerce de la rade de Brest, de l'achèvement des chemins de fer de Brest :

D'un bon établissement des transatlantiques !

— Nous venons de résoudre ce problème, qui, pendant tant de temps, a occupé l'esprit de nos économistes.

De l'ouverture de la rade de Brest au commerce !

— Il suffit d'y établir nos paquebots ; et, dans quelques années, autour d'eux, se masseront des milliers de navires, heureux d'abréger leur navigation, heureux de mettre un terme aux risques et aux avaries qu'ils ont à supporter, en Manche, chaque année.

De l'achèvement des chemins de fer de Brest !

— Oh! pour cela j'en appelle à tous ceux qui jouissent de leur bon sens : Combien a-t-il fallu de jours à la compagnie de l'Est pour établir cette voie qui relie le camp de Chalons à Paris? Combien a-t-il fallu de temps pour réunir trois milliards de souscription, quand la France a compris que son honneur, sa gloire étaient en jeu sous les murs de Sébastopol?

Quand 36,000,000 de Français sauront que les résultats de la prise de Sébastopol, comparés à ceux de la victoire commerciale et industrielle, à laquelle nous les appelons aujourd'hui, sont comme un arc de triomphe à une montagne de richesse, de gloire, de puissance, de force et de prépondérance, c'est avec les deniers du pauvre, aussi bien qu'avec l'or du riche, c'est avec les bras et l'intelligence de tout un peuple,

que ces chemins de fer seront attaqués de tous les côtés
à la fois, et qu'en peu de jours, ces quelques myria-
mètres, qui retardent l'heure de la prospérité française,
seront terminés.

Du reste, aux termes des concessions faites aux compagnies, les chemins de fer de Brest doivent être livrés
au public dans peu d'années.

Quel intérêt pourraient avoir les compagnies à ne
pas remplir leurs engagements? quand elles les ont con-
tractés, elles croyaient obtenir une concession peu
avantageuse, des lignes peu productives. S'il en avait
été jugé autrement, ces chemins de fer auraient-ils été
les derniers à établir? — Aujourd'hui elles savent, au
contraire, qu'elles sont en pessession de voies qui seront les plus suivies du monde. Ne craignez rien, elles
vont se mettre à l'œuvre et elles marcheront rapidement : ce n'est plus par années, mais bien par mois et
par jours que nous pouvons mesurer leurs travaux. La
compagnie de l'Est nous a appris ce qu'il est possible
de faire en travaux de ce genre.

Donc, rien ne peut désormais nous arrêter : avant
que nous ayons eu le temps de monter, de préparer
n'importe qu'elle opération commerciale; de réunir
les capitaux nécessaires à la construction de notre matériel transatlantique; avant que ces majestueux steamers destinés à aller annoncer à toutes les nations du
monde, la nouvelle ère de faste et de gloire dans laquelle nous entrons, soient mis à flot, les chemins de
fer de Brest, traits-d'union, qui nous lieront avec tous
les peuples, seront terminés.

Disons donc, nous qui voulons perdre le moins possible d'un temps si précieux; qui ne voulons pas être devancés dans notre bienfaisante entreprise, disons donc dès maintenant : *Ils sont terminés ces chemins de fer, entièrement terminés !* Nos paquebots seuls, manquent pour les alimenter, pour alimenter nos chemins européens, qui répandront l'abondance dans toutes les provinces, assez heureuses, pour jouir de leur passage.

A l'œuvre donc! Il nous faut 42 millions pour premier établissement de nos services transatlantiques ; pour répondre aux vœux du Gouvernement, qui propose trois lignes à exploiter par un service bi-mensuel. A l'œuvre, et hâtons-nous de former le capital, car il nous faudra du temps pour construire cet admirable matériel, pour nous organiser. A l'œuvre, car tous nos chemins de fer français languissent; le crédit public, le crédit industriel, le crédit commercial, n'attendent que ce nouvel aliment, pour se rétablir.

C'est à vous, propriétaires, habitants de la Bretagne, de la Provence, de la Gascogne, des côtes, de l'intérieur de la France, de Paris, de Lyon, de Strasbourg, de Mulhouse, de Nancy, de toutes nos villes manufacturières et industrielles, que je m'adresse ; vos propriétés vont acquérir, en très-peu de temps, une valeur inespérée !

A vous, ouvriers, artisans, gens de peine, laborieux pères de familles, forcés de chômer trop souvent aujourd'hui, que je fais appel : les bras manqueront partout en France, comme en Angleterre, comme aux

États-Unis, quand la France sera devenue, en remplacement de l'Angleterre, le grand commissionnaire du monde entier.

A vous, soldats, marins, dont le cœur bat si fort au sentiment d'honneur et de la gloire nationale. Ce projet conduit la France à une prépondérance universelle, à la suprême gloire.

A vous, négociants, manufacturiers, fabricants ! vous ne fournissez aujourd'hui que la France ; le concours que vous m'apporterez vous assurera la clientèle du monde entier.

A vous, capitalistes, actionnaires, spéculateurs, rentiers, etc. L'opération que je vous propose est assise sur les bases les plus solides, sur la prospérité générale ; son succès est certain.

A vous, compagnies de chemins de fer, dont les voies n'ont été, jusqu'à présent, que des impasses, des rues sans issues ; à vous, dont les voies coûteuses n'ont servi qu'aux transports français, qui n'avez prélevé le prix de vos services que sur une province du Sud, échangeant ses produits avec une province du Nord ; mouvement de fonds sortant d'une caisse française pour entrer dans une autre également française. Quel profit en tirait la France ?

Désormais, ce ne seront plus 36 millions de Français qui, à eux seuls, paieront l'intérêt de votre capital et les bénéfices de vos actionnaires ! Vos voies ferrées vont servir aux échanges ou transports des objets de consommation de 500 millions d'hommes; à l'humanité toute entière qui sera forcée de faire rouler tous ses produits sur votre réseau, le jour où Brest aura remplacé Liverpool en Europe, le jour où la France possèdera des paquebots transatlantiques tels que ceux auxquels je vous invite à souscrire. Personne n'y est plus intéressé que vous-mêmes : Vos transports et vos bénéfices seront décuplés !

A vous, littérateurs, économistes, savants, hommes politiques, hommes d'étude et d'éloquence, à vous, qui, mieux que moi, trouverez les paroles qui conviennent, pour faire pénétrer dans tous les cœurs, la persuasion et la croyance dans le succès de cette vaste entreprise !

A vous, disciples du Christ, à vous, si dévoués au soulagement de toutes les misères morales et matérielles, qui indiquez le travail comme principal remède : j'apporte du travail pour tout le monde. Plus de pauvres en France, plus de paresseux. La France deviendra un vaste temple, d'où il ne s'échappera plus que des chants d'allégresse et d'action de grâces vers Dieu ! Et son langage, son culte, sa civilisation la plus pure seront portés par nos ardents missionnaires, sur tous les points du globe ; et leurs efforts seront protégés par notre pavillon, partout connu, aimé et respecté.

Qui pourra douter, du succès d'une opération si féconde en bienfaits, quand elle aura pour fondateur, à la tête de tout son peuple, un génie aussi élevé que celui qui préside, aujourd'hui, aux destinées de la France, aux destinées du monde ! ! !...

A vous donc aussi, Napoléon III, notre César! Cette œuvre, cette conquête est digne de vous! Au nom de la gloire et de la fortune de la France, venez à Brest poser la première pierre de cet édifice de prospérité nationale!

. . . .
. . . .
. . . .
. . . .
. . . . ❖ . . . .

Ma tâche est finie; l'avenir le plus brillant se lève pour le commerce et les ports français.

La supériorité des voies maritimes sur les voies terrestres a entraîné, pendant les siècles passés, le courant commercial européen vers le Nord. — Il a fait la fortune des îles Britanniques.

Aujourd'hui, la supériorité est acquise aux voies terrestres par les chemins de fer; cette supériorité entraînera le courant commercial vers l'Ouest, vers la France.

Mais, ce courant, produit des tentatives, des essais commerciaux des peuples à peine à la naissance des relations internationales, qui a, si haut élevé, la puissance de l'Angleterre, va, sous l'impulsion d'une civilisation plus avancée, se transformer en un immense torrent dont les flots d'or envahiront, sur leur passage, toutes nos provinces, si providentiellement situées.

PRENONS GARDE, à notre tour, de nous préparer le sort de notre devancière en contrariant, en dérangeant le cours de ce torrent bienfaiteur! PRENONS GARDE de le porter vers un autre côté, de décentraliser la France, de la reléguer au bout du monde !

Ce danger *imminent*, nous pouvons le conjurer si nous n'oublions pas qu'il ne faut pas déranger l'œuvre de Dieu, que *tout ce qui vient de Dieu, est bien !!!*

Paris, 18 octobre 1857.

Le Roy de Keraniou.

TABLE DES MATIÈRES.

—◦—◈◈◈—◦—

Chapitre Ier. — Considérations sur les lignes transatlantiques, impulsion qu'elles donnent aux affaires, saisissant effet
que produit l'arrivée du paket sur les populations étrangères,
Son arrivée en Europe   1

Chapitre II. — Ce que l'on entend par lignes transatlantiques, la navigation est le trait-d'union qui lie entre eux tous
les peuples, avantages des voies de communications maritimes, autrefois supérieures aux voies terrestres, révolution
amenée par les chemins de fer, avantage repris par les voies
terrestres, le cabotage détruit par les voies ferrées, les lignes
transatlantiques, continuation, sur mer, des chemins de fer,
Brest, port d'avenir de la France...................   8

Chapitre III. — Examen de la position géographique de l'Angleterre, avantages qu'elle retire de ses paquebots transatlantiques, l'état subventionne les compagnies concessionnaires, établissement des lignes des États-Unis, du Brésil et des Antilles, puissance, prépondérance et richesse que les paquebots ont procurées à l'Angleterre...... 16

Chapitre IV. — Motifs qui ont guidé l'Angleterre dans le choix de ses navires, découverte de l'hélice, son emploi, avantages des grands navires, le matériel anglais disposé suivant les lignes auxquelles il est destiné...... 26

Chapitre V. — Choix des ports d'attache, les ports anglais devant l'intérêt général, désintéressement, patriotisme, toutes les lignes concentrées à Southampton, port inconnu jusque-là, sacrifice des courents commerciaux établis à Londres et Liverpool...... 33

Chapitre VI.— Des parcours des lignes anglaises, bifurcation à Saint-Thomas, colonie danoise, fautes commises dans leur organisation par nos devanciers, conséquences fâcheuses de la division des services...... 41

Chapitre VII.— Examen de la position géographique de la France...... 47

Chapitre VIII. — Choix de navires, ligne des États-Unis.. 53

Chapitre IX. — Ligne des Antilles...... 61

Chapitre X. — Ligne australe...... 78

Chapitre XI. — Du choix des ports...... 88

Chapitre XII. — Suite du choix des ports, ce qui caractérise un bon port de commerce...... 96

Chapitre XIII.— Examen des ports Français de la Méditerranée et de l'Occéan, Marseille et autres ports de la Méditerranée, Bordeaux ou Richard, Nantes, Saint-Nazaire...... 106

Chapitre XIV. — La Manche, le Havre...... 114

Chapitre XV. — Cherbourg...... 137

Chapitre XVI.— Brest, nombreux avantages du port de Brest, les paquebots transatlantiques considérés comme moyen de propagation de la religion catholique dans les pays transatlantiques et de l'influence de la France...... 141

Chapitre XVII.— Organisation des services à leur origine, capital considérable, non nécessaire, Ligne des États-Unis.. 165

Chapitre XVIII.— Organisation des lignes transatlantiques

des Antilles et du Brésil, encore un mot sur la ligne des États-Unis... 181

Chapitre XIX.— Calcul financier, ligne des Antilles, tableau des parcours, coût du matériel, dépense d'établissement..... 208

Chapitre XX. — Calcul financier, ligne du Brésil , tableau des parcours, coût du matériel nécessaire à l'exploitation de la ligne du Brésil , dépenses d'établissement, récapitulation des dépenses d'établissement des trois lignes des États- Uunis, des Antilles et du Brésil...................................... 220

Chapitre XXI. — Dépenses d'exploitation de la ligne des Antilles et de la ligne du Brésil, appréciation de la subvention accordée par le Gouvernement......................... 225

Chaitre XXII. — Produits de la ligne des Antilles et du Brésil, bénéfices énormes , même en cas d'exploitation sans subvention, moyennant concentration à Brest et à Marseille.. 232

Chapitre XXIII. — Développement des services transatlantiques... 242

Chapitre XXIV. — Dépenses d'exploitation des lignes transatlantiques, suivant le projet Keraniou.................... 258

Chapitre XXV.— Recettes et bénéfices de la ligne australe, de la ligne du Brésil et du Pacifique, et de la ligne des Antilles, prolongée dans le Pacifique, suivant le projet Keraniou. 264

Chapitre XXVI. — Deuxième développement des services transatlantiques, suivant le projet Keraniou, services de l'Inde, de l'Australie, de la Californie, etc........................ 278

Chapitre XXVII.— Composition du rôle d'équipage, grades, solde, traitement de table de chaque homme sur les paquebots transatlantiques , service des quarts à la mer.......... 282

Chapitre XXVIII — Des retours, voyageurs, correspondances, marchandises, valeurs, etc............................ 288

Chapitre XXIX. — Résultats de l'établissement des lignes transatlantiques suivant le système Keraniou, développement de la richesse de la France et de sa puissance maritime et commerciale, satisfaction donnée à tous les ports, transports énormes sur les chemins de fer......................... 298

Chapitre XXX. — Justification du titre de cet ouvrage, de l'avenir des ports français............................. 310

Chapitre XXXI. — Paris 313

Chapitre XXXII. — Immenses résultat d'un bon établissement des paquebots transatlantiques en France, de l'ouverture de la rade de Brest au commerce, de l'achèvement des chemins de fer de Brest, la France élevée au-dessus des toutes les autres nations, appel, tout ce qui vient de Dieu, est bien . . 322

Beaugency. — Typ. de Gasnier.

Beaugency. — Imp. de GASNIER.